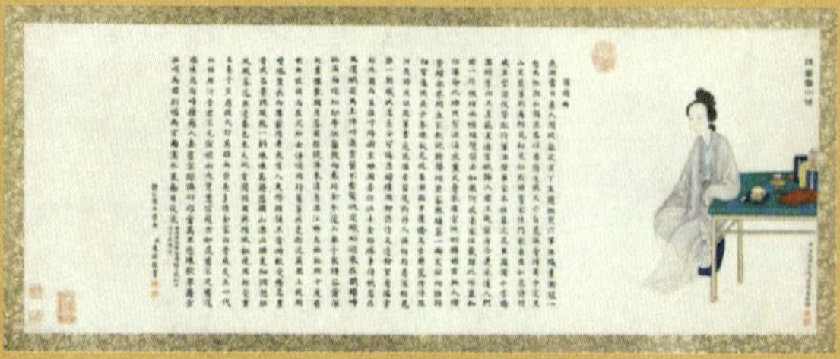

中国美女诗话

◎蔡镇楚 著

湖南师范大学出版社

图书在版编目（CIP）数据

中国美女诗话 / 蔡镇楚著. —长沙：湖南师范大学出版社，2008.9
ISBN 978-7-81081-957-2

Ⅰ.中… Ⅱ.蔡… Ⅲ.诗词—文学欣赏—中国 Ⅳ.I207.2

中国版本图书馆 CIP 数据核字（2008）第 135087 号

中国美女诗话
蔡镇楚 著

◇组稿编辑：谭南冬
◇责任编辑：王 毅 蒋旭东
◇责任校对：黄 晴
◇出版发行：湖南师范大学出版社
地址/长沙市岳麓山 邮编/410081
电话/0731.8853867 8872751 传真/0731.8872636
网址/http：//press.hunnu.edu.cn
◇经销：湖南省新华书店
◇印刷：长沙瑞和印务有限公司

◇开本：787×1092 1/16
◇印张：23.5
◇字数：382 千字
◇版次：2008 年 10 月第 1 版 2008 年 10 月第 1 次印刷
◇书号：ISBN 978-7-81081-957-2
◇定价：44.00 元

◇女娲炼石　任伯年

◇织女　任伯年

◇龙女牧羊　任伯年

金冬心絲綸圖真迹
己亥端陽吳倩題籤
金壽門絲綸圖
七十五叟金農畫

中国美女诗话

开卷絮语

诗话者，诗的故事也。

这是一部以美女为研究对象的中国诗话之著。

这是一部可以填补中国文学史空缺的美女诗史之作。

这是一个令人心驰神往、如痴如醉的“美人王国”。

美女如花，其烂漫缤纷，靓丽了春草绿荫；

美女如诗，其性灵神韵，滋润了诗化人生；

美女如画，其万种风情，醉煞了文苑诗境；

美女如虹，其七彩锦缎，妙舞了悠悠乾坤；

美女如梦，其虚幻缥缈，甜蜜了日月星辰。

美女之美，在于美色，在于才艺，在于文化教养。

古希腊人为了美女海伦而发动了一场为期十年的特洛伊战争；中国人早就流传着“爱江山更爱美人”的佳话，吴三桂“冲冠一怒为红颜”而引清兵入关，改变了中国历史的走向……

这是美女的魅力。

男人是绝代美女的顶礼膜拜者，晚唐诗人杜牧《遣怀》中曾经发出“十年一觉扬州梦，赢得青楼薄倖名”的喟叹，即使是富威显赫的帝王将相与叱咤风云的盖世英雄，曾几何时也拜倒在绝代美女的石榴裙下。

然而，哪里是你向往的蓬莱仙境？何处是你心路历程的长亭短亭？现实世界的纤纤美女何止万千，谁又是你梦寐以求的巫山女神？

请读这部启神益智、令人深思的《中国美女诗话》……

目录

卷一 美女神话

卷二 中国美女

卷三 八大超级美女

卷四 十二月花神

卷五

玉台新咏

卷六

比红儿

卷七 秦淮四艳

卷八 金陵十二钗

卷九 美人千态诗

卷十 名媛闺秀诗话

美女神话

美女如云，美女如仙。

中国美女，最早出自于中国神话，表现出中国古代先哲们那种女性意识中的神秘色彩与如梦如幻的审美境界。

以女娲造人、女娲补天为代表的美女神话，是中国美女神话中的绮丽篇章，也是文化人类学的巍巍昆仑。

◆ 美女与神话

中国美女，最早出自于中国神话。

也就是说，中国神话是孕育中国美女的温床，是中国美女神话的长河之源。

中国美女神话传说，对于美女的描述与诠释，大致有三个基本的审美特征和文化价值：

第一，女性崇拜。西方神话最早突出的是男性英雄形象，女性在男性世界只是处于一种附庸地位。从上帝造人时先造一个男人亚当到取亚当的一个肋骨而造一个女人夏娃，从男性英雄普罗米修斯偷火种给人类以光明到“不和女神”厄里斯用“金苹果”引发出为期十年的特洛伊战争，突出的都是男性英雄崇拜。

中国神话也有男性英雄崇拜，但受母系氏族社会之影响，起初却倾向于女性崇拜。例如女娲造人，不仅制造者不是上帝，而是女性的女娲，而且她用的是泥巴、稻草与水糅合而成，男女无别，也无先后从属之分，惟有性别之异。东汉应劭《风俗通》云：“俗说天地开辟，未有人民。女娲抟黄土作人，剧务，力不暇供，乃引绳于絙泥中，举以为人。故富贵者黄土人也，贫贱凡庸者絙人也。”絙（gēng）：粗绳子。女娲以絙和泥造人，黄土者为富贵人，粗绳者为凡庸之辈。这种富贵与凡庸之分，正是中国人固有的黄色人种学说。

女娲造人的神话，是原始社会母系氏族文化的历史积淀，是中国人的女性崇拜与生育崇拜的集中反映，是中国关于“母亲伟大”的传统观念之所以根深蒂固的文化渊源。女娲以黄土造人而为“富贵者”，是中华民族对于黄色人种学说的一种美好的意愿，一种神话原型的文化思考。女娲造人也衍化出“春天”的传说。春天是自然界一切生命得以繁育的季节，于是就有“天女散花”

与“春姑娘”的故事传说。总之，女性创造生命，包括自然界的一切生命；女性是生命之母，体现出的是中国人生命意识中的女性崇拜。

第二，神仙道化。仙者，山中之人。神仙，是道教称颂的一种得道成仙而超越生死的山人。《天隐子·神解》云：“在人曰人仙，在天曰天仙，在地曰地仙，在水曰水仙，能通变之曰神仙。”神仙的基本特征，在于“通变”。通变者，变幻莫测也。中国神话传说中的美女，即所谓“仙女”，大多属于神仙道化一类。从偷吃长生不老灵丹而飞奔月宫的嫦娥到蓬莱仙山海市蜃楼中的美女，从昆仑山上的西王母到萧史吹箫引凤凰而飞仙山的弄玉，从大诗人曹植笔下的《洛神赋》到民间传说中的“仙女下凡”之类，美女都与神仙道化结有不解之缘。这是道教文化兴盛发达的结果，是中国人追求长生不老而羽化登仙的一种生命意识与文化心态的反映。

第三，爱情宗仰。爱情是中国神话的母题，也是中国文学永恒的主题。人类的创世主，无论是西方造人的上帝，还是中国神话中造人的女娲，都要制造一对彼此可以相爱的男女。《周易·系辞》说：“男女构精，万物化生。”男女之爱，是天作之合，是人类生命的源泉，是繁育子孙万代的基因。离开了男女之爱，离开了“男女构精”，人类就难以传宗接代，难以生生不息。从这个意义上来说，男女之爱是人类最伟大的爱。在西方神话中，亚当与夏娃偷吃禁果，彼此相爱，虽然被上帝赶出伊甸园，但是他们开创的男女之爱是永恒的爱。中国神话也同样追求男女之爱，从东方人类始祖伏羲氏与女娲手捧日月而蛇尾交媾的石刻壁画到舜帝二妃娥皇、女英千里寻夫泪洒斑竹的动人传说，从牛郎与织女七夕相会的“鹊桥之喜”到宋玉为楚襄王解说“巫山神女”云雨阳台的故事传说，都显示了中国美女神话对男女之间美好爱情的热切追求。据《西湖游览志》记载：“宋时杭城，以腊日祀万回哥哥，其像蓬头笑面，身著绿衣，左手擎鼓，右手执棒，云是‘和合之神’，祀之可使人万里之外亦能回家，故曰‘万回’。”和合，是中国神话与民间传说中象征着夫妻和美恩爱之神。古代民间每当举行婚礼之际，人们就在厅堂中悬挂着和合

伏羲女娲

之神的画像：两个神仙，蓬头笑面，一个手持莲花，一个手捧圆盘，象征着夫妻生活和谐好合之意。这种和合之神，到赵宋王朝又衍化而为“万回哥哥”。和合之神，是夫妻恩爱和睦、家庭美好的象征，寄托着中国人在婚姻家庭关系中的一种理想与美好祝愿。

◆ 美女神话与汉代造神运动

神话，产生于远古时代，是中国先民的一种生存观念、自然观念和宇宙观念，是天人合一的一种文化理念、想象意识和民族文化性格的表现，是人类童年时代的文化心理与思想智慧的结晶，是被认知的自然客体在万物有灵的人类主体心理上的最初投影。

人类繁衍发展的历史，本身就是一部伟大的神话，这部神话属于文化人类学的研究范畴；每一个民族在自己繁衍发展的历史进程中，都有本民族的神话传说，用以阐释自己民族产生发展的伟大历史。

汉民族没有一部统一的流传久远的民族史诗，惟有《诗三百·大雅》中的《生民》、《公刘》、《緜》、《皇矣》、《大明》等五篇，可以谓之周民族史诗。然而，丰富多彩的中国神话，却是中华民族繁衍发展的一部伟大史诗。

中国神话，形成于中国绵邈久远的原始时代，是原始中国人的生存、生活、幻想与憧憬的生动记录，是中国原始文化的一种集体无意识，是中华民族传统文化的生命之源。

比较西方神话，中国神话具有鲜明的民族文化特点：

第一，中国原始神话以女性为主体，如女娲造人、女娲补天、精卫填海、羲和生日、嫦娥奔月、西王母蟠桃宴、天女散花、巫山神女、洛水女神、蓬莱仙女、牛郎织女、七仙女下凡等，都以女神崇拜为中心，充分反映了中国原始母系氏族社会的文化心理、价值取向和审美特征。

第二，中国神话比较注重于“三皇五帝”的远古帝王崇拜，目的在于认祖归宗，正本清源。虽然原始神话的英雄崇拜，与西方神话有某些共通之处，如夸父逐日、羿射十日、鲧禹治水、共工怒触不周山、炎黄大战中原等，以男性英雄神和神性英雄为中心，反映了中国社会形态进入阶级社会和由女性主宰向男权主义过渡的转变，但实际上注重的是远古帝王形象的塑造，是中华民族人文始祖的尊崇，如：炎帝神农氏之尝百草，制耒耜，提倡农耕，制作医药，开辟市场，被尊誉为农业之神、医药之祖、茶祖，打造出“心忧天下，敢为人先”的神农文化精神；黄帝轩辕氏注重科学，制舟车，造文字，作干支，制冕服弓矢，度量衡，建筑宫室，养蚕桑，染制服色，铸鼎，被尊称为中国科学技术之祖，为中华民族奠定了尊崇黄色的本土文化基调与强调“中华大一统”的中央集权意识及其宗法文化精神。其他衍化而来的尧舜禹神话、巫山神女神话、秦始皇神话、汉武帝神话、唐明皇传说等等，都是远古帝王神话的延续。

第三，中国神话是中国农业文化的产物，关注自然，关注农业，关注人的生存环境和生活环境，如女娲补天、羿射十日、鲧禹治水，以及日神、月神、雷神、雨师、风神、谷神、河伯神、土地神、五方神等神话传说。李唐王朝被列入郊庙祭祀大典者，天神之祭，《全唐诗·郊庙歌辞》有《武后大享昊天乐章》、《中宗祀昊天乐章》；日神之祭，有二组《朝日乐章》；月神之祭，有《夕月乐章》；风神之祭，有《祀风师乐章》；雨神之祭，有《祀雨师乐章》；谷神之祭，有《祈谷乐章》；河神之祭，有《武后大享拜洛乐章》、《祭汾阴乐章》；土地神之祭，有《祭神州乐章》、《禅首社乐章》、《祭大社乐章》；五方神之祭，有魏征《五郊乐章》、无名氏《五郊乐章》，分别祭祀黄帝、青帝、赤帝、白帝、黑帝。吕岩有长诗《谷神歌》一首。这种农业神灵崇拜，都着力于自然与自然力的神化，反映中国古代社会以农为本的农业文化特色，与西方神话注重于疆土开拓和民族纷争者的战神和爱神有所不同。

第四，中国神话是广义的神话学体系，将神话原型与历史传说熔为一炉，强调神与人合一。所谓“神话”，是神的人化。人物变形的神话较多，即使是神的形象也大多塑造成半人半兽形态，如女娲、伏羲是“人头蛇身”，雷神为“龙头人身”，水神共工为“人面、蛇身、朱发”（《山海经》）。而某些自然神竟在神话中被历史传说中的人物所替代，如宓妃为伏羲之女，湘君、湘夫人为虞舜之女，取代了洛水女神与湘水女神。而西方神话是狭义的神话学范畴，多注重神话原型，所谓“神话”，乃是神化。因而，中国神话更贴近于文化人类学之本体与科学体系。

中国神话，虽然散见于先秦文化古籍，如《山海经》、《穆天子传》、《楚

辞》、《淮南子》等，未成系统著作，但其基本体系还是很完备的。一般人认为，中国神话主要分为三大系统：昆仑系统、中原系统、蓬莱系统，构成自然神、英雄神、神女仙子三大类型。

中国神话中的昆仑体系，主体是女神，是创始女神。如女娲、伏羲、西王母。涉及女娲补天的唐诗，有李白的《窜夜郎于乌江留别宗十六璟》、杜甫的《九日寄岑参》、韩愈的《昼月》、李贺的《李凭箜篌引》、卢仝的《与马异结交诗》、姚合的《天竺寺殿前立石》、司空图的《杂言》、李咸用的《谢友生遗端溪砚瓦》等。

中国神话中的中原体系，将历史与神话熔为一炉，主要记载三皇五帝治国安邦的故事传说，关注的是民生问题。唐诗涉于此者甚众，有直接描写者，有间接描写者，还有从音乐方面描写者，如元结的《补乐歌十首》云：

《网罟》：伏羲氏之乐歌也。其义盖称伏羲能易人，取禽兽之劳。辞云：

吾人苦兮，水深深；
网罟设兮，水不深。
吾人苦兮，山幽幽；
网罟设兮，山不幽。

《丰年》：神农氏之乐歌也。其义盖称神农教人种植之功。辞云：

猗太帝兮，其智如神；
分草实兮，济我生人。
猗太帝兮，其功如天；
均四时兮，成我丰年。

《云门》：轩辕氏之乐歌也。其义盖言云之出润益万物，如帝之德无所不施。辞云：

玄云溶溶兮，垂雨蒙蒙；
类我圣德兮，涵濡不穷。

玄云漠漠兮，含映逾光；
类我圣德兮，溥被无方。

《九渊》：少昊氏之乐歌也。其义盖称少昊之德渊然深远。辞云：

圣德至深兮，蕴蕴如渊；
生类嬉嬉兮，孰知其然。

《五茎》：颛顼氏之乐歌也。其义盖称颛顼得五德之根茎。辞云：

植植万物兮，滔滔根茎；
五德涵柔兮，沨沨而生。
其生如何兮，秞秞；
天下皆自我君兮，化成。

《六英》：高辛氏之乐歌也。其义盖称帝喾能总六合之英华。辞云：

我有金石兮，击考崇崇；
与汝歌舞兮，上帝之风；
由六合兮，英华沨沨。
我有丝竹兮，韵和泠泠；
与汝歌舞兮，上帝之声；
由六合兮，根底嬴嬴。

《咸池》：陶唐氏之乐歌也。其义盖称尧德至大，无不备全。辞云：

元化油油兮，孰知其然；
至德汩汩兮，顺之以先。
元化浘浘兮，孰知其然；

至道泱泱兮，由之以全。

《大韶》：有虞氏之乐歌也。其义盖称舜能绍先圣之德。辞云：

森森群象兮，日见生成；
欲闻朕初兮，玄卦冥冥。
洋洋至化兮，日见深柔；
欲闻大濩兮，大渊油油。

《大夏》：有夏氏之乐歌也。其义盖称禹治水，其功能大中国。辞云：

茫茫下土兮，乃生九州；
山有长岑兮，川有深流。
茫茫下土兮，乃均四方；
国有安人兮，野有封疆。
茫茫下土兮，乃歌万年；
上有茂功兮，下戴仁天。

《大濩》：有殷氏之乐歌也。其义盖称汤救天下濩然所得。辞云：

万姓苦兮，怨且哭；
不有圣人兮，谁护育？
圣人生兮，天下和；
万姓熙熙兮，舞且歌。

这几首乐歌，以歌功颂德为乐曲基调，展现了中国古典雅乐的艺术风格与歌词特色。其中《网罟》歌颂东方人类始祖伏羲氏，《丰年》歌颂炎帝神农氏，《云门》歌颂黄帝轩辕氏，《九渊》歌颂远古少昊氏，《五茎》歌颂颛顼氏，《六英》歌颂帝喾高辛氏，《咸池》歌颂尧帝陶唐氏，《大韶》歌颂舜帝有虞氏，《大夏》歌颂大禹有夏氏，《大濩》歌颂成汤有殷氏。

这十首歌词，包含着中国神话帝王系列中的多少神话故事传说啊！后世对帝王神话的传诵，寄托着中华民族安邦定国、国泰民安的多少向往和期待啊！因帝王神话而派生出的河图洛书、东皇太一、嫦娥奔月、二妃斑竹、洛水女神、巫山神女、鹊桥相会等优美的神话传说，在唐诗中得到了淋漓尽致的发挥，以至衍化成中国民俗文化的一种传统习俗，一种民族传统文化中的集体无意识。仅湘妃神话故事而列为琴曲歌辞者，就有刘长卿的《湘妃》，李贺的《湘妃》，孟郊的《湘妃怨》，陈羽的《湘妃怨》，鲍溶的《湘妃列女操》，邹绍先的《湘夫人》，李颀的《湘夫人》，郎士元的《湘夫人》等。

中国神话中的蓬莱神话体系，属于山东蓬莱仙山的仙女神话。其基本特点，一是以异人异物、神仙道化、仙山琼阁为主，是中国神话演变为仙话的集中体现；二是神话原型与道教人物故事融合为一，神耶？仙耶？人耶？三位一体。唐人对蓬莱神话的吸收和融化，数量最多，题材最为普遍。“蓬莱山”，或称之为“蓬山”、“蓬岛”，是中国神话传说中的东海神山，是神仙、仙女、美女的荟萃之地。中唐著名诗人李贺的《神仙曲》诗云：

碧峰海面藏灵书，上帝拣作神仙居。
清明笑语闻空虚，斗乘巨浪骑鲸鱼。
春罗书字邀王母，共宴红楼最深处。
鹤羽冲风过海迟，不如使却青龙去。
犹疑王母不相许，垂雾娃鬟更传语。

此诗写蓬莱仙居清明宴请王母之欢乐情景。唐人以“蓬莱山”、“蓬莱”、“蓬山”、“蓬岛”典故入诗，用以泛指仙境，寄苦厌人世、向往仙居之意；或以“仙女”、“仙子”而喻美人者，亦比比皆是。又如王维的《渔山神女祠歌》二首，王睿的《祠渔山神女歌》二首，孟郊的《列仙文》四首等。其他神仙鬼怪之诗，亦属同类。

中国神话反映的是中国先民的智慧、理想、意志、思想意识。这种意识，主要是昆仑神话中的自然意识、中原神话中的皇权意识与蓬莱神话中的神仙道化的生命意识，而美女意识是以上三种意识的集中体现者。何以见得？一则三大系列神话，集中突出的是人类之本体与自然之客体之间的关系，这种人类与自然的和谐关系始终是中国神话所关注的重大命题；二则三大神话体系特别注重人的生命主体，从女娲造人到西王母的蟠桃宴，从帝王追求长生不老到神仙道化的仙女、神女、美女故事，都在于表现中国先民对生命价值的执着追求；三则中国美女神话充溢于天上人间，从天帝之女到帝王嫔妃，从神女仙女到绝代佳人，都被先民纳入神话传说的范畴，予以神化、美化。甚至直接将美女视为神女、仙女，将绚丽的彩虹象征美人，将美女云集的青楼视为“仙窟”，将上青楼宿妓说成“游仙窟”，因而唐人张鷟有《游仙窟》的传奇小说。

“遥想汉人多少闳放。”（《坟·看镜有感》）鲁迅这样痴情地赞叹两汉人。汉朝四百多年历史，是儒学经学的绝代辉煌，是皇权神授的一统江山。

国威赫赫的大汉帝国，是继昙花一现的大秦帝国之后，中国历史上第一个强盛的大一统的封建王朝，皇权至尊乃是汉代思想文化的基本核心。为了构建大汉帝国“大一统”的社会秩序与“皇权神授”的思想体系，以维护这种至高无上的皇权政治，以董仲舒为首的一代汉儒在思想意识领域之中掀起了一场旷日持久的造神运动，其目标一是神化孔子，二是神化天子。所谓“神化”，就是神话化。制造神话，整理神话，研究神话，完善中国神话故事体系，乃是一代汉儒最紧迫的社会责任。

中国神话，先秦时代亦散见于经史子集之中，零散而驳杂，支离破碎而不成系统。一代汉儒对中国神话的主要贡献有：

第一，汉儒着手整理先秦神话故事，编辑整理中国神话书籍。

《淮南子》，又名《淮南鸿烈》，本是杂家之书，由西汉淮南王刘安及其门客编撰而成。《汉书·艺文志》著录时，称其分内外两篇，其中内二十一篇，外三十三篇，今仅存内篇。其中保存大量的中国神话故事，如女娲补天、后羿射日、嫦娥奔月、共工怒触不周山等。汉代有马融、延笃、高诱、许慎为之作注，今仅存高诱注。

《山海经》也是一部中国神话传说的故事集。今传本有十八卷，包括南山、西山、北山、东山、中山经各一卷，合称《五藏山经》，简称《山经》；外加海外东西南北经各一卷、海内东西南北经各一卷、大荒东西南北经各一卷、海内经一卷，称为《海经》。《山经》与《海经》合而为一，称之为《山海经》。汉哀帝时，著名学者刘秀（即刘歆）将《山海经》校勘本表奏皇上，云：“《山海经》者，出于唐虞之际。”刘歆、王充提出禹、益作《山海经》之说，后人或有然否，但多视为“巫书”，是先秦两汉文人的集勘之作，是中国神话传说的集成之作。而后，晋人郭璞为《山海经》作注，更加完善与丰富了中国神话传说的思想内容与文化体系。

《列女传》，一名《古列女传》，七卷，续一卷，西汉著名学者刘向所撰，或以为是班昭或项原撰。这是中国第一部涉及仙女、美女的传记，记述简狄、姜嫄、湘妃、杞梁妻、末喜、妲己等先秦列女、美女的事迹，也是远古帝王神话的参照系。

《列仙传》，二卷，旧题刘向撰写。这是中国神仙传说的首部著作，记载了先秦时期流传于民间的神仙道化之仙人、仙女的故事传说，如赤松子、王乔等，共计七十一人。体例与《列女传》近似，但却以赞系人，篇末又有总赞。

《楚辞》，西汉刘向编辑，是继《诗经》之后中国第二部诗歌总集，收录了屈原、宋玉、景差与汉人的辞赋之作十六篇，东汉王逸增益其自作《九思》，而为十七篇，并为之作注，曰《楚辞章句》。《楚辞》与《楚辞章句》，保存了众多中国神话的珍贵资料。

其他如贾谊的《新书》、韩婴的《韩诗外传》、刘向的《新序》《说苑》、桓谭的《新论》、陆贾的《新语》、王充的《论衡》、刘劭的《风俗通义》、司马迁的《史记》、班固的《汉书》、赵晔的《吴越春秋》等汉人论著以及一代汉赋、诗文、历书、史书、方志等，也无不或多或少地涉及各种神话传说，打上汉代造神运动留下的印记，使汉代的神秘文化更加披上一层奇异的光环，反映出两汉学术文化思潮注重中国神话的时代特征。

第二，汉代谶纬之学的兴盛为中国神话故事的传播创造了一个良好的神秘文化语境。

谶纬之学，是汉代经学繁荣发展的产物。

谶（chèn），即谶语，是所谓能应验的预言或隐语，可以预测吉凶祸福。纬，即纬书，是方士化的儒家经书的解说之作。当西汉后期经学的古今文之争愈演愈烈之际，今文经学为了阐释儒家经典，一种混杂着神学以附会儒学经义

的书籍——纬书——应运而生。有所谓"七纬",即阐释儒家经书《诗》、《书》、《易》、《礼》、《乐》、《春秋》、《孝经》的七种纬书,总称"七纬";后又有《论语谶》与《河图》、《洛书》之类谶书,合称为"谶纬"。谶纬之学本身就起源于古代的神话传说,原本流行于民间,之所以风行于汉代,主要是适应"皇权神授"的需要,目的在于神化天子与圣人。西汉末年,谶纬之学与儒学合流,在"皇权神授"的旨意下,统治者予以提倡与利用。王莽利用"符命"推行改制,光武帝刘秀利用图谶实现"汉室中兴",而东汉章帝召集"白虎观会议",召集博士议论五经异同,并指令班固撰写《白虎通义》四卷,以为"国宪"之本,进而将谶纬之学与今文经学合而为一,使整个社会笼罩在经学神学化的迷雾之中。晚唐诗人李商隐有《贾生》一诗云:

宣室求贤访逐臣,贾生才调更无伦。
可怜夜半虚前席,不问苍生问鬼神。

李商隐写的就是西汉文帝召见青年才俊贾谊之事。据《史记·屈原贾生列传》记载,贾谊于汉文帝时为太中大夫,被大臣所谗,谪贬为长沙王太傅。三年后贾谊被召回,文帝在宣室召见他,问及鬼神之事。贾谊绘声绘色地解说着,文帝越听越高兴,在席上步步趋向贾谊,至夜半才罢席,感叹道:"吾久不见贾生,自以为过之,今不及也!"李商隐此诗,一句"不问苍生问鬼神"之叹,说明早在西汉初期的文帝时代,帝王就特别关注鬼神之事,那么,谶纬之学风行于汉代就势在必然了。当然,鬼神之事与神话传说还是不同的,但是神话本身就是人、鬼、神的三位一体,正是这种弥漫于汉代社会的神秘文化气氛,极有利于中国古代神话传说的发展与传播。

第三,女性神话,特别是美女神话,乃是两汉社会共同关注的文化现象。女娲造人、女娲补天、羲和御日、嫦娥奔月、西王母、仙女下凡、巫山神女、蓬莱仙女等以及远古帝王神话中所涉及的天女、后妃等女性神话,以其艳丽多姿的美色而备受汉人的青睐。这是因为整个汉人的审美情趣与鉴赏标准是崇尚"弘丽"。这种以"弘丽"为标志的审美情趣具有五个基本特征:一是内容以大一统式的汪秽繁富为特色;二是在人世间题材与神话传说、巫术思想资料交融中所表现出来的神秘文化色彩与遒劲之力的统一；三是追求美色、注重辞藻与外在涂饰的视觉之美；四是以气势恢宏为统帅在个体汇聚中追求具有恢弘气势的整体之美；五是从邹衍的“大九州”之说到董仲舒的“天人合一”的宇宙观，集中奠定了一代汉儒基于自然、根于天地而“以人为本”的审美价值观念。

第四，中国神话在汉代的崛起，与大儒董仲舒的“天人合一”学说有密切关系。董仲舒（前179—前104），西汉广川（今属河北）人，是汉代大思想家，今文经学大师，属于今文经学派。他身处西汉盛世，曾任博士，专治《春秋公羊传》，著有《举贤良对策》与《春秋繁露》等著述。汉武帝举贤良对策，他对之以“天人三策”，倡议汉武帝“罢黜百家，独尊儒术”，使儒家学说成为中国封建社会的统治思想，从而确定了儒学的绝对指导地位；又是他吸收阴阳五行学说和汉代自然科学对人的生理、心理特点的新认识，在先秦儒学特别是《周易》美学的基础上，建构起以“天人合一”、“天人感应”为核心的美学思想体系。

董仲舒的学说，似神话，也是现实。虽然带有神秘色彩，但从美学的角度而言，神秘才有美感，才有魅力。其学说的开创意义之大，正如李泽厚、刘纲纪《中国美学史》所肯定的那样：“基于天人合一的观念，中国美学总是从人与自然的统一中去找美，不仅不同于西方中世纪的神学的美学，而且在很大程度上避免了西方唯心主义美学和机械唯物主义美学的缺陷。”董仲舒的“天人合一”说，在美学领域中，注重人和自然的结合，实质上是一种生命哲学，强调主体与客体的和谐统一。董仲舒特别重人，认为“人者，天地之心也，五行之端也”，所以，天地之美，所注重的还是人的主体性。爱护人的生命，注重人的生命的价值，实现人的生命与自然的和谐发展，乃是董仲舒所谓“天地之美”的实质之所在。《诗纬·含神雾》曰：“诗者，天地之心。”所谓“天地之心”，就是指“人”。既然是“以人为本”，人为“天地之心”，那么人类始祖何在？生命何为？汉人对人类本原与生命起源的寻觅与探索，促使女性神话的繁衍，促进汉人对《周易》生命哲学的认同与张扬。这就是中国女性神话、特别是美女神话得以繁衍发展的真谛之所在。应该可以说，汉代的造神运动，不仅完善了“皇权神授”的天子神话，而且造就了中国神话中的主体——女性神话（美女神话）。

第五，中国神话完善于汉代，而推波助澜者是富有浓郁的神秘文化色彩的

宗教之崛起。

佛教，是世界上三大宗教之一，起源于古代印度与锡兰（今斯里兰卡）。印度佛教的佛光神韵，从西汉后期逐渐照耀到中国大地。

印度佛教传入中国之中原地区，是东汉明帝年间。永平七年（64），东汉明帝夜梦金人飞行殿廷，明晨问群臣。太史傅毅答曰：西方有神，其名曰佛；陛下所梦恐怕就是他。汉明帝随即派遣蔡愔、秦景、王遵等十八人前往天竺寻访佛法；三年后的永平十年（67），蔡愔等归国时，邀请天竺僧人摄摩腾、竺法兰来华，将其在印度所得佛像和《四十二章经》，以白马驮来洛阳，建白马寺以居，并请天竺僧人翻译出中国第一部印度佛经《四十二章经》①。这是中国中原地区正式有佛教、有寺院、有佛像、有译经之始。然而佛教传入中国之新疆（即西域），应该是公元前 1 世纪的于田王时代。公元前 1 世纪，毗卢折那（《大唐西域记》卷十二和《洛阳伽蓝记》卷五作“毗卢旃”）、阿罗汉，由伽什弥罗来到西域弘法，于田王表示热烈欢迎，并为之修建赞摩大寺，此乃西域于田为佛之始。

印度佛教之传播于中国，历史上演绎出许多优美的故事传说，其中之一为以沙门释利防为首的印度僧侣，携带大批佛教经书，不远千里来到秦始皇的都城。秦始皇不准接纳佛教，立即将这批印度僧侣打入监狱。但到了晚上，一个身高十六尺的金人把监狱打开，救出了释利防一行。金人的神迹感召了秦始皇，秦始皇便向金人叩头请罪，终于赦免了印度僧侣②。

道教，是中国唯一的本土宗教，渊源于古代的道家与巫术文化。东汉顺帝汉安元年（142），四川的张道陵在鹤鸣山创立道教，凡入道者，须交五斗米，故亦称“五斗米道”。道教尊奉张道陵为“天师”，因而又名“天师道”。道教以道家学派的创始人老子为教祖，尊称老子为“太上老君”；又以《老子五千文》（即《道德经》）、《正一经》与《太平洞极经》为经典，以“方士”“道士”为主要骨干，炼丹求仙，追求长生不老、羽化登仙的神仙境界。

---

① 参见［荷兰］许里和：《佛教征服中国》，江苏人民出版社 1998 年版。

② 隋·费长房：《历代三宝记》卷一；转引［荷兰］许里和：《佛教征服中国》，江苏人民出版社 1998 年版。

八十七神仙卷

中国神话本来就与巫术结缘。巫术，是中国最原始的宗教信仰，先秦两汉时期特别盛行。屈原的《九歌》，就是根据沅湘地区流行的巫术与民间祭祀仪式重新创作而成的。汉代巫师权力很大，主持朝廷，奉祀天帝鬼神，兼事占卜、天文、历法、医药及为人祈福消灾避祸。汉武帝征和年间，还因此发生“巫蛊之祸”。巫蛊，是利用巫术诅咒与木偶人害人的一种形式。汉武帝晚年多病，怀疑左右使用巫蛊所致。征和元年（前92），丞相公孙贺被人告发用巫术诅咒，将木偶埋于驰道，而死于狱中；次年，江充诬告太子刘据在宫中埋木偶人，太子怒杀江充与胡巫，汉武帝发兵追捕太子，双方激战五日，死者数万，太子兵败自杀。

燃灯援记释迦文卷

佛教与道教两大宗教神秘文化的传播，使谶纬之学得以孳生繁衍，也有力地促进了中国神话的发展完善，特别是宗教神话的产生，丰富了中国神话的文化内涵与思想体系。宗教神话，是关于宗教人物、宗教信仰与宗教教义的神话传说，如佛教神话中的佛祖、南海观音、天女散花、目连救母、唐僧取经、阿育王三子等佛话，又如道教神话中的太上老君、九天玄女、八仙过海、水漫金山、白螺天女、刘阮入天台等仙话，都使中国神话传说披上了一层神秘的青衣袈裟，中国神话也由先秦时期的自然神崇拜、女神崇拜与帝王崇拜，逐渐演变为宗教神灵与神仙道化的神灵崇拜，使中国文化中的儒学思潮逐渐演变出了魏晋以降的禅宗佛学与李唐王朝以“道教”为国教的价值取向，最终形成儒、道、佛“三教合流”的文化格局。

中国神话，是儒耶？道耶？佛耶？士耶？仙耶？神耶？往往是你中有我，我中有你，难解难分。而其女性神话特别是美女神话，其文化基因反而以仙女居多，是神仙道化的产物。

◆ 羲和

万物需要阳光，阳光缔造了伟大的生命。

朝暾者，初升之太阳也。

太阳之神，是光明的使者。

人类崇拜太阳，来源于人类对光明的向往，阳光能滋育万物。

西方有太阳神，即希腊神话中的阿波罗，是主神宙斯的儿子，主管着人类的光明、青春、生命等。

中国神话传说中的太阳之神，是朝暾、东君，是羲和。

屈原《九歌》专门为祭祀太阳神而写作有《东君》歌词一首，其中云：

> 暾将出兮东方，照吾栏兮扶桑。
> 抚余马兮安驱，夜皎皎兮既明。

这太阳，是朝暾，是东君，是青帝，是光明的使者，是青春的召唤，是生命原动力的表征。

清晨，每当朝阳从东方升起，阳光普照着山川田园，阳光滋润着树木花草，阳光沐浴着勤劳耕作的大地之子……这是太阳之神的惠泽，这就是阳光的赐予，这就是光明的象征。

羲和，是帝俊之妻，相传她是中国神话中的日神，是太阳的母亲。

中国太阳之神的神话，出自于《楚辞》。屈原《离骚》云：“吾令羲和弭节兮，望崦嵫而勿迫。路曼曼其修远兮，吾将上下而求索。”王逸《楚辞章句》注：“羲和，日御也。”洪兴祖补注：“日，乘车驾以六龙，羲和御之。”羲和，是以六龙驾驭太阳行走的女神，就是太阳女神。弭节：停止鞭策驾驭太阳车的六龙，让太阳慢慢行走。崦嵫：太阳落下的神山。

《山海经·大荒南经》又说羲和是太阳之母，云：“东海之外，甘水之间，有羲和之国。有女子曰羲和，方日浴于甘渊。羲和者，帝俊之妻，生十日。”羲和生育十个太阳，是太阳之母。这十个太阳，普照大地，大地干旱，庄稼枯萎，民不聊生，于是就有后羿射日之举。这是中国神话传说得以发展的逻辑起点，也是中国神话的生命力之所在。

太阳的魅力是光明，是力量，是强盛，也是权势与威严的象征。

当中华民族崛起于神州大地之际，中国先民在《尚书大传·虞夏传》中就追慕着日神，发出“日月光华，旦复旦兮”的赞叹。

东君

当赵宋王朝崛起于长河大江之间，宋太祖赵匡胤的一首《日诗》：“欲出未出光辣达，千山万山如火发。须臾走向天上来，逐却残星赶却月”，写尽了人世间的蒸蒸日上与朝阳“未离海底千山黑，才到天中万国明”的光芒万丈。

英格兰人在大不列颠岛崛起，蓝色海洋的诱惑，千古海盗的行径，加之产业革命，使英国到十九世纪末叶成为世界上最大的殖民帝国，终于实现了“日不落”大英帝国的梦想。

宇宙无边，太阳永恒。

无边的宇宙，是人类赖以生存和发展的空间。

永恒的太阳，是“正大光明”的志士仁人的理想完美人格的共同追求。

夸父追日，渴死于道，弃其杖而化为邓林，为人类生存缔造出一片绿阴；尧使羿射日，去其九而留其一，为人类生活蓄足了一线光明。

◆西王母

西王母，是中国神话中的圣母、神母、仙母、寿母，是母系氏族社会中女性形象的主要代表。她居住在西方昆仑山上，有瑶池、蟠桃、青鸟，象征着人类生命之长寿，是寿星，是福星，是生命永恒的化身。

西王母神话出自《山海经》《淮南子》与《穆天子传》，到汉代而由神话演变为仙话。

《山海经》里的西王母，是一个豹尾虎齿而善于呼啸的怪物。在《穆天子传》里，西王母变成了一个雍容平和而又能歌善舞的妇人。如唐人唐彦谦《穆天子传》诗云：

> 王母清歌玉琯悲，瑶台应有再来期。
> 穆王不得重相见，恐为无端哭盛姬。

然而在《汉武帝内传》《汉武故事》里，西王母又是一个年约三十、美貌绝世的仙女。汉武帝求长生不老之药，她将三千年结一次果的蟠桃赠送给汉武帝。而在唐宋诗词与古典小说之中，西王母是“瑶池金母”，一个贤惠善良的慈母形象。她善待穆天子、汉武帝与唐明皇，每年在瑶池举行盛大的蟠桃宴，请各路神仙为之祝寿。故唐人赋诗凡涉于颂德、祝寿、庆宴、爱情婚姻者，多化用其神话典故。如李颀的《王母歌》云：

西王母

武皇斋戒承华殿，端拱须臾王母见。
霓旌照耀麒麟车，羽盖淋漓孔雀扇。
手指交梨遣帝食，可以长生临宇县。
头上复戴九星冠，总领玉童坐南面。
欲闻要言今告汝，帝乃焚香请此语。
若能炼魄去三尸，后当见我天皇所。
顾谓侍女董双成，酒阑可奏云和笙。
红霞白日俨不动，七龙五凤纷相迎。
惜哉志骄神不悦，叹息马蹄与车辙。
复道歌钟杳将暮，深宫桃李花成雪。
为看青玉五枝灯，蟠螭吐火光欲绝。

李颀此诗以《汉武故事》和《汉武帝内传》为本，全面描述了汉武帝见西王母求长生不老之药而西王母盛宴汉武帝时的故事情景。先写西王母出来接见汉武帝的场面，再写西王母要汉武帝吃仙梨，然后命侍女董双成上酒奏乐，最后写日暮汉武帝心绪怅然地离去。

《全唐诗》中的西王母，多数由《穆天子传》、《汉武故事》演化而来，所不同者是加入了一个唐明皇。如嵩岳诸仙《嫁女诗》题下有序云："元和中，洛阳田沈璆、邓韶，博学有文。中秋，出建春门望月，遇二书生，邀至其庄。池馆台榭，率陈设盘筵，若有待者。诘之。云：'今夕，上清神女嫁玉京仙郎，群仙会于兹岳，将借君礼导升降耳。'言迄，花烛满空，有云母双车，偕群仙下。帏中坐者为西王母，相者为刘纲，侍者为茅盈，弹筝击筑者麻姑、谢自然。二书生，卫符卿、李八百也。顷之，汉武帝、唐明皇至。未顷，穆天子至。各为歌相劝酬。汉帝又召丁令威歌，子晋吹笙和之。王母亦召叶静能，歌明皇时事。于是，黄龙持杯，于车前再拜，祝仙郎神女；刘纲、茅盈与巢父，各有《催妆诗》；玉女引仙郎与神女入帐，璆、韶奉命相礼。礼毕，符卿、八百引之辞，王母各赐延寿酒一杯，曰：‘可增人间半甲子。’送出庄门四五步，失所在。惟嵩山嵯峨倚天，得《樵经》归，已岁余矣。于是，二人弃家，入少室山学道，不知所终。”其诗云：

穆王把酒，请王母歌：劝君酒，为君悲且吟。
自从频见市朝改，无复瑶池宴乐心。

王母持杯，穆天子歌：奉君酒，休叹市朝非。
早知无复瑶池兴，悔驾骅骝草草归。

穆天子重歌：八马回乘汗漫风，犹思往事憩昭宫。
宴移玄圃情方洽，乐奏钧天曲未终。
斜汉露凝残月冷，流霞杯泛曙兴红。
昆仑回首不知处，疑是酒酣魂梦中。

王母酬穆天子歌：一曲笙歌瑶水滨，曾留逸足驻征轮。
人间甲子周千岁，灵境杯觞初一巡。
玉兔银河终不夜，奇花好树镇长春。
悄知碧海饶词句，歌向俗流疑娱人。

酒至汉武帝，王母又歌：珠露金风下界秋，汉家陵树冷修修。
当时不得仙桃力，寻作浮尘飘陇头。

汉帝上王母酒歌：五十余年四海清，自亲丹药得长生。
若言尽是仙桃力，看取神仙簿上名。

汉帝召丁令威歌：月照骊山露泣花，似悲先帝早升暇。
至今犹有长生鹿，时绕温泉望翠华。

王母召叶静能为明皇歌：幽蓟烟尘别九重，贵妃汤殿罢歌钟。
中宵扈从无全仗，大驾苍黄发六龙。
妆匣尚留金翡翠，暖池犹浸玉芙蓉。
荆榛一闭朝元路，惟有悲风吹晚松。

黄龙祝辞：上清神女，玉京仙郎。乐此今夕，和鸣凤凰。
凤凰和鸣，将翱将翔。与天齐休，庆流无央。

刘纲催妆诗：玉为质兮花为颜，蝉为鬓兮云为鬟。
何劳傅粉兮施渥丹，早出娉婷兮缥缈间。

茅盈催妆诗：水晶帐开银烛明，风摇珠珮连云清。
休匀红粉饰花态，早驾双鸾朝玉京。

巢父催妆诗：三星在天银河回，人间曙色东方来。
玉苗琼蕊亦宜夜，莫使一花冲晓开。

此中的西王母，是婚宴的主人，宾客是穆天子、汉武帝与唐明皇，而丁令威、叶静能、黄龙、刘纲、茅盈、巢父等，皆系西王母神话中的次要人物。这是描写上清神女嫁给玉京仙郎的神话诗篇，是唐诗中难得的描写西王母的一曲神仙道化组诗，已初具戏剧雏形。剧中人物是神、仙、人的交汇，戏剧结构是诗、辞、科的结合。惟唐明皇没有唱辞，处于中心独尊地位，反映了唐人对唐代帝王的敬重心理，亦可见中国神话原型演变至唐代仙话的基本形态。

◆嫦娥

嫦娥，是中国神话中的美女，也是中国人心目中的月亮女神。

嫦娥是一轮皎洁的明月，是月亮之精灵。中国神话中的“嫦娥奔月”，寄托着人类飞奔月球的飞天梦想。

嫦娥，亦作“姮娥”、“常娥”，《山海经·大荒西经》即作“常羲”，古音读“羲”为“娥”，后逐渐演变为奔月之嫦娥。一般认为，嫦娥是后羿之妻，美貌可人。《淮南子·览冥训》记载：“羿请不死之药于西王母，姮娥窃以奔月，怅然有丧，无以续之。”高诱注云：“姮娥，羿妻；羿请不死之药于西王母，未及服食之，姮娥盗食之，得仙，奔入月中为月精也。”

嫦娥奔月

嫦娥奔月的故事，早在战国时期就已经流传于民间，并非始于西汉淮南王刘安的《淮南子》，《昭明文选》注曾引用《归藏》等，均记载着嫦娥服用不死之药奔月的传说。

嫦娥奔月，实现了飞天成仙的梦想，但是从美女嫦娥的爱情婚姻、家庭生活而言，却留下难以弥补的惆怅。嫦娥在广寒宫里，残灯烛影，相思绵绵，面对的只是白兔与整日扬着斧头砍伐桂树的吴刚老人，孤独、寂寞无情地袭击着她的心灵。晚唐大诗人李商隐有《嫦娥》一诗云：

云母屏风烛影深，长河渐落晓星沉。
嫦娥应悔偷灵药，碧海青天夜夜心。

前两句描写嫦娥在月宫里的孤独与寂寞生活，后两句抒写嫦娥后悔偷吃不死之灵药而奔月后的夜夜相思之苦。偷吃灵药而长生不老，对一个人而言，乃是人生的热望与追求，但是对于美女嫦娥来说，爱情与婚姻才是最珍贵的。飞奔寂寞的月宫，远离了人间的爱情与幸福的婚姻，却是如此不幸，一个“应”字，其无限后悔之心溢于言表。

中国先人将桂树与桂花同“嫦娥奔月”、“吴刚伐桂”等神话故事联结在一起，编织了一系列优美的神话传说。

毛泽东（1893—1976）是当代最伟大的诗人，有一阕《蝶恋花·答李淑一》的词作，为怀念杨开慧与柳直荀两位为国捐躯的革命烈士而作，将神话传说与现实理想境界融为一体，也是描写嫦娥的最佳词章。其词云：

我失骄杨君失柳，杨柳轻飏，直上重霄九。问讯吴刚何所有，吴刚捧出桂花酒。寂寞嫦娥舒广袖，万里长空，且为忠魂舞。忽报人间曾伏虎，泪飞顿作倾盆雨。

此词写得很好，以奇特的想象，抒写天上人间的情感交流与世道突变，形象生动，意境优美，脉脉情愫，宛如一壶香气四溢的桂花酒，是毛泽东一阕难得的婉约词。上片描写杨柳二烈士飞上月宫，吴刚以桂花酒相待；下片描写寂寞的嫦娥在万里长空为烈士忠魂而翩翩起舞，闻讯人间曾伏虎，欣喜的眼泪飞溅，顿时化作倾盆大雨。

◆ 七仙女

七仙女，是玉帝之女，貌美如玉，贤惠善良。

七仙女与董永的故事，早在汉代就已经广为流传。诗人曹植《灵芝篇》云：

董永遭家贫，父老财无遗。
举假以供养，佣作致甘肥。
责家填门户，不知何用归。
天人秉至德，神女为秉机。

至德，崇高的德操。神女，即七仙女。曹植描述的就是董永遇七仙女的故事传说，寄托着穷苦人期望摆脱贫困的善良愿望。董永是个孝子，以种田为生，为父亲治丧，欠了富公许多债，就以自己卖身抵押。七仙女下凡，愿意做他的妻子。富公即令七仙女织三百匹布，才能放还。眼看十天期限已到，七仙女怕董永着急，就出门对董永说："我是天女，天帝令我下凡，帮助您偿还债务。"说完，就不知去向了。果然，七仙女如期制作出三百匹布，偿还了富公的全部债务。

这个动人的故事传说，记载在旧题刘向《孝子传》（《法苑珠林》卷62引）里，说："董永者，少偏枯，与父居，乃肆力田亩，鹿车载父，自随。父终，自卖于富公，以供丧事。道逢一女，呼与语云：'愿为君妻。'遂俱至富公。富公曰：'女为谁？'答曰：'永妻，欲助偿债。'公曰：'汝织三百匹，遣汝。'一旬乃毕，出门谓永曰：'我天女也。天令我助子偿人债耳。'语毕，忽然不知所在。"

董永

七仙女下凡与董永成亲，为董永偿还巨债的神话故事，流传于民间，成为中国人提倡孝子孝道的一个典范。

◆ 织女

织女，是纺织女神，也是中国的爱神。

牛郎与织女，本是天汉相隔的两颗星宿之名，即牵牛星与织女星；而牛郎织女的神话，则演化为中国最美丽的爱情故事。因而，中国民间习俗之中，有所谓"乞巧"、"七夕"、"七夕相会"与"鹊桥之喜"，寄托着中国人对爱情与婚姻的美好追求。

织女，神女名，传说是天帝之女，心灵手巧，年年机杼，织成云锦天衣。

牛郎织女神话，最早出自于《诗经》。《诗·小雅·大东》诗云："维天有汉，监亦有光。跂彼织女，终日七襄。虽则七襄，不成报章。睆彼牵牛，不以服箱。”跂（qí）：呈三角形状。七襄：七次移动位置。郑玄笺云：“从旦至暮七辰，辰一移，因谓之七襄。”此句是说：那织女三星，鼎足而呈三角之势，终日移动七次位置。时间一天过去，织女仍然织不成章。她的心思何在？就在河汉对岸的牛郎身上。睆（huàn）：星光明亮。不以服箱，言牵牛星不可用来负车背箱。

诗经时代，是牛郎织女神话之生成期，而后牛郎织女的爱情故事在民间酝酿着，流传着，逐渐成熟，发展成为汉代文人的诗歌创作题材，如班固《西都赋》就有“临乎昆明之池，左牵牛而右织女，似云汉之无涯”之句，因而有《古诗十九首·迢迢牵牛星》的应运而生，其诗云：

迢迢牵牛星，皎皎河汉女。
纤纤擢素手，札札弄机杼。
终日不成章，泣涕零如雨。
河汉清且浅，相去复几许。
盈盈一水间，脉脉不得语。

这首诗描写织女无限思念牛郎的痛苦心情。迢迢，遥远貌。皎皎，明亮貌。牵牛星，俗称扁担星，在银河之南；河汉女，即织女星，在银河之北。牵牛与织女二星，隔银河相对而望。纤纤，形容织女白嫩纤细的手指，拨弄着织布机上的梭子。札札，织布机声。杼，织布机上的梭子。不成章，不成纹理，言织女因相思而整天无心纺纱织布，涕泪却零落如雨。河汉，即银河。言牛郎与织女彼此相隔一条浅浅的银河，却相去如万里之遥，不得言语，不能相见。

诚挚的爱情，完美的婚姻，何故受到如此不公道的折磨？原因是织女触犯了天条，私自下凡与牛郎相爱成亲，再也无心机杼。王母娘娘将她召回，怒不可遏地以金簪划出一条银河，只许他们隔河相望，无由得过，惟有悲泣。天帝同情牛郎织女的爱情遭遇，则允许他们一年一度相逢。众多喜鹊闻之，则聚集于银河，为牛郎织女架桥，于是就有了七夕之夜“鹊桥相会”的神奇传说。

南朝梁·殷芸的《小说》（《月令广义·七夕》引）将民间关于牛郎织女的

故事传说书为小说，对其故事原委、情节发展演变过程与人物形象的塑造，予以尽情发挥，使这个动人的爱情故事得以完善定型。

唐宋时期，牛郎织女由神话走向现实生活。因而传说在江苏省的太仓市还有一座织女庙，据《苏州府志》："织女庙，在太仓州南七里黄姑塘，宋咸淳五年嘉定知县朱象祖重修。"宋人龚明之《吴中纪闻》卷四"黄姑织女"条目记载：此地常有牵牛、织女二星降此，女以金篦划河，河水涌溢，牵牛不得渡。今村西有百沸河。乡人异之，为立庙。旧立牛、女二像。建炎时，士大夫避地东岗，有经过此庙者，在其壁间题诗云：

商飚初起月埋轮，乌鹊桥边绰约身。
闻道佳期惟一夕，因何朝暮对斯人？

既然牛郎织女只能一夕相会，牛郎又何必朝朝暮暮痴情一个织女呢？显然，这是误读神话，愚弄神话，是对牛郎织女爱情忠贞故事的一种反驳。于是当地人就将牛郎像去之，而独存织女像于庙中。

然而，七夕之俗，由牛郎织女鹊桥相会的传说故事，却生发而成为中国古代独一无二的女儿节。

按民间风俗，每当七夕之夜，妇女们便向织女星乞求智巧，谓之"乞巧"。《荆楚岁时记》记载："七月七日，为牵牛织女聚会之夜。是夕，人家妇女结彩缕，穿七孔针，或以金银鍮石为针，陈瓜果于庭中，以乞巧。"故"七夕"又称为"巧夕"。又有乞富、乞寿、乞子者，晋人周处《风土记》云："乞富，乞寿，无子乞子。惟得乞一，不得兼求，三年乃得言之，颇有受其祚者。"乞巧，乞

富，乞寿，乞子，为七夕的民俗活动增添了女儿节的文化内涵，因而引起了历代文人的密切关注。

据欧阳询《艺文类聚》，自汉代《古诗十九首·迢迢牵牛星》以下至唐，所录“七夕”为题者亦有54位作者的82首诗。《玉台新咏》收录吟咏牛郎织女诗篇为数亦众。《全唐诗》以“七夕”为题者，有55首，涉及牛郎织女的诗更难以统计；而《全宋词》中以“七夕”为题者有62位作者的108首词，无题者尚未计算在内。

比较而论，唐代七夕诗所关注的多系社会民生，而宋代七夕词关注的是爱情婚姻问题。如此众多的以“七夕”为题材的宋词，很少有乞富、乞寿、乞子之愿，即便是翁元龙《鹊桥仙》一词以“巧夕”为题者，虽其下片言及“轻罗暗网，蛛丝得意，多似妆楼针线”，然其主旨依然是“从分金镜不成圆，到此夜、年年一半”的离情别绪。其他七夕词，多借牛郎织女七夕鹊桥相会之事，抒写夫妻恩爱之情与男女离别相思之苦。

宋代七夕词，郭应祥有七首，吴文英有七首，系最多者，其次京镗有五首，苏轼、张元干各有四首。宋人七夕词的情感指向，大致有两个主要倾向：

一是同情“牛郎织女”式的爱情婚姻悲剧。张先《菩萨蛮·七夕》，欧阳修《渔家傲·七夕》，苏轼《渔家傲·七夕》，谢逸《减字木兰花·七夕》，周紫芝《鹧鸪天·七夕》，范成大《南柯子·七夕》《鹊桥仙·七夕》，李弥逊《花心动·七夕》，张元干《花心动·七夕》，吕渭老《木兰花慢·七夕》，陈东《西江月·七夕》，辛弃疾《绿头鸭·七夕》等，咏牛郎织女七夕之会，结合世态人情，慨叹人世间夫妇分离之悲，对牛郎织女式的爱情悲剧寄予同情，从而代表着七夕题材的传统主题。

二是歌颂牛郎织女式的坚贞不渝的爱情。牛郎织女的爱情故事，曾经激励着中国人执着追求美好爱情与婚姻的意志，因而历代文人骚客歌之不绝，吟之无端，成为中国历代文学创作中永恒的主题之一。写得最好的莫过于宋人秦观的［鹊桥仙］一词，云：

纤云弄巧，飞星传恨，银汉迢迢暗渡。金风玉露一相逢，便胜却人间无数。

柔情似水，佳期如梦，忍顾鹊桥归路。两情若是久长时，又岂在朝朝暮暮！

此词写牛郎织女七夕相会，上片写相会之欢，下片写离别之苦。作者一反传统的七夕词基调，翻出新意，上下两片结句，以议论出之，歌颂忠贞的爱情，提高了七夕词的思想境界。

“两情若是久长时，又岂在朝朝暮暮！”这是男女爱情的铮铮誓词，这是千古爱情的真诚道白。词心细腻的秦观，多愁善感的秦观，能将真挚缠绵的爱情写得如此达观洒脱，实在难得！其后，蔡伸《减字木兰花·庚申七夕》等，亦继承秦观七夕词的主旨，歌颂牛郎织女，“一夕佳期两意深”，即使时光易逝，匆匆告别，亦见“君心似我心”，两心相知，心心相印。

◆ 董双成

董双成是西王母的侍女，美丽，善吹笙。

《汉武帝内传》云：“（王母）又命侍女董双成吹云和之笙。”云和，是古代琴、瑟、笙等乐器的代称。

白居易《长恨歌》诗曾描写唐明皇上天入地寻觅杨贵妃，进入天堂以后，目睹诸多美丽多姿的仙子，诗云：

中有一人字太真，雪肤花貌参差是。

金阙西厢叩玉扃，转教小玉报双成。

杨贵妃，字太真。意思是美丽仙子中，有一人字太真，花容月貌，仿佛就是杨贵妃。于是唐明皇便叩开仙府琼阁的门户，请转告小玉去禀报西王母侍女董双成，就说汉家天子唐明皇有事求见西王母。

董双成是神话中的仙女。她吹笙驾鹤、羽化登仙的故事传说，往往打上道教文化的印记。《古今图书集成·神异典》卷二二六引《浙江通志》记载：董双成，西王母的侍女。世传其故宅为临湖的妙庭观，她在此炼丹，丹成得道，自吹玉笙，驾鹤升仙。邑人全都站在桥上观望，因而名为“望仙桥”。宋朝道士董行元掘土而得到一块铜牌，上面刻着几行字，云：

我有蟠桃树，千年一度生。
是谁来窃去，须问董双成。

◆ 麻姑

麻姑，仙女，是西王母的侍女。因西王母蟠桃宴，有“麻姑献寿”而传世。

《列异传》记载：神仙麻姑，曾经降临到东阳蔡经家。蔡见其手爪长四寸，就说：“此女子实好佳手，愿得以搔背。”麻姑一听大怒，蔡经忽然倒地，两眼流血。（《古小说钩沉》辑录）

《万首唐人绝句》卷六十八有蜀宫群仙诗六首，其中有一首《麻姑》云：

世间何事不潸然，得失人情命不延。
适向蔡家厅上饮，回头已见一千年。

潸（shān）然：伤心流泪的样子。前两句泛言人世间的悲伤太多了，计较其得失人情，必然寿命不延；后两句描述麻姑下凡到达蔡经家的故事，正当麻姑在蔡经家的餐厅上坐下一饮，须臾之间，人间已经过去一千年了。

麻姑献寿

◆ 女娃

女娃，即精卫，炎帝神农氏之女，溺死于东海。死后化为鸟，常衔西山木石而填东海。

精卫填海的神话传说，流传久远，人所皆知，充分寄托了中国先民征服自然、改造世界的善良愿望与坚强意志。

女娃填海

精卫填海的神话，出自于《山海经》，其《北山经》有云：

> 发鸠之山，其上多柘木。有鸟焉。其状如乌，文首，白喙，赤足，名曰“精卫”。其鸣自詨，是炎帝之少女，名曰女娃。女娃游于东海，溺而不返，故为精卫。常衔西山之木石，以堙于东海。

这个神话的人文价值，就在于“常衔西山之木石，以堙于东海”，表现出中国女性的坚强意志与不屈不挠的奋斗精神，古往今来，始终激励着中国人自强不息，奋斗不止。文首：头上有花纹。白喙（huì）：白色的鸟嘴。自詨（xiāo）：自己呼叫着。堙（yīn）：填塞。

精卫填海与愚公移山是一绝对，反映了中国人的坚强意志与不屈不挠的奋斗精神，流传千古，教诲后人。历代诗人吟咏精卫填海者比比皆是，著名的诗歌有陶渊明《读山海经》之十诗云：

> 精卫衔微木，将以填沧海。
> 刑天舞干戚，猛志固常在。
> 同物既无虑，化去不复悔。
> 徒设在昔心，良辰讵可待！

这首诗主要赞述精卫与刑天变成两种异物以后，依然至死不屈、奋斗不息的斗争勇气，教育人们要珍惜大好的时光。刑天，怪兽名，传说刑天与炎帝争神，帝断其首，它却以乳为目，以肚脐为口，操持着干戚（盾牌与大斧）而舞。精卫溺死、刑天断首以后，变成了异物，却依然没有丧失斗志，继续奋斗。讵：岂。我们不能光有往日的壮志豪情，不要去等待美好时光的到来。

◆ 湘水女神

湘君，湘夫人，湘妃，湘灵，湘水女神。斑竹泪，湘女多情，这是远古神话中一曲美好而动人心脾的爱情故事。

屈原是第一个为这个美丽的爱情故事而歌唱的伟大诗人。

屈原《九歌》中有《湘君》与《湘夫人》两首诗歌，其中《湘夫人》所吟唱的就是美丽的湘水女神，就是鼓瑟的湘灵，就是因舜帝崩于苍梧之野而泪洒青竹成斑竹的湘妃。屈原这样盛情地唱道：

帝子降兮北渚，目眇眇兮愁予。
嫋嫋兮秋风，洞庭波兮木叶下。

这是一幅多么宁静而寂寥的潇湘秋色图景！帝子乘风下翠微啊，飘忽着降在北面的湘江边上；我的双眼看不见啊，使我增添了无限的忧愁。嫋嫋的秋风吹拂着啊，洞庭湖的水波啊，散落着秋日的落叶。

司马迁《史记·秦始皇本纪》记载，秦始皇南猎，渡湘江，遇大风，船难行，于是问随行的博士：“湘君何神？”博士说：“尧女，舜之妻，死葬于此。”原来，当年舜帝南巡，死于苍梧之野，其二妃寻夫不果，泪洒修竹而成“斑竹”，死于君山，故君山亦名“湘山”，而以湘君为湘水女神，后人称之为“湘灵”。湘灵善于鼓瑟，古代神话有“湘灵鼓瑟”的传说。瑟，乐器，形似琴，二十五弦，一弦一柱。

湘灵鼓瑟的故事，最早也出自于《楚辞·远游》：“使湘灵鼓瑟兮，令海若舞冯夷。”《后汉书·马融传》记载的《广成颂》云：“湘灵下，汉女游。”唐人李贤注云：“湘灵，舜妃，溺于湘水，为湘夫人也。”

湘君湘夫人

湘灵鼓瑟，洞庭张乐，呈现的是一个优美的音乐艺术境界。

湘灵，即湘妃，是舜帝二妃娥皇与女英。舜帝南巡，崩于苍梧之野，礼葬九嶷山。二妃寻帝至洞庭君山，噩耗传来，泪飞青竹，而成斑竹。

湘灵鼓瑟的美丽传说，自古以来在中国大地传诵着。《全唐诗》涉及“湘妃”者有60次。唐朝天宝十年，进士科考试，以《湘灵鼓瑟》为题作诗。这是科举进士考试第一次与音乐文化的结合。《全唐诗》收录此次科场之诗《湘灵鼓瑟》者，有陈季、王邕、庄若讷（nè）、魏璀四名举子各一首。写得比较好的，当数陈季的《湘灵鼓瑟》，诗云：

神女泛瑶瑟，古祠严野亭。
楚云来泱漭，湘水助清冷。
妙指微幽契，繁声入杳冥。
一弹新月白，数曲暮山青。
调苦荆人怨，时遥帝子灵。
遗音如何赏，试奏为君听。

前四句描写湘灵鼓瑟的环境，中四句写湘灵鼓瑟的乐声之美，后四句写湘灵鼓瑟与自己写作《湘灵鼓瑟》一诗的目的之所在，诗人以“遗音”可赏，来表示自己进士考试的信心满怀。

此外，“大历十才子”之一的钱起，亦因省试而作《省试湘灵鼓瑟》一诗，诗名鹊起。其省试诗云：

善鼓云和瑟，常闻帝子灵。
冯夷空自舞，楚客不堪听。
苦调凄金石，清音入杳冥。
苍梧来怨慕，白芷动芳馨。
流水传湘浦，悲风过洞庭。
曲终人不见，江上数峰青。

湘妃之乐，入杳冥，凄金石，动白芷，青江峰，舞冯夷，寄托了湘妃对舜帝的多少思念之情啊。这就是“湘女多情”的历史文化渊源。无怪乎一代伟人毛泽东《七律·答友人》之诗也深情地唱道：

九嶷山上白云飞，帝子乘风下翠微。

斑竹一枝千滴泪，红霞万朵百重衣。

洞庭波涌连天雪，长岛人歌动地诗。

我欲因之梦寥廓，芙蓉国里尽朝晖。

这是诗人毛泽东表现其婉约风格的一首好诗，与其《蝶恋花·答李淑一》比肩，堪称毛泽东诗词婉约者之双璧。

◆妹喜

中国历史记载的女色乱政而亡国者，始于夏桀之妃——美女妹喜。

《国语·晋语一》云：“昔夏桀伐有施，有施人以妹喜女焉；妹喜有宠，于是乎与伊尹比而亡夏。”韦昭注云：“伊尹，汤相伊挚也，自夏适殷也；比，比功也。伊尹欲亡夏，妹喜为之作祸，其功同也。”

妹喜是何许人也？

妹喜，亦作“妹嬉”、“末喜”，是有施氏之女，美色，聪慧，能武。故《国语》谓之曰“女戎”，韦昭注称之为“女兵”。这是中国历史上最早的“女兵”记录。

其实，妹喜只是一个中国历史记载中最早的美女之一。

夏桀进伐有施氏，有施氏将美女妹喜献给夏桀为妃。有施氏，夏朝诸侯国名，国亡，以国为氏。

《绎史》卷十四引《竹书纪年》指出：“后桀命扁伐岷山，岷山女于（夏）桀二人，曰琬，曰琰。后爱二女无子焉……而弃其元妃于洛，曰妹嬉氏也。以与伊尹交，遂以夏亡。”《晋语》说“比”，《竹书纪年》说“交”，孰是孰非，难以辨别，但

汤殛妹喜

都言夏桀亡国，与妹喜氏和伊尹有密切关联。

西汉刘向《列女传·夏桀末喜》所述甚为详尽：“末喜者，夏桀之妃也。美于色，薄于德，乱孽无道；女子行，丈夫心，佩剑带冠。桀既弃礼义，淫于妇人，求美女积于宫，收倡优侏儒狎徒能为奇伟戏者，聚之于旁，造烂漫之乐，日与末喜及宫女饮酒，无有休时。”又说夏桀“置末喜于膝上，听用其言，昏乱失道”，因而诸侯大叛乱，“于是（成）汤受命而伐之，战于鸣条，桀师不战，汤遂放桀。（桀）与末喜嬖妾，同舟流于海，死于南巢之山”。

中国历史上以美女末喜祸害朝政而促使夏桀亡国之论，肇始于《国语》，而成型于西汉刘向《列女传》。美女，是男性社会争夺的尤物，而后男人们的成败得失，就一股脑儿归咎于美女。这种伦理观念与妇女观念，是中国美女命运悲剧得以演义千秋的社会基础。以刘向为代表的一代汉儒，即是这种美女悲剧的主要编辑与导演者。

◆ 妲己

在中国悠悠历史上，商纣王是以荒淫无度著称的典型暴君，“酒池肉林”是其罪，妲己乱政是其恶，以致被周武王奉天意而灭亡之。

妲己是何许人也？是殷商时代倾城倾国的绝代美女。

妲己旧传出生在平凉府（今属甘肃）之灵台县西，被商纣王纳之为妃。因商纣王荒淫无度，而使妲己连同坐罪，成为千年唾弃的狐狸精。六朝李逻注《千字文》称妲己是九尾狐，《封神传》称妲己是千年狐精的化身。从此，“狐狸精”则成为中国美女具有诱人魅力的代名词。

最早记载妲己的史书是《国语》，其中《晋语一》云：“殷辛伐有苏，有苏氏以妲己女焉。”有苏，古国名，又称有苏氏，己姓，在今河南济源县西北。商纣王进伐有苏氏，有苏氏则将美女妲己奉献给商纣王为妃。女，名词变为动词，就是出嫁为人妻之意。

妲己以其美貌而成为商纣王的宠妃，即历史上的所谓“惑妇”。屈原《天问》云：“殷有惑妇，何所讥？”王逸注云：“惑妇，谓妲己也；讥，谏也。言妲己惑误于纣，不可复讥谏也。”

自屈原以妲己为“惑妇”，历代著述家均视妲己为红颜祸水，将商纣王之无道归咎于美女妲己之惑。《列女传·殷纣妲己》写得更加露骨：“妲己者，殷纣之妃也，嬖幸于纣”，商纣王“好酒淫乐，不离妲己。妲己之所誉，贵之；妲己之所憎，诛之。作新淫之声、北鄙之舞……流酒为池，悬肉为林，使人裸形，相逐其间，为长夜之饮，妲己好之，百姓怨望，诸侯有畔者。纣乃为炮烙之法，膏铜柱加之炭，令有罪者行其上，辄坠炭中，妲己乃笑。比干谏曰：‘不修先王之典法，而用妇言，祸至无日。’纣怒，以为妖言。妲己曰：‘吾闻圣人之心有七窍。’于是剖心而观之。囚箕子，微子去之。武王遂受命兴师伐纣，战于牧野，纣师倒戈。纣乃登廪（lǐn）台，衣宝玉衣而自杀。于是武王遂致天之，罚斩妲己头，悬于小白旗，以为亡纣者是女也。”

这一后世文人笔下的妲己传略，“以为亡纣者是女”，将美女妲己视为殷商亡国的罪魁祸首。中国美女的人生命运与历史悲剧，就这样演变而为男权社会的牺牲品，妲己就是其中典型代表。

《灯下闲谈·湘妃庙会》中记载有妲己同湘妃诸仙女赋诗一首云：

欢乐平生自纵心，武王兵起势难任。
自兹社稷倾危后，方悟当时酷暴深。

势难任：指势不可挡。这首诗当然是唐人伪托之作，但从另外一个角度反映出人们对妲己乱国的历史反思。

◆褒姒

褒姒，周幽王时代的美女，褒国人。褒国人犯有罪过，将美女褒姒送给周幽王，表示谢罪。据说褒姒不好笑，一旦笑起来，有一百二十种媚态，能使众人倾倒，因而备受周幽王宠爱。周幽王废弃了申后与太子宜臼，而立褒姒为皇后，以姒子伯服为太子。

美女褒姒的故事，最早记载于《国语·郑语》，说褒姒是龙漦（lí，口水）所生的怪物。而大诗人屈原《天问》一诗却云：

妖夫曳衒，何号于市？

周幽谁诛，焉得夫褒姒？

意思是问：妖怪夫妇相引，为何行卖于市？周幽王被谁诛杀，为何牵连到褒姒？而后，司马迁《史记·周本记》承袭《国语》之述，将褒姒出宫复入宫的原委写得曲折淋漓，亦对屈原《天问》“何号”“谁诛”做出了合理的解答，指出：“宣王之时，童女谣曰：‘檿弧箕服，实亡周国。’于是宣王闻之，有夫妇卖是器者，宣王使执而戮之。逃于道，见乡者后宫童妾所弃妖子出于路者，闻其夜啼，哀而收之。夫妇遂亡奔于褒。褒人有罪，请入童妾所弃女子者于王以赎罪。弃女子出于褒，是为褒姒。”檿（yǎn）弧：山桑木制作的弓。《国语》韦昭注：“山桑曰檿；弧，弓也。箕，木名；服，矢房。”

据《琱玉集》卷十四《美女篇》记载：“褒姒，周时褒国之美女也。褒人献于周幽王，王耽之，遂逐申后，立褒姒为皇后。其一笑有百廿（niàn）种媚，然褒姒非集大众不笑。幽王于是举烽打鼓，诸侯闻之，谓言有贼，皆赴殿前。王曰：‘无贼，欲使褒姒笑耳。’如是非一。后犬戎来伐，王使放烽。诸侯谓言无贼，止为褒姒笑也，遂不往。犬戎来至，王及褒姒并皆被煞。”

褒姒一笑百媚生，这是褒姒美色与笑态之魅力。周幽王因讨褒姒一笑而失信于诸侯，结果被申侯联合犬戎国攻伐之，西周王朝终为犬戎国所灭。其历史教训是相当深刻的，但是能够归罪于褒姒吗？《诗·小雅·正月》云：“赫赫宗周，褒姒烕之。”烕（xuè）：本义是灭火，引申为灭亡之意。《小雅》亦将周室之灭亡归罪于褒姒，正与童谣“檿弧箕服，实亡周国”相呼应。

唐代著名咏史诗人周昙《咏史诗》里有一首吟及周幽王者，诗云：

狼烟篝火为边尘，烽候那宜悦妇人？

厚德未闻闻厚色，不亡家国幸亡身。

周昙此诗前两句以直白的语调，描写周幽王为取悦于褒姒，不惜以烽火战事来博得褒姒一笑的故事；后两句是抒写诗人的感叹：指控周幽王不看重德操，只看重美色，好在他自己身亡而未导致家国的灭亡。

历史上的史家、史书与诗文作品，几乎是众口一词，异口同声地指责美女褒姒，认为西周王朝之灭亡，全在于褒姒。显然，这是不公正的！褒姒何罪之有？罪于美色吗？非也；罪于一笑百态吗？非也。周室之亡，亡于周幽王，非亡于褒姒也。

◆ 巫山神女

巫山神女，就是“瑶姬”。巫山，在长江三峡之巫峡，山有神女峰，是巫山十二峰之一。据《文选·宋玉〈高唐赋〉》注引《襄阳耆旧传》所称：“赤帝女曰瑶姬，未行而卒，葬于巫山之阳，故曰‘巫山之女’。”赤帝，即炎帝。

巫山神女的神话故事，出自于宋玉的《高唐赋·序》：

> 昔者，楚襄王与宋玉游于云梦之台，望高唐之观。其上独有云气，崒兮直上，忽兮改容，须臾之间，变化无穷。王问玉曰：“此何气也？”玉对曰：“所谓朝云者也。”王曰：“何谓朝云？”玉曰：“昔者，先王尝游高唐，怠而昼寝，梦见一妇人，曰：‘妾巫山之女也，为高唐之客，闻君游高唐，愿为枕席。’王因幸之。去而辞曰：‘妾在巫山之阳，高丘之阴，旦为朝云，暮为行雨，朝朝暮暮，阳台之下。’旦朝视之，如言。故为立庙，号‘朝云’。”

高唐，楚国台观名。楚襄王与宋玉游览于云梦之台，遥望着高唐的景观，看到其间变化无穷的云气，楚襄王便问宋玉那高唐的云气意味着什么，宋玉解说时道出了楚怀王梦见与巫山神女云雨阳台的故事：“从前，楚怀王曾游历高唐，白天疲倦了就睡觉。睡梦中遇见一个妇人，说：‘臣妾是巫山神女，客居高唐，闻讯君王游历高唐，愿意为您枕席。’王因此宠幸了她。神女离去时告辞说：‘臣妾在巫山之阳，高丘之阻，早晨是朝云，傍晚是行雨，朝朝暮暮，都在阳台之下。’王早晨朝巫山视察之，果然如神女所言。因而为神女建立庙宇，题名号‘朝云’。”

巫山神女

宋玉讲的这段离奇故事，一般人以为宋玉在于揭露楚怀王的荒淫无度，实际上反映的却是帝王之尊：楚怀王高贵，连巫山神女亦“愿为枕席”。

晚唐咏史诗人胡曾有《阳台》一诗云：

> 楚国城池飒已空，阳台云雨过无踪。
> 何人更有襄王梦，寂寂巫山十二重。

此诗充满历史沧桑之感，主要咏叹巫山云雨随着楚国的灭亡已经成为历史的烟云，没有人再作襄王之梦，唯有巫山十二峰处在山川寂寥之中。

至于高唐神女之出处，闻一多有《高唐神女传说之分析》，考辨甚详，可资参考。而今，长江巫峡有神女庙、神女峰，皆出于楚怀王游高唐梦与巫山神女艳遇云雨阳台的故事传说。

◆ 美人虹

美人如虹。

虹，是亮丽的彩霞，是自然界最美丽的景象。

虹，是美女的象征。

《释名·释天》云：虹，“又曰美人。”

《尔雅·释天》云：“螮（dì）蝀，虹也。”郭璞注曰：“俗名为‘美人虹’。”

《太平御览》十四引张璠《汉纪》云：“灵帝光和元年，虹昼见御座殿堂前，色青赤。上引蔡邕问之，对曰：‘虹霓，小女子之神……’”

虹为何物？

闻一多《高唐神女传说之分析》之四《虹与美人》指出，西汉以来，关于“虹”的象征意义大凡有以下观点：

第一，虹为阴阳二气交接之象。

《淮南子·说山篇》曰：“天二气则成虹。”高诱注：“阴阳二气相干也。”是说天地阴阳二气相互交接，就形成了虹。

《吕氏春秋·节丧篇》高诱注曰：“虹，阴阳交气也。”虹是阴阳交接之气。

《汉书·天文志》曰：“虹霓者，阴阳之精也。”虹霓是阴阳二气交接而成的精灵之象。

《初学记》一引《春秋·元命苞》曰：“阴阳交为虹蜺。虹蜺者，阴阳之精。”

《易通卦验》郑玄注：“虹者，阴阳交接之气。”

蔡邕《月令章句》（《艺文类聚》二引）曰：“虹，螮蝀也，阴阳交接著于形色者也。”

第二，虹为淫乱邪恶之象。

《逸周书·时训篇》曰：“虹不见，妇人苞乱……虹不藏，妇不专一。”见，出现。苞乱，孳生淫乱。

《诗·鄘风·蝃蝀》：“蝃蝀在东，莫之敢指。”毛传：“蝃（dì）蝀，虹也。”

《后汉书·杨赐传》引《易稽览图·中孚经》曰：“蜺之比无德，以色亲。”言虹蜺之所以比之为无德，是因为它以美色为亲。

《开元占经》九十八引《春秋·潜潭巴》曰：“虹蜺，主内淫。”

以上诸论，将虹作为淫乱的象征，而这虹，就是美妇人，是女色。很清楚，这是对美女及其美色的一种偏见，一种曲解。

第三，虹为阴性之象。

《说文解字·雨部》曰：“霓，屈虹，青赤，或白色，阴气也。”言霓是弯曲的虹，呈青赤色或白色，是一种阴气。

《后汉书·杨赐传》注引《春秋·文耀钩》宋均注曰：“虹霓，阴气也。”

《开元占经》九十八引《春秋·感精符》曰：“九虹俱出，五色纵横，或头衔尾，或尾交头，失节。九女并讹，正妃悉绌。”或头衔尾，或尾交头，这是男女构精的象征，因而封建卫道士以为失了节操。其实中国人的男女交媾而产生新生命的观念，是中国的文化先哲确定的，诸如伏羲与女娲两尾交媾的石刻，《周易》则从生命哲学的理性高度来论述男女交媾的重大人类学意义。后世腐儒仅仅从伦理教条出发予以否定，实际上是数典忘祖，迂腐之极，可笑之极。

第四，虹是阴淫于阳的象征。

京房《易传》曰：“蜺，日旁气也。其占云：妻乘夫，则见之，阴胜阳之表也。”京房认为虹是太阳旁升起的一种水气，故虹的出现是阴盛阳衰的表征。《易是类谋》郑玄注曰：“虹蜺，日旁气也。皆阴，故蔽阳。”郑玄也认为，虹是太阳旁边升起的水汽，属于阴气，所以遮蔽了太阳。

汉人关于虹是美人的论述，给我们提供了一个新的理性思考：

其一，汉人创造了美女神话，又将虹这个自然界最美丽的奇观极其生动形象地比喻为美人，不能不说乃是汉人的原创意识。

其二，汉人对虹的解说，基本上是以《周易》的宇宙本体论为哲学基础的，强调阴阳二气交接而生成虹这种自然景观。

其三，汉人以虹为阴气，象征美妇人之淫邪与阴盛阳衰，乃是汉代腐儒对女性世界的歧视与偏见，属于一种异端邪说。

唐人对美人虹作出了新的诠释，由虹联想到气贯长虹的古代壮士，虹如长剑，具有一种阳刚之气、浩然之气、大义凛然之气，而非阴气，非“阴胜阳之表也”。

初唐诗人苏味道（648—705），与李峤以文辞齐名，号称“苏李”，又与崔融、杜审言、李峤合称为“文章四友”。苏味道有一首《咏虹》的五言诗，云：

纾余带星渚，窈窕架天浔。
空因壮士见，还共美人沉。

逸照含良玉，神花藻瑞金。

独留长剑彩，终负昔贤心。

前二句描写天空美丽的彩虹。纡余：形容曲长的彩虹。星渚：星河中的小洲。窈窕：美好貌。天浔：天涯。次二句写壮士聂政与荆轲气贯长虹的义举与美人虹。见：出现。《异苑》卷一：“古者有夫妻，荒年菜食而死，俱化成青绛。故俗呼‘美人虹’。”沉：湮灭。再次二句再写虹的美态如良玉，如神花。逸照：指虹的飘逸。良玉：比喻白虹。神花：比喻彩虹。末尾二句诗人将虹比喻为“长剑”，寄托对气贯长虹的古代壮士的景仰之心。昔贤：指壮士聂政与荆轲。

◆ 神女赋

神女，是神化的美女，是中国美女的化身，也是历代文人骚客审美追求的艺术典范。

屈原弟子宋玉的《神女赋》，是其《高唐赋》的姐妹篇，集中描写了巫山神女的举止形态之美。其中写道：

> 其始来也，曜乎若白日初出照屋梁；其少进也，皎若明月舒其光。须臾之间，美貌横生：烨乎如华，温乎如莹，五色并施，不可殚形。振绣衣，被袿（guī）裳，襛不短，纤不长，步裔裔兮曜殿堂；忽兮改容，婉若游龙，乘云翔。何神女之妖丽，合阴阳之渥饰，被华藻之可好，若翡翠之奋翼。毛嫱障袂，不足程式；西施掩面，比之无色。望余帷而延视，若流波之将澜，奋长袖以正衽，立踯躅以不安。意似近而既远，若将来而复旋。褰（qiān，揭起）余帱而请御，顾女师，命大傅，欢情未接，将辞而去，迁延引身，不可亲附。

宋玉《神女赋》之描写巫山神女，是抓住其作为“朝云”而变化无穷的特征来着笔的：起初如朝阳初升一样光彩照人，而后如皎洁的明月，一会儿又变得美貌横生，绚丽如花，温情如玉，五色并用，也不能尽其形貌。她抖动着绣花衣，披上女性上衣，形体苗条，长短适宜，漫步在光亮的殿堂；忽然又改变了容貌，婉曲如游龙，乘浮云而飞翔。何其妖丽的神女啊，合着日月阴阳的沾润浸染，身披华丽的可人服饰，如同翡翠之振翼，宛若流波之将澜，毛嫱不足以效法，西施也因之失色。

洛神赋图卷

这就是宋玉笔下的巫山神女，令后世文人仰慕的神女。

一代汉赋之描写神女者，除散篇之外，人们以极大的热情，集中描写神女。而这个“神女”，大多也是写巫山神女之美。《全汉赋》收录的《神女赋》，除曹植的《洛神赋》以外，还有杨修的《神女赋》、王粲的《神女赋》、陈琳的《神女赋》、应玚的《神女赋》，而后又有晋人张敏的《神女赋》，宋人谢灵运的《江妃赋》，梁人江淹的《水上神女赋》，等等。其中王粲的《神女赋》最佳，云：

惟天地之普化，何产气之淑真。陶阴阳之休液，育夭丽之神人。禀自然以绝俗，超希世而无群。体纤约而才足，肤柔曼以丰盈。发似玄鉴，鬓类刻成。质素纯皓，粉黛不加，朱颜熙曜，晔若春华，口譬含丹，目若澜波。美姿巧笑，靥辅奇牙。戴金羽之首饰，珥照夜之珠珰，袭罗绮之黼衣，曳缛绣之华裳。错缤纷以杂袿，佩熠烁而焜煌。退变容而改服，冀致态以相移。税衣裳兮免簪笄，施华的兮结羽仪。扬蛾微眄，悬貌流离，婉约绮媚，举动多宜。称诗表志，安气和声。探怀授心，发露幽情。彼佳人之难遇，真一遇而长别。顾大罚之淫愆，亦终身而不灭。心交战而贞胜，乃回意而自绝。

普化：普遍地化育万物。产气：天地生育万物之气。淑真：贤淑而真诚。休液：美汁。《周易》认为，阴阳为天地万物之本，阴阳调和而化生万物。玄鉴：玄妙的黑镜。春华：春花。黼（fǔ）衣：带有黑白花纹的礼服。焜煌：辉煌。税：同“脱”。幽情：此指男女幽会之情。淫愆：淫乱的罪过。贞胜：以贞洁取胜。回意：回心转意。

王粲此赋主要是描写神女外貌形态举止之美，体态、肌肤、发鬓、气质、红颜、口目、笑靥、首饰、服饰、举止言行等；而后写与神女相遇时的志趣、幽情与矛盾心绪。作者认为神女是天地生育万物之气所生，是阴阳调和而化生万物之精灵，是阴阳调和的美汁所陶冶出来的丽人，其美在于“禀自然以绝俗，超希世而无群。体纤约而才足，肤柔曼以丰盈”，在于“称诗表志，安气和声”。可见，王粲对美女的审美鉴赏标准，是“自然绝俗”与“气质才情”。

两汉文人骚客对神女的关注与描写，究其个中缘由，我们认为大凡有三点：一则说明宋玉辞赋对后世的影响之大；二则可以从巫山神女之美的角度印证一代汉赋崇尚弘丽的审美情趣，无论是曹植之写洛水神女，还是杨修等人之写巫山神女，他们都用尽最美的词语与艳丽的色彩来描绘神女之美，以寄托其审美情趣之在弘丽；三则《神女赋》以赋体来描写与讴歌神话传说中的美女，将美女神化，将神女美化、现实化，以表达自己心灵深处的“美女情结”，要比以诗笔描写现实生活中的美女，则显得高雅而不俗气得多。这也许是《神女赋》竞相迭出的创作真谛之所在。

洛神赋图卷

◆ 弄玉

萧史与弄玉的神话，一直在民间流传着。

萧史，是秦穆公时代的人，以吹箫著称。箫，是中国最早的管吹乐器。舜帝的《九韶》乐曲，亦曾以箫吹奏之，故有“箫韶”之称。

据《神仙传》卷上记载，萧史擅长吹箫，传说箫声引来孔雀与白鹤于庭。秦穆公有女儿字弄玉，听到萧史吹箫，非常喜欢。秦穆公就将女儿许配给他。萧史每天教弄玉吹箫，模仿凤凰之鸣。经过几年的训练，弄玉吹箫之音如同凤凰之声，引凤凰来其屋。秦穆公异常高兴，为之修建凤凰台，夫妻俩居其上，数年不下。一天，双双随同凤凰飞去。

萧史与弄玉夫妇，因吹箫引凤凰而羽化飞仙。这是箫声的魅力，是音乐的魅力。秦人有感于这个神话故事，特意在雍宫修建了凤女祠，时时可以听到祠中传出优美动人的箫声。唐代诗人鲍溶有《萧史图歌》一首，云：

弄玉

霜绡数幅八月天，彩龙引凤堂堂然。
小载萧仙穆公女，随仙上归玉京去。
仙路迢遥烟几重，女衣清净云三素。
胡髯毵珊云髻光，翠蕤皎洁琼华凉。
露痕烟迹渍红貌，疑别秦宫初断肠。
此去每在西北上，紫霄洞客晓烟望。

这是一首题画诗，因观赏《萧史图》有感而发，主要是描绘整个画面：数幅精致的丝绢上，描绘着彩龙引凤与萧史弄玉登仙的情景，仙路迢遥，烟霞重重，萧史胡髯毵珊，弄玉云髻光亮，翠蕤皎洁，琼华凄凉，露痕烟迹，渍染着红润的容颜，可以看出他俩离别秦宫之初断肠忧伤的心情。最后两句是从诗人的角度，写萧史弄玉登仙以后，人间仰望西北紫霄洞的情景。

◆ 蚕女

蚕女，是蚕丝女神。

据《太平广记》卷479“蚕女”记载：远古高辛氏时代，巴蜀地区没有官长，无人统摄管理，社会秩序很乱。人们聚族而居，相互吞噬侵食，民间格斗纠纷不断。有一个蚕女，容貌美艳，其父被人掠去，一去逾年，唯有父亲所骑的马还在。蚕女思念父亲归来，常常悲痛欲绝，其母信誓旦旦地对乡邻们说：“谁能够找回蚕女的父亲，我就将蚕女许嫁给他。”部族之中，竟然没有一个能够找回蚕女父亲的人。蚕女父亲原来骑过的马闻讯，竟挣脱马缰而去。数日后，蚕女之父果然骑着自己的那匹马回家来了。母亲将原来承诺以女许配之言告之。父亲说：“哪有将人许配给异类呢？”马听到此言就逃跑。父亲发怒，一箭射杀了那匹马，将马皮暴晒在庭院之中。蚕女从马皮侧面经过，马皮骤然而起，将蚕女卷飞而去。十天以后，马皮又出现在桑树之上，女儿化为蚕，吐丝为衣，泽被人间。父母感念着女儿，忽然看见蚕女乘着流云，驾驭着那匹马，有侍卫数十人，从天而降。蚕女对父母说：“太上以我心不忘义，授以九宫仙嫔之任，长生于天矣。”父母感慨万千，仰望着蚕女骑马飞去。

蚕女

唐代诗人蒋贻恭有《咏蚕》诗一首，咏赞蚕吃进的是桑叶，吐出的是蚕丝，而衣被人间的无私精神，正是蚕女的化身。其诗云：

辛勤得茧不盈筐，灯下缫丝恨更长。
著处不知来处苦，但贪衣上绣鸳鸯。

前两句描写蚕灯下缫丝的辛勤劳作，后两句写著衣者不知蚕丝来之不易而贪于在丝衣上刺绣鸳鸯的心态。一个“恨”字与一个“贪”字，以鲜明的对比：一奉献，一贪婪，突出了蚕女与著衣者两种不同的精神状态。

◆ 洛水女神

洛水女神，即宓妃，伏羲氏之女，就是神话中的洛神。

宓妃的神话传说，最早出自于屈原的《离骚》：“吾令丰隆乘云兮，求宓妃之所在。”丰隆，神农时为云师，一曰雷师。宓妃，王逸《楚辞章句·离骚经》注云：“宓妃，神女，以喻隐士。言我令云师丰隆乘云周行，求隐士清洁若宓妃者，欲与并心力也。”

洛神

三国时著名诗人曹植，有感于宋玉的《神女赋》之赞美美丽的女神，而作《洛神赋》，集中描写美女洛神宓妃的形态之美，云：

其形也，翩若惊鸿，婉若游龙，荣曜秋菊，华茂春松。仿佛兮若轻云之蔽月，飘飘兮若流风之回雪。远而望之，皎若太阳升朝霞；逼而察之，灼若芙蕖出渌波。秾纤得衷，修短合度，肩若削成，腰如约素。延颈秀项，皓质呈露，芳泽无加，铅华弗御。云髻峨峨，修眉联娟，丹唇外朗，皓齿内鲜，明眸善睐，靥辅承权，瑰姿艳逸，仪静体闲。柔情绰态，媚于语言。奇服旷世，骨象应图：披罗衣之璀粲兮，珥瑶碧之华琚，戴金翠之首饰，缀明珠以耀躯。践远游之文履，曳雾绡之轻裾，微幽兰之芳蔼兮，步踟蹰于山隅。于是忽焉纵体，以遨以嬉，左倚采旄，右荫桂旗。攘皓腕于神浒兮，采湍濑之玄芝。

这是古今描绘神女与美女形态之美的绝世佳作，是神来之笔，仙来之笔。诗人以旷世奇才，用尽最为优美的字句与比喻，极尽形容夸饰之能事，无以复加地突出女神宓妃的形态外貌之美。宓妃者，何也?《文选》卷十九《洛神赋》李善注引用《汉书音义》所引如淳之语云：“宓妃，伏羲氏之女，溺死洛水，为神。”如果将曹植这一段文字翻译之，也是一篇优美的现代散文：

宓妃形态之美啊，翩翩飘忽有如惊悸之中的飞鸿，婉曲轻柔有如游离之中的蛟龙，容光焕发有如深秋的菊花，神采奕奕有如春天的松柏。你朦胧仿佛啊，有如轻薄的云彩遮蔽着明月；你飘忽轻盈啊，有如流风吹拂着旋转的雪花。我远远地望着你啊，你皎洁明亮有如太阳初升时的缕缕朝霞；我走近来观察你啊，你形态鲜明得有如盛开的莲花花瓣钻出涟涟清波。你体态丰盈纤瘦适中，高矮适度，双肩下垂有如雕琢削成的碧玉，腰段细圆有如卷束着白色的绸帛，秀长的颈项，洁白的肌肤，不抹脂粉却散发出芬芳。你高耸入云的发髻，修长弯曲的眉毛，红润的嘴唇，洁白的牙齿，明亮的眼睛，甜甜的酒窝，瑰丽的姿态，娴雅的举止，柔情万种，形态绰约，从容舒缓，言语优美。你奇丽的服饰装点着旷世奇才，你天生的骨象应合着图画中的仕女图像：身披光彩亮丽的绮罗衣裳啊，佩戴着碧玉打造的耳环，插戴着金银翠绿的首饰，点缀着明珠宝玉，显现着耀眼的身段，脚穿绣有花纹的鞋，引带轻细如云雾般的丝裙，漫步在春花盛开的山径，却掩盖了幽兰的芳香。于是，你忽然轻举而舞，而游戏，而嬉笑，左执彩绸如

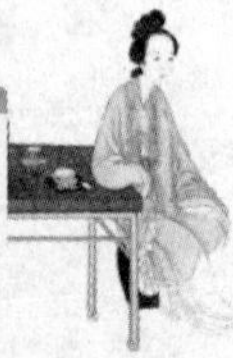

旌，右折桂枝为旗，捋起衣袖，露出白嫩的手腕，在神秘的水边沙石上，采集那黑色的灵芝草。

洛水女神的形态之美、举止动态之美，被“才高八斗”的曹植以生花妙笔描写得如此淋漓尽致，惟妙惟肖，不啻是古今美女形态之美的集大成者。至今读之，如见其人，如闻其声，叫人惊叹，令人倾倒。

◆ 湘妃庙会

湘妃，就是舜帝二妃子娥皇和女英。《湘妃庙会》出自于《灯下闲谈》，记载云濮阳人某某于唐朝光启年间与博陵崔渥相会于湘中，拜谒洞庭湖中的君山湘妃庙的神话故事。当时，崔渥、湘妃与诸神女前来赋诗。

崔渥题湘妃庙诗云：

万里同心别九重，定知涉历此相逢。
谁人翻向群峰路，不得苍梧徇玉容。

涉历：跋涉经历。苍梧：指九嶷山。徇：同“殉”，殉情，陪葬。前两句写湘妃与舜帝心心相通，不辞万里跋涉而寻夫君；后两句以反问口气，突出湘妃以美丽的容颜殉情苍梧之野的高洁情怀。

崔渥有感于湘妃筵席而作诗云：

春鸟交交引思浓，岂期尘迹拜仙宫？
鸾歌凤舞飘珠翠，疑是阳台一梦中。

前两句以叫唤着的春鸟为比喻，引出崔渥拜访湘妃庙的浓浓情意；后两句以巫山神女故事，写自己在湘妃庙受到湘妃热情接待的欢娱、遐想与期待。

听了崔渥的即席诗歌，湘妃感触万端，遥想当年，舜帝出蒲关，南巡苍梧，一去不复返，自己劳苦奔波，万里寻夫，泪洒斑竹。湘妃赋诗云：

鸾舆昔日出蒲关，一去苍梧更不还。

若是不留千秋恨，湘江何事竹犹斑？

鸾舆：帝王乘坐的车辆。蒲关：蒲坂，在山西永济县西，相传是舜帝当年的都城。前两句追述舜帝南巡而死于苍梧；后两句以反问句式抒写湘妃在湘江边上泪洒斑竹，留下千秋遗恨。

美女西施也感慨万千，跟着湘妃同赋：

方承恩宠醉金杯，岂为干戈骤到来。

亡国破家皆有恨，捧心无语泪苏台。

西施被越王勾践所利用，而被送往吴国，虽然备受吴王夫差的恩宠，享受荣华富贵，但是她哪里想到吴越争霸的战火会很快到来。国亡了，家破了，留下多少遗恨，而我自己依然捧心无语地泪洒着姑苏台。此时此刻的西施，是忏悔，是遗恨，还是叹息命运的悲苦？

听着湘妃与西施的赋诗，有感于她们的人生遭遇，来自桃花源的桃源仙子同赋一诗云：

桃花流水两堪伤，洞口烟波月渐长。

莫道仙家无别恨，至今垂泪忆刘郎。

前两句写时间的流逝，本来桃花与流水都不堪伤别的，洞口烟波亦在，而日月在流逝。后二句直抒自己的别恨离愁，不要以为我们这些仙子没有离愁别恨，时至今日，我还在因回忆起当年的刘郎而流泪呢。

洞庭湖龙女也跟着同赋诗一首，云：

泾阳平野草初春，遥望家乡泪滴频。

当此不知多少恨，至今空寄在灵姻。

洞庭湖龙女原嫁泾水。灵姻：神灵婚姻。前两句写洞庭龙女远嫁泾水后的思乡之情，后两句写产生这种悔恨的原因在于“灵姻”。

此外还有云濮阳人等参与者吟咏的诗歌，此不再赘述。但从以上神女唱和的诗歌来看，神女的一个共同情感就是满腔的遗恨。

◆ 洞庭龙女

洞庭龙女，是神话传说中的仙女。

龙女传说，最早见于《梁四公记》，后为《太平御览》卷八〇三所引用，称：震泽中东海龙王之女掌管龙王藏珠。龙女喜欢吃烧燕，梁武帝以烧燕献给龙女。龙女吃了大喜，就以大珠三颗、小珠七颗、杂珠一石相回报。

梁陈以降，曾修建过龙女祠。唐代大诗人岑参作《龙女祠》诗云：

龙女何处来，来时乘风雨。
祠堂青林下，宛宛如相语。
蜀人竞祈恩，捧酒仍击鼓。

龙女祠，在四川青神县南边的五渡溪上，是唐朝初年所建，祠内有龙女画像。岑参自成都赴嘉州，见到龙女祠，即兴而作此诗。而后唐人李朝威创作了传奇小说《柳毅传》，描写龙女远嫁泾阳，备受泾川龙子虐待，以牧羊为生。洞庭书生柳毅应举下第，路过泾阳，为牧羊女传书，几经周折，最后搭救出洞庭龙女。龙女愿以身回报柳毅，柳毅坚决回拒之。龙女隐身再嫁，最终许配给柳毅。元杂剧又有尚仲贤承袭传奇小说《柳毅传》，而作《洞庭湖柳毅传书》杂剧。今洞庭湖之君山仍然保留着“柳毅井”，相传是柳毅为龙女传书处。

中国美女

中国美女

中国美女，一个令人心醉的名词，一个如诗如画的女性世界。

古往今来，文以载之，诗以咏之，词以歌之，曲以吟之，赋以述之，戏剧以演义之，小说以描写之。中国古代文人所编织的一幅幅美女图册，如蓬莱仙境，令人目眩眼花，使人心驰神往。

◆ 美人与美女

“美女”一词，是“美”与“女”合称的一个名词，即美丽的女人。

“美”是何意？从汉字形态学来对“美”字作文化原型的分析，我们以为“美”字最初的文化内涵包括三个层次：

其一，“美”字属于美食文化的范畴。

“美”字最早源于饮食。“美”字的金文书写为“[illegible]”，是一只羊羔放在火上烧烤着。中国先民以此为美味佳肴，故而从“美”，属于味觉之美。

“美”字的字源结构，是“羊大为美”，属于视觉感官之美。《说文》：“甘也，从羊从大。羊在六畜，主给膳也。”徐铉注云：“羊大则美，故从大。”

其二，“美”字是原始部族图腾崇拜的象征。

美，从羊，从大。羊为羊头，“大”字象征着双手（羙）。“美”者，就是羊人，头装扮成羊头，手舞足蹈，从事祭祀或巫术活动的人。古人以羊为吉祥物，以羊人为美，所谓“美事”，就是民间的“善事”。“美”字则属于原始宗教，属于文化人类学的范畴。

其三，“美”字用之于人学、伦理学领域，最早起源于“善”。先秦诸子多以“美”从“善”，认为“美善同意”，强调“美”与“善”高度统一，属于信仰之美。《诗·召南·甘棠》序云：“美召伯也。”疏云：“善者言美，恶者言刺。”

无论何种意义，美都与羊关联着，羊既是中国先民日常生活中的美食佳肴，同时羊又是人们心目中的吉祥之物，是古代部族图腾之一。理解“美”字的这种引申意义，我们才会明白，先秦时代的“美人”为何指代贤者、智者，为何屈原《离骚》专以“香草美人”为喻，为何不是指后代意义上的“美女”。

“美人”一词最早出自于《诗经·邶风·简兮》：“云谁之思，西方美人。”

这个“美人”并非是指“美女”，而是指值得思念的贤良之士。《邶风·简兮》描写的是卫国宫廷的一场盛大的万舞，分别写舞蹈师的出场、文舞、武舞以及对武师的赞美与怀念。《诗小序》以为是“写卫之贤者任于伶官”，意在讽刺卫国不用贤良之才。“简兮”之“简”，乃是大鼓声声的意思。这就说明：先秦语言中的“美人”一词并不为女子所专有，而是一个修辞学范畴，多用为比拟，是指美善的人，比喻贤者、善者以及值得自己赞美与怀念的志士能人。战国时期，人们甚至用以称颂美男子，如《战国策·齐策一》云：“城北徐公，齐国之美丽者也。”

“美人”之用于容貌美丽的女人者，是战国后期，出自于《楚辞》宋玉的《招魂》：“美人既醉，朱颜酡些。”酡，指饮酒脸红。些，楚辞中的语气词，相当于现代汉语中的“啊”。美丽的女人已经醉酒，红润的脸颊泛着醉意浓浓的红色。而屈原《离骚》中的“惟草木之零落兮，恐美人之迟暮”，依然采用“香草美人”的比喻手法，以“美人”比喻值得自己怀念的贤者即楚怀王。

以“美人”专用于“美女”者，始于秦汉时代。如大辞赋家司马相如作《美人赋》，采用主客对话形式，极写美女的声容笑貌与举止形态之美。谓其邻居“有一女子，云发丰艳，娥眉皓齿，颜盛色茂，景曜光起，恒翘翘而西顾，欲留臣而共止”，又对梁王说：此次奉命东来，途经郑卫桑间，遇见一个独处的美女，“婉然在床，奇葩逸丽，淑质艳光”，见我到来，特设酒宴，抚琴而歌曰：“独处室兮廓无依，思佳人兮情伤悲，有美人兮来何迟，日既暮兮华色衰，敢托身兮长自私。”司马相如笔下的美人及其艳遇描写，应该是汉人描写美女的先鞭。而汉代史学家班固《汉书·外戚传序》云：“美人视二千石，比少上造。”注：“（颜）师古曰：二千石，月得百二十斛，一岁凡得一千四百四十石耳。少上造，第十五爵。”上造，爵位名。秦制爵位二十级，汉承袭秦制，以嫔妃为第十五爵，爵位低于上造。自西汉至于明朝，皆以“美人”为王宫嫔妃之专门称号。

“美女”一词，最早出现于何时，已难以确切地判断。《艺文类聚》卷第十八引“韩子曰：‘魏王遗楚王美女，王甚悦之。’”依照我们考证，应该是出于《周书》。《逸周书·武称》中有“美男破老，美女破舌”的记载，“美男”指外宠，“美女”指姬妾。《战国策·秦一》记载：晋献公欲进伐虢国，却害怕谏官舟子侨（又作舟之侨）不同意。大夫荀息说：“《周书》有言：‘美女破舌。’乃遗之女乐，以乱其政。”舟子侨劝谏，晋献公不听，则愤而离去。公元前655年，晋献公又以贵重礼物送给虞国国君，欲借道虞国进伐虢国，却害怕虞国大夫宫之奇不同意。大夫荀息说：“《周书》有言：‘美男破老。’”乃赠之美男，教之恶宫之奇。宫之奇以“唇亡齿寒”之说劝谏，虞国国君不听，宫之奇则逃离虞国。果然，晋献公借道虞国进伐虢国成功以后，又吞并了虞国。

中国文人以诗文涉于“美女”者，则自汉代开始盛行。司马迁《史记·越王勾践世家》云：“西施，越之美女。越王勾践以之献吴王夫差，大幸之。”《史记》还有“以有莘氏美女献纣”与“美女入室，恶女之仇也”等记载。三国时期，以诗笔写“美女”者，首推大诗人曹植。他有乐府诗作《美女篇》，而诗人笔下的“美女”却是承袭《楚辞》传统，属于象征性的形象，即以“美女”比喻君子人格之美。其《美女篇序》明确指出：“美女者，以喻君子，言君子有美行，愿得明君而事之；若不遇时，虽见征求，终不屈也。”曹植之后，仿效而作《美女篇》者，还有晋之傅玄、梁之简文帝萧纲等。而南朝，香风美雨布施文坛，诗人骚客已经不再恪守楚骚以“香草美人”为喻的文学传统，直接以诗笔描写美女情态，以构建诗人心目中的“美人王国”。徐陵编辑的《玉台新咏》，收录了汉魏六朝大量的咏美人诗篇。这是其时“文的自觉”与“人的解放”的重要标志之一。至于唐朝，《全唐诗》里出现的“美人”与“美女”，共计有464次（其中“美人”439次）。唐才子心目中的“美人”，大多承袭六朝齐梁香艳之风，不再采用象征手法，而是直接吟咏美女，属于诗歌王国中的“美人王国”。

◆ 美女标准

何谓“美”？

何谓“美学”？

世界万事万物之中，人是最美的，人是一切美的中心。

美学的核心是人学；离开人，无所谓美学。因此，美学应该以人为本。

以人而言，爱美之心，人皆有之。

《尹文子》记载："齐有黄公者，二女皆国色。以其美也，常谦辞毁之为丑恶。丑恶之名远布，而一国之人无敢聘者。"（《艺文类聚》卷十八引）这是一个教训，本来是美女，是天姿国色，却要自谦而说丑恶，弄得自己嫁不出去，独守闺房。

我们以为：传统意义上的"中国美女"，其永恒的魅力，是其天姿国色。这种魅力，主要来源于她的涵养与含蓄。涵养显示其内在的气质与深邃的文化教养，含蓄显示其言行举止的良好修养与迷人的风格特色。

晚明四公子之一的冒辟疆在评论女乐之美时说道："女乐之美者有九：一，资质浓粹，光彩动人；二，举止闲雅，无尘俗之态；三，心思聪慧，能洞察乐曲境界；四，吐辞清晰，字句真明；五，歌喉清和圆转，有如贯珠；六，吩咐顾盼，使人解悟；七，一唱一说，轻重疾徐，中节合度；八，喜怒哀乐，表情达意，能引人入胜，使观听者身临其境；九，温故知新，关键辞藻，能翻出新意，化腐朽为神奇。此九美具备，当独步同流。"这"九美"之说可以作为我们衡量美女之参考标准。

从人体形态美学一般而言，所谓美女，其面如玉，白嫩细腻，灿若桃花；其嘴如樱桃，小而红润；其眼富有神采，脉脉含情；其眉如柳丝，细长而跳跃；其发如云，云鬓缭绕；其身如飞燕，轻柔多姿；其步若轻，有如金步摇；其声如铃，悦耳动听；其言善辩，文辞优美；其举止文雅，不矫揉造作；其舞姿妖娆，翩翩欲仙；其服饰得体，浓淡素雅总相宜；其个性温和，心地善良，多阴柔之美，少阳刚之气。

美女也要打扮，所谓"三分人材，七分打扮"。但打扮也要得体，合乎自身的气质禀赋与才情个性。《慎子》曰："毛嫱西施，天下之至姣也。衣以皮褐倛，则见者走；易以玄裼，则行者皆止。"（《艺文类聚》卷十八引）毛嫱、西施是天下最美的女人，如果让她们身穿皮夹克，而面戴魌头，见者都会逃之夭夭；如果在皮衣上加上黑色罩衣，行路者都会驻足而看。姣：美丽。倛（qí）：同"魌"，即魌头，打鬼驱疫使的面具。裼（xī）：皮衣上的罩衣。

美女之美，能够倾城倾国。据《汉书》记载：李延年善歌，侍奉着汉武帝。其歌曰："北方有佳人，绝世而独立。一顾倾人城，再顾倾人国。宁不知倾城国，佳人不可再得。"汉武帝长叹一声，说："善！岂有此人乎？"平阳公主

于是说："李延年有女弟子。"汉武帝乃召见之，"实妙丽善舞"，就立即敕封为夫人。这就是名垂青史的"李夫人"。

唐代诗人崔护《题都城南庄》记载着一个"寻春遇艳"的动人故事（见孟棨《本事诗·情感》），诗云：

> 去年今日此门中，人面桃花相映红。
> 人面不知何处去，桃花依旧笑春风。

这种男女之情，由美女给男人一瞬间的触动而萌生，却使诗人如此钟情铭心，是爱？是怜？是痴？是轻佻？是执着？说不清，道不明。致使自己机会易失，再寻难觅，造成终身遗恨。如杜牧《怅诗》云：

> 自是寻春去校迟，不须惆怅怨芳时。
> 狂风落尽深红色，绿叶成荫子满枝。

春色已去，深红落尽，绿叶成荫子满枝，留下的只有满腹的惆怅。

中国历代文人士大夫，都有一个"美女情结"，主要表现在：一是审美欣赏，二是爱恋之心，三是描写对象。在其文笔与诗笔之下，美女如虹，爱美若痴。然而，美女的标准又各有不同，具有相当的主观随意性。这种主观随意性主要表现在以下几个方面：

第一，美女的标准，往往因各个不同历史时期审美情趣的不同而随之改变。比如汉唐时期，人们追求的审美情趣是"弘丽富艳"，于是何谓"美女"，则多以艳丽为美，如同洛阳盛开的牡丹；而魏晋与赵宋时期，人们以"清秀雅致"为美，所谓"美女"，应该如同山野含苞待放的梅花，清秀而高雅。这就是说，唐宋时人们心目中的"美女"，其审美标准是截然不同的。现代社会又回归到晋宋时代，追求美女身段之苗条清秀，于是社会上流行女人减肥瘦身风潮，而在唐朝，人们追求富贵艳丽，仕女一个个以丰满硕艳为美，绝代佳人杨贵妃之流从来不要减肥。因此，美女之美，受到当时社会审美标准与审美情趣的制约。

第二，美女的标准，往往因人而异，因情感而异。每个人的审美观念不同，美女的标准也因之而异。男女之间，美因爱而生，因爱好而美，因爱情而产生美感，这种审美带有极其强烈的主观随意性。无盐是历史上著名的丑女，却貌丑而德美。据《列女传》记载：无盐，原名钟离春，齐国无盐人，形象丑陋，却有德行，心系社稷，曾自谒齐宣王，当面指责他奢淫腐败。齐宣王感动之，立封之为王后。正如清人沈复之妻陈芸所说：“情之所钟，虽丑不嫌。”（沈复《浮生六记》）所谓“情人眼里出西施”，指的就是这种美感。在情人心目中，美女就是爱人，自己所钟爱的人，虽丑犹美。韩国古代诗人成俔（1439—1504）有寓言《一妻一妾》说：东门柳有一妻一妾，妻美而妾丑，却爱妾而恶妻。有人问浮休子是何缘故，浮休子说：“好善恶恶，常也；舍善趋恶，变也。常无可常，变无恒变，随其所遇而爱憎生焉。女无美恶，悦我目者为姝；人无善恶，适我意者为善。”（见陈蒲清、权锡焕《韩国古典文学精华》）其意思是说：喜爱美善而厌恶丑，是人之常情；舍弃美善而趋好丑恶，是人的变态。常情不可能不变，变态不可能永恒，往往是随着事情的变化而产生爱憎的。女子无论美丑，自己赏心悦目者就是美女；人无善恶之分，自己适宜者就是善人。

第三，美女的标准，具有相对性。美与恶（丑）是相“对待”而言的，就如日月、寒暑、昼夜、上下、长短、远近、新旧、大小、香臭、深浅等等是相“对待”而言的一样。所谓“对待”，就是矛盾与对立，世上的万事万物无不处于矛盾对立之中。美与丑也是一对矛盾，有“美”，就有“丑”；没有“美”，就无所谓“丑”。人们的审美心理特征不同，美感也就具有明显的差异性。叶燮认为，“对待之美恶”，是没有“常主”的，它们因人、因时、因地而异。他在《黄叶村庄诗序》中指出：“境一而触境之人之心不一。”（《己畦文集》卷八）同一个审美对象，人的审美理想、审美趣味、审美标准不同，审美感受的差别甚大。这是从美感的角度来说明美与丑的相对性，带有时间性。时间是双刃剑，时间是美的创造者，是生命的缔造者；然而时间又是美的杀手，是生命的杀手。它将美女与世上最美好的生命与事物予以时间性的无情扼杀，由美女而老妪，由美而丑，由盛而衰，由蓬勃生机而气息奄奄。唐人于濆蹉跎科场近二十年，流寓各地，在《辛苦吟》一诗中说：“我愿燕赵姝，化为嫫母姿。”嫫母，是黄帝时的丑女；燕赵多佳人，要让燕赵佳人变成嫫母式的丑女，唯有无情摧残生命的时间。

第四，美女的标准，在特定的历史阶段与文化思潮中，还带有明显的阶级性与派别性。从“阶级斗争”的立场出发，一批马克思主义者曾经认为爱与恨、美与丑都是具有“阶级性”的，因为他们觉得世界上没有无缘无故的“爱”，也没有无缘无故的“恨”，也没有超越阶级与党派的“美”与“丑”。无产阶级与资产阶级的爱与恨、美与丑，因为阶级的对立而成为两大截然对立的审美范畴与价值取向：资产阶级之所爱者，就是无产阶级之所恨者；资产阶级之所美者，就是无产阶级之所丑者。因而他们否定“人类之爱”与共同的“统一之美”。这种审美观念是根据特定历史时期中国革命的需要而提出来的，我们今天不应该全盘否定其历史指导意义，但是这毕竟是具有历史局限性的，因为它否定美的客观性与普遍性存在。

◆ 羞花闭月

羞花闭月，是古人形容美女的一种夸张之辞。女子之容颜美色，能够使鲜花感到羞愧，使明月自愧不如而退缩。

《庄子》曰：“毛嫱骊姬，人之所美也，鱼见之深潜，鸟见之高飞。”

元杨果《采莲女曲》：“记得相逢对花酌，那妖娆，殢人一笑千金少。羞花闭月，沉鱼落雁，不恁也魂消。”（引自《朝野新声·太平乐府》之三）殢（tì）人：纠缠不清，困扰人，惹人。元贾仲名《铁拐李度金童玉女》四云：“云肩玉顶凤头鞋，羞花闭月天然态。”

◆ 美女簪花

簪花，古代民间的一种习俗，每当典礼宴会佳节，男女皆戴花。唐宋时期特别流行这种习俗。

美女簪花，有如锦上添花，美艳至极。因而古人以美女簪花比喻书法艺术之美。于是书法艺术中有所谓“美女簪花格”，誉其娟秀工整的书法。

唐人张彦远《法书要录》二引袁昂《古今书评》云：“卫恒书如插花美女，舞笑镜台。”

明人王彦泓《疑雨集》三有《有女郎手写余诗十首》诗云："江令诗才犹剩锦，卫娘书格是簪花。"江令，是指诗人江淹，古有"江郎才尽"之虞。卫娘，是指女书法家卫铄，即卫夫人。

◆ 美人王国

妓女，生活在繁花似锦的青楼楚馆，活跃在灯红酒绿的都市夜生活之中，是"美人王国"最外露、最开放的女性群体。

中国文人士大夫的心灵深处，都有一个如花如梦、如痴如醉的"美人王国"。

构成这个美人王国的主体，是美人、妓女，是诗人。

唐诗与青楼歌妓舞姬结下了不解之缘。青楼，是封建专制文化畸形发展而孕育出来的美的渊薮。

青楼的魅力在于妓女，在于美人。这就是唐代文人士大夫寻花问柳、魂断青楼的真谛之所在。

虽然《全唐诗》描写妓女的诗歌不易甄别，但据人初步统计，多达2000首以上。唐人诗集中"咏妓"、"观妓"、"携妓"、"出妓"、"听妓"、"赠妓"、"别妓"之作，屡见不鲜。

唐代的咏妓诗，肇始于王绩的《咏妓》《辛司法宅观妓》。其中涉妓诗最多的诗人是：李白约58首，元稹约73首，白居易约135首，杜牧约68首。"十年一觉扬州梦，赢得青楼薄倖名"（薄倖：指男子薄情、负心）的诗人杜牧，在扬州时几乎每天都与风尘女子厮混在一起。淮南节度使牛僧孺怕他出事，派人暗中保护，仅两个月就收到一百多封报帖，上面写着"某夜，杜书记在某家，平安"。

唐诗的艺术魅力，来自于如诗如画的美好河山与烽火边塞，来自于繁荣都市的霓裳羽衣与美丽的田园风光，来自于佛教禅院的佛光离合与木鱼声声，也来自于令唐才子心驰神往的青楼楚馆，那里有石榴裙飘逸着的歌姬舞女，有陶醉于美人王国的诗魂词心。

据不完全统计，唐诗中的咏美人之诗层出不穷，这里仅就诗题为例，举其代表之作：王琚有《美女篇》，张谔有《岐王席上咏美人》，骆宾王有《天津桥上美人》，岑参有《醉戏窦子美人》，梁锽有《美人卧》、《美人春怨》、《名姝咏》、《观王美人海图障子》，孟浩然有《美人分香》，李白有《陌上赠美人》、《口号吴王美人半醉》、《代美人愁镜二首》，张渭有《赠赵使君美人》，常非月有《咏谈容娘》，杜甫有《佳人》，张籍有《美人宫棋》，顾况有《代佳人赠别》，张孝标有《赠美人》，崔珏有《赠美人》《美人尝茶行》，韩偓有《美人》、《佳人忍笑》、《佳人半睡》，卢纶有《美人》二首、《美人骑马》、《开府席上赋得佳人名解愁》，杨基有《美人》，于鹄有《题美人》，武元衡有《赠佳人》，胡令能有《美人绣帏》，施肩吾有《观美人》，杨巨源有《美人春怨》、《名姝咏》，李贺有《美人梳头歌》，张碧有《美人梳头》，杜牧有《题赠美人》二首，陆龟蒙有《美人》，李群玉有《杜丞相筵上美人》，宋济有《东邻美人》，方干有《赠美人四首》，罗虬有《比红儿诗一百首》，等等。

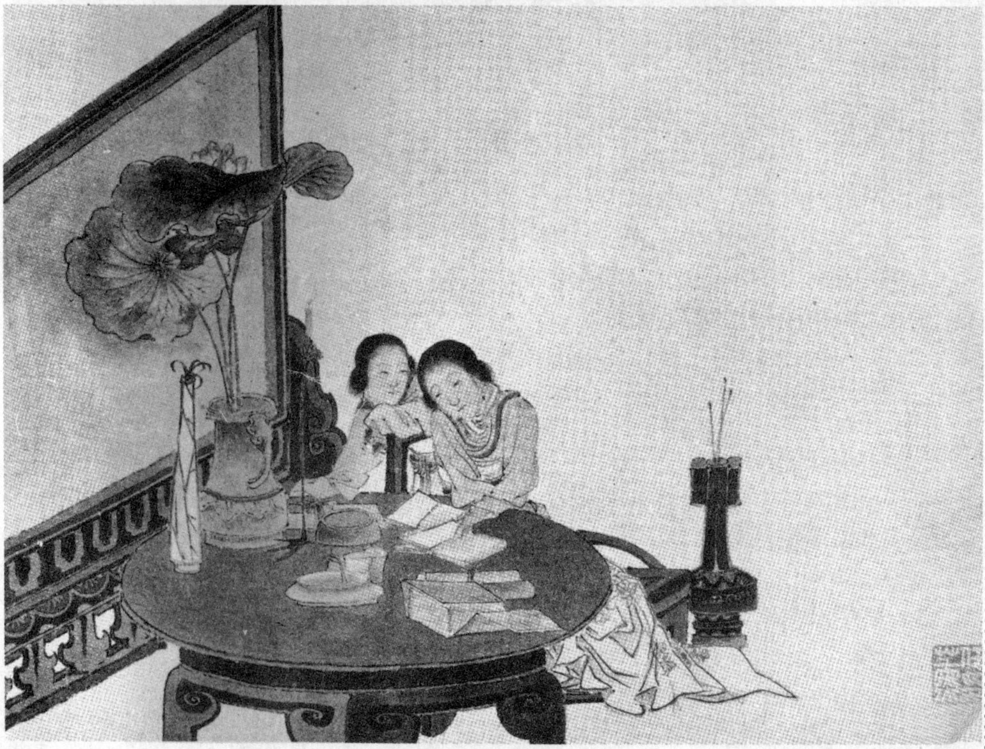

这种种对美人的色态、舞姿、心灵、性格、情趣的吟咏与赞叹，实质上是唐才子心目中的“美女情结”，也是唐才子们对美的追求，不只是性爱与情爱的自然流露。

◆ 唐才子与美女之恋

何谓“爱情”？

爱情，就是男女之间的“生死相许”。元好问《摸鱼儿·雁丘词》说过：“恨人间、情为何物，直教生死相许。”

唐才子的爱情描写，最动人的莫过于杜甫《月夜》。诗云：

今夜鄜州月，闺中只独看。
遥怜小儿女，未解忆长安。
香雾云鬟湿，清辉玉臂寒。
何时倚虚幌，双照泪痕干。

乱世余生，相思之苦，情意之真，爱怜之深，思家之切，令红笺为之无色，远非其他同类诗篇可以媲美。

然而，这类描写纯真的夫妻恩爱之诗，在一代唐诗中实在是寥若晨星。而一般唐才子们，为了求取功名，常常像杜甫那样把“老妻寄异县”，却不像杜甫那样忠贞于爱情，一旦有红颜相遇相知，便相见恨晚，发出“恨不相逢未嫁时”的声声叹息。而为数不多的寄内诗或赠内诗，也很少流露出感人肺腑的夫妻爱恋之情。如李白有寄内诗 11 首，其中《赠内》一首诗云：

三百六十日，日日醉如泥。
虽为李白妇，何异太常妻！

这短短二十个字，只是李白对妻子的一种坦诚的自我表白而已。“太常妻”，化用的是汉人周泽的故事。据应劭《汉官》曰：“周泽为太常，斋有疾。其妻怜其年老被病，窥内问之。泽大怒，以为干斋。掾吏争之，不听，遂收送诏狱，并自劾谢。论者讥其激发不实。又谚曰：‘居世不谐，为太常妻，一岁三百六十日，三百五十九斋，一日不斋醉如泥。’”（《艺文类聚》）

一代唐才子的“爱情”在哪里？

在青楼楚馆，在一见钟情时的盈盈秋波之中，在以诗相知惜缘的爱慕之中。

唐才子与美女诗姬歌妓之间追求爱情的表达方式，有的颇有些浪漫色彩。据《全唐诗》载，李节度使有宠姬，一意欲追求自己的爱情自由，于元夕以红绡帕裹诗二首投掷在路上，有约得之者于来年此夕相会于相蓝后门。其《书红绡帕》二诗云：

囊裹真香谁见窃，绞绡滴泪染成红。
殷勤遗下轻绡意，好与情郎怀袖中。

金珠富贵吾家事，常渴佳期乃寂寥。
偶用志诚求雅合，良媒未必胜红绡。

不意此红绡帕被官宦子弟张生拾得。张生《和姬诗》云：

自睹佳人遗赠物，书窗终日独无聊。
未能得会真仙面，时看香囊与绛绡。

次年元夕，张生如期而往，与李节度使之姬惜缘相爱，两位钟情男女遂携手逃于吴，开始新的爱情生活。

薛涛（770—832），字洪度，长安人。幼年随父入蜀，流寓成都。贞元中，韦皋镇蜀，召薛涛侑酒赋诗，进入乐籍，以诗酒乐相娱。传说她与大诗人元稹有一段美好的恋情。元稹有《赠双文》诗云：“艳极翻含怨，怜多转自娇。有时还自笑，闲坐爱无憀。晓月行看堕，春酥见欲消。何因肯垂手，不敢望回腰。”王铚《传奇辨证》云：元稹“诗中多言‘双文’，意谓二‘莺’字，为双文也”。此诗作于贞元十六年（800），当时元稹在河中府任上，正与“崔莺莺”相恋。憀（liáo），今作“聊”。垂手与回腰为舞曲二名。其后，元稹出使成都，薛涛因醉争令，掷注子，误伤相公犹子，离幕而去。因作《十离诗》十首。元稹又有《离思五首》，诗不仅咏莺莺一人，但其中情意所向如其第四首。

诗云：

曾经沧海难为水，除却巫山不是云。
取次花丛懒回顾，半缘修道半缘君。

这是名垂千古的爱情诗。沧海水，巫山云，失去了才是感到最珍贵的。后两句所指更为明显，这花草丛我懒得一顾，一半缘于修道，一半缘于思君。当然，此诗也有学者认为并非是为莺莺而作，而是为其亡妻而作。

最著名的爱情之说，在唐代社会广为流传而为文人骚客述之于笔墨者，是张生与崔莺莺的爱情故事。崔莺莺，字双文，孀妇也。贞元中，随母郑氏寓居蒲东佛寺。时有张生者，以诗赠答，两情相悦。经红娘牵线，而私订终身。后张生别离而去，又终被抛弃。元稹后创作《莺莺传》（又名《会真记》）一部传奇小说，描写张生与崔莺莺之间的爱情故事。这是为负心男子辩护的唐传奇，说者多谓记中张生乃是元稹的化身，元稹诗中有所谓“双文”者，即隐指“莺莺”二字也。也许《莺莺传》中有诗人元稹的影子，但毕竟这是唐传奇啊。《全唐诗》所录的崔莺莺诗有三首，皆为张生而作。其中《答张生》一诗云：

待月西厢下，迎风户半开。
拂墙花影动，疑是玉人来。

西厢下，月影，花影，人影，和谐一体，楚楚动人；景也动人，情也动人，诗也动人。无怪乎元稹的《莺莺传》之后被改写为《西厢记》，金元时代则有董解元的《西厢记诸宫调》，王实甫的杂剧《西厢记》。这“董西厢”与“王西厢”，使西厢故事得到了充分的情感升华。特别是“王西厢”，乃是中国古代戏剧史上最优秀的爱情剧，以“愿天下有情人终成眷属”为基本主题，一改原《莺莺传》的爱情悲剧而为以“大团圆”结局的爱情喜剧，提高了崔莺莺与张生爱情故事的文化品位和艺术境界。

崔莺莺与张生的爱情，在“一见钟情”的盈盈秋波之中。明末清初的黄周星写《秋波六艺》，前有小引，凡七则，紧紧扣住“怎当他临去秋波那一转”

而生发之。其一总写大意，其二拈出“怎当”二字，其三拈出“一”字，其四拈出“转”字，其五拈出“他”字，其六拈出“那”字，极写“秋波”之动人心魄。

至于白居易的长篇感伤诗《长恨歌》与陈鸿的传奇小说《长恨歌传》，乃至洪昇的《长生殿》，所描写的唐明皇与杨贵妃的“爱情故事”，那“在天愿作比翼鸟，在地愿为连理枝”的美好意愿，在广义上也包含着爱情的甜蜜誓言。但对李、杨的“爱情悲剧”作一些理性的思考和分析，因为塑造了一个不可饶恕的时代悲剧，除了文人骚客心灵深处那一点怜花惜玉之情而外，对这种悲剧的酿造者又有哪一点值得我们为之挥洒一滴同情的泪水呢？

爱情，是美丽动人的，令人而生颇多向往与憧憬。唐才子为追求自由美丽的爱情，也曾付出过不少生生死死的生命代价。

欧阳詹与太原妓，是唐诗中一个生死相爱的动人故事。韩愈作《欧阳生哀辞》曾有意隐讳之，而其事却广为传播。欧阳詹，字行周，福建晋江人。贞元年间，因常衮荐而与韩愈、李观等同举进士，是闽人擢第第一人。官国子监四门助教。韩愈有《驽骥吟》一诗“示欧阳詹”。据《全唐诗》载，欧阳詹游晋，与一太原美女相知。后离去时，赋《初发太原途中寄太原所思》诗一首，表“早晚期相亲”之愿。太原妓思之既久而疾甚，乃刃髻作诗《寄欧阳詹》，绝笔而逝。诗云：

自从别后减容光，半是思郎半恨郎。
欲识旧来云髻样，为奴开取缕金箱。

至思至恨，至情至爱，是青楼之恋的郁结，是女性生命的呼唤。

欧阳詹殉情，也许是美女的魅力、爱情的魅力。然而此事却惊动了中唐诗苑文坛，令韩愈和穆玄道等叹息不已。韩愈曾骂欧阳詹是“驽骥”。其后，元和进士孟简记述欧阳詹与太原妓生死相爱的真实故事，亦赋《咏欧阳行周事》一诗，其序云：

闽越之英，惟欧阳生以能文擢第。爰始一命，食太学之禄，助成均之教，有庸绩矣。我唐贞元年己卯岁，曾献书相府论大事，风韵清雅，词旨切直。会东方军兴府县，未暇慰荐。久之，倦游太原。还来帝京，卒官灵台。悲夫！生于单贫以徇名，故心专勤俭，不识声色，及兹筮仕，未知洞房纤腰之为蛊惑。初抵太原，居大将军宴，席上有妓，北方之尤者，屡目于生。生感悦之，留赏累月，以为燕婉之乐尽在是矣。既而，南辕妓请同行，生曰："十目所视，不可不畏。"辞焉。请待至都而来迎许之，乃去。生竟以蹇连不克，如约过期。命甲遣乘，密往迎妓。妓因积望成疾，不可为也，先死之夕，剪其云髻，谓侍儿曰："所欢应访，我当以髻为贶。"甲至得之，以乘空归，授髻于生。生为之恸怨，涉旬而生亦殁。则韩退之作《何蕃书》所谓欧阳詹生者也。河南穆玄道访予，常叹息其事。呜呼！钟爱于男女，素期效死，夫亦不蔽也。大凡以断割，不为丽色所汩，岂若是乎？

欧阳詹与太原妓生死相恋的故事原委，孟简此序所述甚详，与《闽川名士传》记载，大体相似。尽管孟简思想迂腐，认为男人"大凡以断割，不为丽色所汩"，欧阳詹"钟爱于男女，素期效死，夫亦不蔽也"。孟简亦认为欧阳詹与太原妓生死相恋的故事，可与《华山畿》和《孔雀东南飞》所描述的古代爱情故事媲美，序末云："古乐府诗有《华山畿》、《玉台新咏》，有《庐江小吏》相死或类。于此暇日，作诗以继之。"其诗云：

有客西北逐，驱马次太原。
太原有佳人，神艳照行云。
座上转横波，流光注夫君。
夫君意荡漾，即日相交欢。
定情非一词，结念誓青山。
生死不变易，中诚无间言。
此为太学徒，彼属北府官。

中夜欲相从，严城限军门。
白日欲同居，君畏仁人闻。
忽如陇头水，坐作东西分。
惊离肠千结，滴泪眼双昏。
本达京师回，贺期相追攀。
宿约始乖阻，彼忧已缠绵。
高髻若黄鹂，危鬟如玉蝉。
纤手自整理，剪刀断其根。
柔情托侍儿，为我遗所欢。
所欢使者来，侍儿因复前。
拭泪取遗寄，深诚祈为传。
封来赠君子，愿言慰穷泉。
使者回复命，迟迟蓄悲酸。
詹生喜言旋，倒屣走迎门。
长跪听未毕，惊伤涕涟涟。
不饮亦不食，哀心百千端。
襟情一夕空，精爽旦日残。
哀哉浩然气，溃散归化元。
短生虽别离，长夜无阻难。
双魂终会合，两剑遂蜿蜒。
丈夫早通脱，巧笑安能干。
防身本苦节，一去何由还？
后生莫沉迷，沉迷丧其真。

此诗凡60句，300字，是一首长篇乐府叙事诗。作者的创作意图，由其序中可见之矣。然而，其思想内容与艺术形式，则远远不如《孔雀东南飞》。特别是末尾二句，犹如一种世俗的说教，是对《孔雀东南飞》之类追求自由爱情主题的一种背叛，更无足可取。

◆ 唐代美女与婚姻家庭

婚姻，是一定社会关系中男女两性结合的一种形式。婚姻关系是社会生活的重要纽带，也是家庭产生的基础。离开了婚姻关系，则无所谓家庭的组合；而家庭是社会的细胞，人类社会一旦离开家庭，就丧失了人类社会的生命活力。婚姻、家庭、社会，三位一体，整个人类才得以繁衍延续，生生不息。

一代唐诗，对婚姻家庭这个重大社会问题，给予了极大的关注。这种关注，不仅表现在唐诗创作中男性诗人以诗笔来写女性主题，而且也表现在女性自己以诗笔来倾吐自己的心声，来反映自己在婚姻家庭关系中的人生命运。苦耶？乐耶？悲耶？喜耶？一一流于笔端，以一诉衷肠为快也。

唐代美女对婚姻的钟情，还是遵循礼教规范的。而唐人最理想的婚姻模式，是才子佳人型的。

卢储，贞元间人，擢进士第一。据《全唐诗》载，李翱典郡江淮，卢储以进士投卷于李翱，李翱读后，置之几案间。其长女见之，阅后赞赏不已，对女奴小青衣说："此人必为状头。"李翱闻之，即选之为女婿。第二年卢储果然第一人及第。成婚之夕，卢储作《催妆诗》一首云：

昔日将去玉京游，第一仙人许状头。
今日幸为秦晋会，早教鸾凤下妆楼。

卢储这桩婚事，以进士投卷为媒，属于才子佳人型者。新婚之夜，一对青年夫妻，如鸾凤和鸣。初唐弘文馆学士萧德言作有《看新婚》一诗，写作者对别人新婚洞房之夜的向往；李颀又有《题合欢》一诗，写新婚洞房之夜的自我感受。诗云：

开花复卷叶，艳眼又惊心。
蝶绕西枝露，风披东干阴。
黄衫漂细蕊，时拂女郎砧。

合欢，是婚姻的蜜汁琼浆，是男女之间情爱与性爱的泥潭峰巅。李颀此诗写得含蓄柔媚，然而，题为“合欢”，个中欢快，不必自言矣！

晁采，小字试莺，大历时人，少与邻生文茂约为婚姻。及长，文茂常以诗通情，晁采则以莲子达意，坠一颗于盆，逾旬开花并蒂。文茂以报晁采，乘间而欢合。采母得悉其情，叹曰：“才子佳人，自应有此。”遂以晁采归于文茂之家。《全唐诗》录有文茂寄和晁采的诗凡五首，其中《春日寄采诗》云：

美人心共石头坚，翘首佳期空黯然。
安得千金遗侍者，一烧鹊脑绣房前。

晁采存诗23首，皆抒恋情、心情、夫妻恩爱之情，两心相悦，诗情斐然，足见其婚姻家庭生活之幸福美满矣。诸如其中《寄文茂》诗云：

花笺制叶寄郎边，的的寻鱼为妾传。
并蒂已看灵鹊报，倩郎早觅买花船。

其《春日送夫之长安》写得最好，诗云：

思君远别妾心愁，踏翠江边送画舟。
欲待相看迟此别，只忧红日向西流。

夫妻一别经年，相思积久。晁采家养有一白鹤，取名“素素”。一日雨中忽忆其夫，谓鹤曰：“昔王母青鸾、绍兰、紫燕，皆能寄书远达，汝独不能乎？”鹤延颈向采，若受命状。采即援笔直书二绝，系于鹤足，竟至其夫。其一诗云：

春风送雨过窗东，忽忆良人在客中。
安得妾身今似雨，也随风去与郎同。

身随风雨而去，与夫君共枕，这是多么美好的想象啊！唐人对节妇的赞颂，有

从维护婚姻家庭的完整性和延续性着眼者，也有从封建礼教观念出发者，或许二者兼而有之。张籍《节妇吟》诗云：

君知妾有夫，赠妾双明珠。
感君缠绵意，系在红罗襦。
妾家高楼连苑起，良人执戟明光里。
知君用心如日月，事夫誓拟同生死。
还君明珠双泪垂，何不相逢未嫁时。

婚姻家庭，意味着责任，夫妻都应以婚姻和家庭为重。唐人并非爱情至上者，诗中女主人公断然辞却第三者的爱情，就是这种责任感的表现。

唐代宫廷美女的婚姻，多有以题诗相许者，在婚姻与家庭的组合中，注重的乃是一个“缘分”。《全唐诗》记录有这样两个故事：

开元中，后宫为边军将士赐制纩衣。有宫女作袍中诗云：“沙场征戍客，寒苦若为眠。战袍经手作，知落呵谁边。蓄意多添线，含情更著绵。今生已过也，结取后生缘。”一兵士于袍中得诗，报告于帅。帅上之朝廷，唐明皇以诗遍示六宫，一宫女自称“万死”。明皇怜之，则将此宫女许配给得诗者，曰：“朕与尔结今生缘也。”

贞元中，进士贾全虚于御沟得一花叶，上有诗句云：“一入深宫里，无由得见春。题诗花叶上，寄与接流人。”贾全虚读之，悲想其人，徘徊沟上，为街吏所获。金吾奏其事，唐德宗询之，知为奉恩院王才人养女凤儿所作。因召贾全虚，授之以金吾卫兵曹，遂以凤儿妻之。

当然，唐人自由恋爱者与逃婚者，虽然时有发生，但主要的婚姻方式还是封建性的，是父母之命与媒妁之言的包办婚姻。不管何种婚姻方式，结婚仍然是人生道路上的一件终身大事。许浑有《送段觉之西蜀结婚》一诗，写“词赋名高”的段觉之西蜀结婚时的“彩衣如锦”与“镜中鸾影”。郑轨有《观兄弟同夜成婚》一诗云：

棠棣开双萼，夭桃照两花。

分庭含佩响，隔扇偶妆华。
迎风俱似雪，映绮共如霞。
今宵二神女，并在一仙家。

喜悦之情，喜庆之气，祥瑞之色，都是难以言表的。

夫妻，应该是人生道路上最可信赖的伴侣。唐人为了追求功名利禄，往往长期在外漂泊流离，好像是一个没有家园而孤独的灵魂。韩偓有《家书后批二十八字》诗为证：

四序风光总是愁，鬓毛衰飒涕横流。
此书未到心先到，想在孤城海岸头。

韩偓此时在醴陵，而闻家在登州。像韩偓这样以“四序风光”为愁者，何止万千！唐人的羁旅行役，茫茫无归期，致使妻妾独守空房而对夫君牵肠挂肚，功成则喜，败归则悲。这也是唐人婚姻家庭生活的一种悲哀。

别离之苦，是唐人妻室共同的情感纠葛。邵谒有《苦别离》一诗，真切地表达了唐人妻室的别离之苦。其诗云：

十五为君婚，二十入君门。
自从入户后，见君长出门。
朝看相送人，暮看相送人。
若遣杨柳枝，此地树无根。
愿为陌上土，得作马蹄尘。
愿为曲木枝，得作双车轮。
安得太行山，移来君马前。

忠贞不渝，衷肠痴情，催人泪下。

洹水赵氏，杜羔之妻也。《全唐诗》收录其四首诗作，皆为其夫杜羔而作。其中有两首写夫君落第与登第的诗，把为人妻子的复杂心理表现得惟妙惟肖。

其《夫下第》诗云：

良人的的有奇才，何事年年被放回？
如今妾面羞君面，君若来时近夜来。

其《闻夫杜羔登第》诗云：

长安此去无多地，郁郁葱葱佳气浮。
良人得意正年少，今夜醉眠何处楼？

一羞一忧，突出其复杂的心绪。

唐代女子寄夫诗，往往写得比较感人心扉者，就在于她们能够自主地吐露衷肠于寸笺上，字里行间寄托着对丈夫的无穷思念。袁州张氏，评事彭伉之妻也。彭伉外出求功名，张氏《寄夫》诗云：

驿使今朝过五湖，殷勤为我报狂夫。
从来夸有龙泉剑，试割相思得断无？

彭伉读之，作《答妻诗》云：

莫讶相如献赋迟，锦书谁道泪沾衣？
不须化作山头石，待我东堂折桂枝。

后彭伉于贞元中登第，辟为江西幕，而久不归。张氏又以诗寄之，作《寄夫诗》一首云：

久无音信到罗帏，路遥迢迢遣问谁。
闻君折得东堂桂，折罢那能不暂归？

陈玉兰，吴人，王驾之妻也。王驾，字大用，河中人，晚唐昭宗大顺元年（890）进士第，仕至礼部员外郎。《全唐诗》载，王驾戍边久之，玉兰思念心切，作《寄夫》诗云：

夫戍边关妾在吴，西风吹妾妾忧夫。
一行书信千行泪，寒到君边衣到无？

此诗《全唐诗》又作王驾诗，题为《古意》。以其内容与风格而言，当为其妻陈玉兰所作。

郭绍蓝，长安人，巨商任宗之妻也。《全唐诗》记载，任宗贾于湘中，数年不归，绍蓝作诗系于燕足。时，任宗在荆州，一燕忽泊其肩。见足上系书，解视之，乃妻所寄也。其诗云：

我婿去重湖，临窗泣血书。
殷勤凭燕翼，寄与薄情夫。

任宗读之，感泣而归。

然而，唐人对妻室的冷落，以致红杏出墙，妻妾在家里偷情者，亦不乏其人。据《全唐诗》记载，有孟氏，本寿春妓，后归于维扬万贞为妻。万贞贾于外，孟氏春日游家园，作《独游家园》诗云：“可惜春时节，依前独自游。无端两行泪，长只对花流。”忽有一美少年逾垣而入，赋诗赠答。二人情意相投，遂私通焉。孟氏有《答少年》诗云：

谁家少年儿，心中暗自欺。
不道终不可，可即恐郎知。

然而，这种偷情，只是满足一种短暂的欢愉而已。逾年后，万贞归来，少年曰：“吾固知其不久也。”轻薄少年，言迄乃腾身而去。

然而，唐代美女亦颇多忠贞不渝者。王霞卿，蓝田人，为会稽宰韩嵩之妾。

韩嵩死后，霞卿流落会稽，曾题诗唐安寺阁壁，并序云：“琅琊王氏霞卿，光启三年阳春二月登于是阁，临轩轸恨，睹物增悲。虽看焕烂之花，但比凄凉之色。时有轻绡捧砚，小玉看题。”其《题唐安寺阁壁》诗云：

春来引步暂寻游，愁见风光倚寺楼。
正好开怀对烟月，双眉不觉自如钩。

进士郑殷彝读之，则以诗诱之，作和诗一首云：“题诗仙子此曾游，应是寻春别凤楼。懒得从来未相识，免教锦帐对银钩。”王霞卿见之，不为诗情所动，立赋《答郑殷彝》诗以拒之。其诗云：

君是烟霄折桂身，圣朝方切用儒珍。
正堪西上文场战，空向途中泥妇人。

温文尔雅，贞洁自持，又识大体，与轻薄女子迥然有异也。

许多女子身处逆境，仍然节操俨然。《全唐诗》载，临邛人黄崇嘏，女扮男装，因事下狱，贡诗蜀相周庠云：

偶辞幽隐住临邛，行止坚贞比涧松。
何事政清如水镜，绊他野鹤在深笼。

周庠得诗，将黄崇嘏荐之于摄司户参军，政事明敏。周庠爱其才，欲妻之以女。黄崇嘏作诗辞婚曰：

一辞拾翠碧江湄，贫守蓬茅但赋诗。
自服蓝衫居郡掾，永抛鸾镜画蛾眉。
立身卓尔青松操，挺志铿然白璧姿。
幕府若容为袒腹，愿天速变作男儿。

周庠读其诗，大惊。问之，方知黄崇嘏乃黄使君之女也。

本来，男女之间真挚的爱情，乃是建立婚姻家庭关系的基础。然而，这种婚姻家庭关系一旦成立，那么伦理道德观念，即是维系这种婚姻家庭关系的基本因素。男女双方，都应该积极努力以维护这种用爱情培育起来的婚姻家庭的生命之树。如果某一方道德沦丧，就意味着这种婚姻家庭关系的崩溃。这是任何一种社会形态中的婚姻家庭关系都面临的一个共同问题，一个难以回避的伦理道德观念问题。夫妻之间，互敬互爱，婚姻家庭的生命之树才会常青。这是一条不可移易的规律，自人类社会实行比较固定的婚姻家庭制度以来，概莫能外。

为了维系这种婚姻家庭关系，唐人外出追求功名，夫妻之间也常作山盟海誓。如孟郊作有《结爱》一诗云：

心心复心心，结爱务在深。
一度欲离别，千回结衣襟。
结妾独守志，结君早归意。
始知结衣裳，不如结心肠。
坐结行亦结，结尽百年月。

“结爱”，是一种意愿，一种承诺，一种情感的寄托，一种维系婚姻家庭关系的方式，一种对爱情忠贞不渝的回报。

当然，出于正当原因，离婚也是允许的。唐宋时代的婚姻制度有所谓“七出”者可以“休妻”：一曰无子，二曰淫泆，三曰不事舅姑，四曰口舌，五曰盗窃，六曰妒忌，七曰恶疾。然而，这“七出”正是唐宋时代婚姻家庭悲剧的制造者。毗陵慎氏，适于蕲春严灌夫，无子，被出之。慎氏以诗诀别灌夫，诗云：

当时心事已相关，与散云飞一饷间。
便是孤帆从此去，不堪重上望夫山。

灌夫读其诗，感动万分，遂留之，夫妻恩爱如初。

在封建社会，夫权一般是至高无上的。所以，受害者多为女性。孟郊《去妇》诗，写被休弃之妇“一女事一夫，安可再移天？君听去鹤言，哀哀七丝弦”的哀怨，无怪乎《全唐诗》中有那么多的闺怨诗啊！

然而，唐代亦有妻子弃夫者。颜真卿就曾经义愤填膺地判决过一回妻子嫌贫弃夫的离婚案。据《全唐诗》载，临川人杨志坚，与颜真卿同时，嗜学而贫，其妻告之离婚。杨志坚无奈，以诗送之曰：

> 平生志业在琴诗，头上如今有二丝。
> 渔父尚知溪谷暗，山妻不信出身迟。
> 荆钗任意撩新鬓，明镜从他别画眉。
> 今日便同行路客，相逢即是下山时。

时，颜真卿为内史，志坚妻持诗诣州府，请公牒求别醮。颜真卿读诗后判决曰：“王欢之廪既虚，岂遵黄卷？朱叟之妻必去，宁见锦衣？污辱乡闾，败伤风化。若无褒贬，侥幸者多。”公牒拒讼，遂鞭笞其妻，放回杨家。之后，无嫌贫爱富而弃夫者。

《全唐诗》直接涉及到离婚者，笔者只发现两处，即是刘长卿因秦系离婚隐居而作的两首诗：一曰《夜中对雪赠秦系，时秦初与谢氏离婚，谢氏在越》，二曰《见秦系离婚后出山居作》，对秦系垂老而离婚的人生遭遇表示同情。

◆金车美人

金车美人，是乘坐金车的美女。根据《宣室志》记载：陈郡的谢翱，正准备考进士，寓居长安升道里，庭中栽种许多牡丹。一日，见一美人，乘金车抵达门口，年龄大约十六七，风貌娴丽。美人对谢翱说：“闻此地有名花，故来与君一醉耳。”谢翱问她是什么人，她说：“君但知非人则已，安用问耶？”美人与谢翱同醉同欢，至夜深美人要辞归了，向谢翱乞诗为赠。谢翱怅然命笔：

阳台会后杳无期，碧树烟深玉漏迟。
半夜香风满庭月，花前空赋别离诗。

美人亦以诗答之：

相思无路莫相思，风里花开只片时。
惆怅金闺却归去，晓莺啼断绿杨枝。

第二年，谢翱下第东归，至新丰旅馆，步月长望，追感前事，赋诗朗吟。忽然闻车声自西而来，定眼一看，果然是那位美人。美人对谢翱说：“我将去弘农，感君情意，特地前来见上一面。”美人说罢就哭泣，不能自已。谢翱也悲泣着吟诵自己所写的新诗：

一纸华笺洒碧云，余香犹在墨犹新。
空添满目凄凉事，不见三山飘渺人。
斜月照衣今夜梦，落花啼鸟去年春。
红润更有堪愁处，窗上虫丝几上尘。

美人亦以诗答之：

惆怅佳期一梦中，武陵春色尽成空。
欲知离别偏堪恨，只为音尘两不通。
愁态上眉凝浅绿，泪痕侵脸落轻红。
双轮暂与王孙驻，明日西驰又向东。

谢翱告别美人而去，虽然自知其为鬼怪，始终不能忘怀。于是转道到弘农，居留数日，寻求美人，竟然没有半点音信。回到洛阳后，不到数月，谢翱就因怨结而死去。(见《太平广记》卷三六四，《全唐诗》卷八六二题下有注)

人妖相许，人鬼相恋，人神相爱，这是全唐诗的一种另类主题和神秘文化现象，也同样反映出唐才子心目之中的美女情结。所以，我们今天仍然不要去刻意排斥与否定之。

◆ 调笑转踏与美女

调笑，抛打曲名。抛打，是唐宋人酒令之一法，是颇流行的民间技艺。

白居易《代水诗一百韵寄微之》诗注曰：“抛打曲有调笑令，饮酒曲有卷白波。”

调笑转踏，亦名“转踏”或“传踏”，属于宋代兴盛的一种民间说唱艺术。其基本体制结构是：演出分若干节，每节以一首七言律诗与一阕调笑令组成，以演唱一个或几个故事，并伴以舞蹈。演唱前有“勾队词”，结束时有“放队词”，多以七言绝句一首。

宋代兴起的“调笑转踏”，始作俑者是北宋大诗人黄庭坚。他有《调笑歌》一曲。

诗曰：

海上神仙字太真，昭阳殿里称心人。
犹思一曲霓裳舞，散作中原胡马尘。
方士归来说风度，梨花一枝春带雨。
分钗半钿愁煞人，上皇倚阑犹无语。

无语。恨如许。方士归时肠断处。梨花一枝春带雨。半钿分钗亲付。天长地久相思苦。渺渺鲸波无路。

此词描写杨贵妃故事，但仅为“调笑”，非成“转踏”。一诗一词，且诗末“无语”二字成为词首二语，组成一个连环句式。这仅仅是“调笑”的基本条件之一，并非构成“转踏”形式，说明黄庭坚手中的“调笑转踏”艺术形式尚未成熟。

宋代的“调笑转踏”，成熟于北宋后期。彭城人郑仅（1047—1113）有《调笑转踏》一曲，由十二首七言八句诗歌口号与十二阕《调笑令》连缀而成，前有引语，而后是正文为一诗一词，分别演唱古代美女、仙女故事，如罗敷、莫愁、卓文君、吴姬、苏小小、杨贵妃、刘郎与仙女以及道教所追求的桃花源、蓬莱仙境。其全部歌词如下：

良辰易失，信四者之难并；佳客相逢，实一时之盛事。用陈妙曲，上助清欢。女伴相将，调笑入队。

秦楼有女字罗敷，二十未满十五余。
金环约腕携笼去，攀枝摘叶城南隅。
使君春思如飞絮，五马徘徊芳草路。
东风吹鬓不可亲，日晚蚕饥欲归去。

归去，携笼女。南陌柔桑三月暮，使君春思如飞絮。五马徘徊频驻。蚕饥日晚空留顾，笑指青楼归去。

按：此则演绎汉乐府民歌《陌上桑》而成调笑，描写秦楼养蚕美女罗敷采桑城南的故事，表现美女罗敷自立自尊、不卑不亢的个性品格。

石城女子名莫愁，家住石城西渡头。
拾翠每寻芳草路，采莲时过绿苹洲。
五陵豪客青楼上，醉倒金壶待清唱。
风高江阔白浪飞，急催艇子操双桨。

双桨，小舟荡。唤取莫愁迎叠浪，五陵豪客青楼上。不道风高江广。千金难买倾城样，那听绕梁清唱。

按：此则演绎南朝乐府民歌《莫愁》而成调笑，描写石城采莲美女莫愁以倾城美色与绕梁清唱使五陵豪客为之倾倒的故事，表现江汉民间美女的无穷魅力。

绣户朱帘翠幕张，主人置酒宴华堂。
相如年少多才调，消得文君暗断肠。
断肠初认琴心挑，么弦暗写相思调。
从来万曲不关心，此度伤心何草草。

草草，最年少。绣户银屏人窈窕，瑶琴暗写相思调。一曲关心多少。临邛客舍成都道，苦恨相逢不早。

按：此则演绎西汉美女卓文君与司马相如私奔的故事而成调笑，描写卓王孙豪华酒宴上，卓文君与司马相如一见钟情，司马相如以琴声调动卓文君的春心，两人月下私奔，表现古代美女敢于追求爱情婚姻自由的胆量与勇气。

湲湲流水武陵溪，洞里春长日月迟。
红英满地无人扫，此度刘郎去后迷。
行行渐入清流浅，香风引到神仙馆。
琼浆一饮觉身轻，玉砌云房瑞烟暖。

烟暖，武陵晚。洞里春长花烂熳，红英满地溪流浅。渐听云中鸡犬。刘郎迷路香风远，误到蓬莱仙馆。

按：此则演绎东晋大诗人陶渊明《桃花源记》而成调笑，描写武陵溪的风物人情，结合“此度刘郎去后迷”的故事，表现道教仙人所追求的神仙羽化境界。

少年锦带佩吴钩，铁马追风塞草秋。
凭仗匣中三尺剑，扫平骄虏取封侯。
红颜少妇桃花脸，笑倚银屏施宝靥。
明眸妙齿起相迎，青楼独占阳春艳。

春艳，桃花脸。笑倚银屏施宝靥，良人少有平戎胆。归路光生弓剑。青楼春永香帏掩，独把韶华都占。

按：此则演绎唐代大诗人李贺《南园》十三首之五诗而成调笑，其诗云："男儿何不带吴钩，收取关山五十州。请君暂上凌烟阁，若个书生万户侯。"描写男儿获封万户侯之后"青楼独占阳春艳"的欢乐无限的情景。

翠盖银鞍冯子都，寻芳调笑酒家胡。
胡姬十五天桃色，巧笑春风当酒垆。
玉壶丝络临朱户，结就罗裙表情愫。
红裙不惜裂香罗，区区私爱徒相慕。

相慕，酒家女。巧笑明眸年十五，当垆春永寻芳去。门外落花飞絮。银鞍白马金吾子，多谢结裙情愫。

按：此则演绎东汉辛延年的乐府诗《羽林郎》而成调笑，其原诗云："昔有霍家姝，姓冯名子都。依倚将军势，调笑酒家胡。胡姬年十五，春日独当垆。长裾连理带，广袖合欢襦。头上蓝田玉，耳后大秦珠。两鬟何窈窕，一世良所无。一鬟五百万，两鬟千万余。不意金吾子，娉婷过我垆。银鞍何煜爚，翠盖空踟蹰。就我求清酒，丝绳提玉壶。就我求珍肴，金盘脍鲤鱼。贻我青铜镜，结我红罗裾。不惜红罗裂，何论轻贱躯！男儿爱后妇，女子重前夫。人生有新故，贵贱不相逾。多谢金吾子，私爱徒区区。"诗人以艳笔酒家胡姬的青春美色，表现酒家胡面对霍光家奴冯子都的威逼与诱惑，不卑不亢、忠贞不二的优秀品德。金吾子：执金吾的京都武官。煜（yù）爚（yuè）：光彩照人。踟蹰：车马停留不走。

楼上青帘映绿杨，江波千里对微茫。
潮平越贾催船发，酒熟吴姬唤客尝。
吴姬绰约开金盏，的的娇波流美盼。
秋风一曲采菱歌，行云不度人肠断。

肠断，浙江岸。楼上青帘新酒软，吴姬绰约开金盏。的的娇波流盼。采菱歌罢行云散，望断侬家心眼。

按：此则演绎梁武帝《江南弄》而成调笑，描写酒女吴姬的美貌与歌声。其《采菱曲》云：“江南稚女珠腕绳，金翠摇首红颜兴。桂棹容与歌采菱。歌采菱，心未怡。翳罗袖，望所思。”

花阴转午漏频移，宝鸭飘帘绣幕垂。
眉山敛黛云堆髻，醉倚春风不自持。
偷眼刘郎年最少，云情雨态知多少。
花前月下恼人肠，不独钱塘有苏小。

苏小，最娇妙。几度尊前曾调笑，云情雨态知多少。悔恨相逢不早。刘郎襟韵正年少，风月今宵偏好。

按：此则演绎钱塘美女苏小小的故事而成调笑，描写苏小小的绝代美貌与尊前的云情雨态，说明苏小小的迷人魅力曾经使多少年少的刘郎为之倾倒。

金翘斜辫淡梳妆，绰约天葩自在芳。
几番欲奏阳关曲，泪湿春风眼尾长。
落花飞絮青门道，浓愁不散连芳草。
骖鸾乘鹤上蓬莱，应笑行云空梦悄。

梦悄，翠屏晓。帐里熏炉残蜡照，赏心乐事能多少。忍听阳关声调。明朝门外长安道，怅望王孙芳草。

按：此则演绎王维《送元二使安西》诗歌境界而成古今传唱的“阳关曲”为调笑，描写古代长安青门送别的故事，表达人们的离愁别恨。王维《送元二使安西》诗云：“渭城朝雨浥轻尘，客舍青青柳色新。劝君更尽一杯酒，西出阳关无故人。”这就是《阳关曲》的出处。青门：汉朝长安东城南边的霸城门，后泛指京城城门。王孙芳草：《楚辞·招隐士》：“王孙游兮不归，春草生兮萋萋。”

绰约妍姿号太真，肌肤冰雪怯轻尘。
霞衣乍举红摇影，按出霓裳曲最新。

舞钗斜亸乌云发，一点春心幽恨切。
蓬莱虽说浪风轻，翻恨明皇此时节。

时节，白银阙。洞里春晴百和爇，兰心底事多悲切。消尽一团冰雪。明皇恩爱云山绝，谁道蓬莱安悦。

按：此则演绎杨贵妃的人生遭遇而为调笑，描写杨贵妃的美姿舞态与人生悲剧，一个“恨”字包含多少辛酸的悲切。

江上新晴暮霭飞，碧芦红蓼夕阳微。
富贵不牵渔父目，尘劳难染钓人衣。
白鸟孤飞烟柳杪，采莲越女清歌妙。
腕呈金钏棹鸣榔，惊起鸳鸯归调笑。

调笑，楚江渺。粉面修眉花斗好，擎荷折柳争相调。惊起鸳鸯多少。渔歌齐唱催残照，一叶归舟轻小。

按：此则演绎采莲越女的故事而为调笑，描写采莲越女的生活情节与审美情趣，暮霭飞，碧芦红，清歌妙，一叶归舟轻小。这是怎样一种人人向往的自由境界啊！

千里潮平小渡边，帘歌白苎絮飞天。
苏苏不怕梅风软，空遣春心著意怜。
燕钗玉股横青发，怨托琵琶恨难说。
拟将幽恨诉新愁，新愁未尽弦声切。

声切，恨难说。千里潮平春浪阔，梅风不解相思结。忍送落花飞雪。多才一去芳音绝，更对珠帘新月。

按：此则演绎吴越地方的《白苎歌》而为调笑，描写当地的风土人情与美女风姿，表达吴女多情相思的心绪情怀。

放 队

新词宛转递相传，振袖倾鬟风露前。
月落乌啼云雨散，游童陌上拾花钿。

按：放队，是散场情节，歌词内容一般是总结全场演唱，寄予祝福与希望。但此放队词内容十分平淡，表现的是一种淡雅的境界：月落，乌啼，云雨消散，游童在陌上拾取花钿……

郑仅的《调笑转踏》，内容驳杂，用以“娱宾遣兴”而已，但体式完备，结构完整，是宋代“调笑转踏”的样本之作。

郑仅之后，宋人多喜欢创作“调笑转踏”，如秦观、毛滂、曾慥、晁补之、王安中、洪适、李吕、李邴等。“调笑转踏”这种大众化的说唱艺术，以自身的艺术特色赢得了广大文人与民众的青睐，终于成为一代宋词与流行音乐艺术相结合的娱乐工具之一。

“调笑转踏”的艺术特色主要有：

其一，题材内容丰富多彩，不拘一格，或咏人，或咏物，或咏事件，或咏史怀古，或以香草美人为喻，但大多数用于歌咏美人佳丽及其生活情趣，以日常生活为主，重女色，尚逸思，风格以婉约秀丽为宗，寄托着文人词客的闲情逸致与审美情趣。

其二，调笑转踏的艺术形式，多以三段结构为主：一是勾队词，多以骈文句式出之，旨在说明创作缘由及其背景；也有省略或并不标明“勾队词”者。二是主体部分，词以［调笑令］为主，或有以［渔家傲］者；诗以“口号”为主，或七言四句，或七言八句，随口而出，不拘平仄格律；诗词转换之初，多采用“顶真”手法，回环反复，一唱三叹。三是结尾，多有“放队词”，且以七言四句出之，或交代故事结局，或表明作者态度，以为尾声；也有省略放队词者，戛然而止，却余音绕梁。

◆ 李吕［调笑令］咏美人

李吕的［调笑令］，基本沿袭宋代调笑的体制与风格，但内容却比较特别，集中描写美人的五种常见的姿态之美，如美人之笑态、饮态、坐态、博态、歌态。

通读其全文，我们感觉其创意甚好，以调笑写美人之姿态，然而文辞华而不实，笔力较浅，不见艺术功力。其［调笑令］词云：

［调笑令］笑

掩袖低迷情不禁，背人低语两知心。
烟蛾渐放愁边散，细靥从教醉里深。
小梅破萼娇难似，喜色著人吹不起。
莫将羽扇掩明波，滟滟光风生眼尾。

眼尾。寄深意，一点兰膏红破蕊。钿窝浅浅双痕媚，背面银床斜倚。烛花先报今宵喜，管定知人心里。

按：此则［调笑令］描写美人的笑态：有情不自禁的掩袖而笑，有两心相知的喃喃私语而笑，有忧愁消散后的啼笑，有细靥醉酒后的红脸讪笑，有小梅破萼似的娇艳含笑，有人逢喜事时的欢笑。诗人最后劝说美人莫将羽扇去遮掩水波明媚的笑眼，笑眼滟滟的光风会生一道道眼尾。

前调　饮

摘蕊和香滴得成，更将白玉琢飞鲸。
殢娇一任香罗涴，更折花枝作令行。
香泛金鳞翻蕊浅，笑里桃花红近眼。
粉壶琥珀为君倾，弄翠挪红归去晚。

归晚。思何限，玉坠金偏云鬓乱。伤春谁作嬉游伴，只有飞来花片。几回愁映眉山远，总被东风惊散。

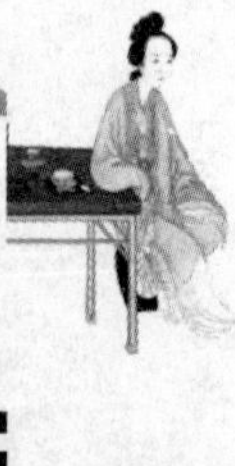

按：此则［调笑令］描写美人的饮酒之态：又是摘花蕊和香，又是将白玉琢飞鲸，又是折花枝作酒令，美人骄矜任性地饮酒，将香罗裙也玷污了。脂粉脸上泛着金鳞，嬉笑得像盛开的桃花，眼睛里冒着金花，舍命陪君子吧，一任

粉壶倾倒，醉醺醺地弄翠挪红，归去时已经很晚了。殢（tì）娇：被骄矜所困扰。涴（wò）：玷污。

前调　坐

玉笙吹遍古梁州，暗学芙蓉一样愁。
倚窗重整金条脱，对槛不卸红臂韝。
浅浅绿靴双凤困，柳弱花慵敛新闷。
娇多无力凭熏笼，又报杏园春意尽。

春尽。敛新闷，暗傍银屏撩绿鬓。攒眉不许旁人问，帘外冷红成阵。银缸挑尽睡未肯，肠断秦郎归信。

按：此则［调笑令］描写美人的坐姿之美：坐着吹玉笙，吹遍了古《梁州》，暗学芙蓉花开，一样愁绪；倚窗重整脱落的金钗，对槛不卸去红色的臂套。浅浅的绿色鞋靴上，绣着困顿的双凤。美人像柳枝一样柔弱，像残花一样慵懒，收敛着新的愁闷。娇滴滴的，无力地任凭香笼熏醉，又报杏园春意尽去。这是怎样的一副坐姿？无非是美人的闺中春愁的流露，难以排遣，难以消逝，唯有慵懒无聊地闲坐！闲坐断肠，银灯挑尽，睡意全消。韝（gōu）：臂套。

前调　博

绿檀屏下玉成围，唤拥金盆出注时。
多情故与诸郎戏，不惜春娇两鬓垂。
珠玑满斗犹慵起，玉马象盘还得意。
漏冷铜乌唤不应，更移红烛桃花底。

花底。锦铺地，绣浪琼枝光似洗。一心长在金盆里，翠袖懒遮纤指。珠玑满斗犹慵起，过尽红楼春睡。

按：此则［调笑令］描写美人与郎君的博弈之姿。绿色檀木的画屏下，摆设着玉制的围棋。美人呼唤着拥簇金盆洗手，赶快出注。故因多情与诸郎游戏，也不顾惜春娇两鬓垂下。珠玑满斗犹慵起，玉马象盘还得意。博弈正欢，忘了时间的推移，又点上红烛，将棋盘移至桃花底下。词里写尽了美人的富贵生活图景，描绘出美人的慵懒春睡情趣。

前调　歌

贤川六叠小香檀，玉笋纤纤不奈寒。
浅破朱唇促新调，红丝短瑟未须弹。
锦字两行妆宝扇，扇中鸾影迷娇面。
兰叶歌翻春事空，孤凤离鸾两含怨。

含怨。两颦浅，羽髻云鬟低玉燕。绿沈香底金鹅扇，隐隐花枝轻颤。当筵不放红云转，正是玉壶春满。

按：此则［调笑令］描写美人的歌喉声姿。贤川六叠敲打着小香檀板，玉笋般的纤纤手指不奈寒。张开红润的嘴唇歌咏着新制的曲调，红丝短瑟都无需弹奏。你手拿两行锦字妆成的宝扇，扇中画着的鸾影迷恋着你娇嫩的粉面。如兰叶歌翻春事一场空，孤寂的凤远离了鸾啊，两情包含着的闺怨难以诉说。

◆［调笑集句］与美人

《全宋词》里有无名氏［调笑集句］，采用集句体式，以歌声吟咏古代优美的神话传说与历史故事。其中《巫山》写楚襄王与巫山神女的神话故事，《桃源》写陶渊明笔下的桃花源故事，《洛浦》写曹植心目中的洛水女神，《明妃》写王昭君出塞的历史故事，《班女》写汉代班昭“千金买笑”的历史故事，《文君》写卓文君与司马相如因琴声而月夜私奔的爱情故事，《吴娘》写吴越女子的相思之苦，《琵琶》写白居易《琵琶行》长安琵琶女的命运悲剧。

此［调笑集句］，前有“勾队”，后有“放队”，中间一诗一词，情韵斐然，符合宋代［调笑转踏］的艺术形式。

无名氏的［调笑集句］一组词曲云：

盖闻：行乐须及良辰，钟情正在吾辈。飞觞举白，目断巫山之暮云；缀玉联珠，韵胜池塘之春草。集古人之妙句，助今日之余欢。

珠流璧合暗连文，月入千江体不分。
此曲只应天上有，歌声岂合世间闻。

按：这是开场白，即所谓“勾队”。勾队之词，在于以韵语形式宣讲此节目的主要内容与宗旨，以吸引观众视听。

巫　山

巫山高高十二峰，云想衣裳花想容。
欲往从之不惮远，丹峰碧障深重重。
楼阁玲珑五云起，美人娟娟隔秋水。
江边一望楚天长，满怀明月人千里。

千里。楚江水。明月楼高愁独倚。井梧宫殿生秋意，望断巫山十二。雪肌花貌参差是，朱阁五云仙子。

按：这一则描写巫山神女。与一般描写者有所不同者，是着力描写巫山神女之美貌与情怀，而不是宣扬神女与楚王幽会。

桃　源

渔舟容易入春山，别有天地非人间。
玉颜亭亭花下立，鬓乱钗横特地寒。
留君不住君须去，不知此地归何处。
春来遍是桃花水，流水落花空相误。

相误。桃源路。万里苍苍烟水暮。留君不住君须去，秋月春风闲度。桃花零乱如红雨，人面不知何处。

按：这一则描写桃花源。与一般描写者有所不同者，是突出身居桃花源的美女之美貌与情怀，而不是张扬道教所崇尚的桃源仙境。

洛　浦

艳阳灼灼河洛神，态浓意远淑且真。
入眼平生未曾有，缓步佯羞行玉尘。
凌波不过横塘路，风吹仙袂飘飘举。
来如春梦不多时，夭非花艳轻非雾。

非雾。花无语。还似朝云何处去。凌波不过横塘路，燕燕莺莺飞舞。风吹仙袂飘飘举，拟倩游丝惹住。

按：这一则描写洛水女神。与一般描写洛神者没有多少区别，主要是描写洛神的美丽姿态：艳阳灼灼，仪态淑真；缓步玉尘，佯装羞涩；风吹仙袂，飘然飞动着；如春梦，非花非雾。

明　妃

明妃初出汉宫时，青春绣服正相宜。
无端又被东风误，故著寻常淡薄衣。
上马即知无返日，寒山一带伤心碧。
人生憔悴生理难，好在毡城莫相忆。

相忆。无消息。目断遥天云自白。寒山一带伤心碧。风土萧疏胡国。长安不见浮云隔。纵使君来争得。

按：这一则描写明妃王昭君，与一般描写昭君者没有多大分别，主要是写昭君的美丽姿色与出塞时憔悴的心境。

班　女

九重春色醉仙桃，春娇满眼睡红绡。
同辇随君侍君侧，云鬓花颜金步摇。
一霎秋风惊画扇，庭院苍苔红叶遍。
蕊珠宫里旧承恩，回首何时复来见。

来见。蕊宫殿。记得随班迎凤辇。余花落尽苍苔院，斜掩金铺一片。千金买笑无方便，和泪盈盈娇眼。

按：班婕妤，是班固的祖姑，少有姿色，有文才，被汉成帝选为婕妤。后失宠，被赵飞燕所取代，因作《团扇歌》以自悼。这一则描写班婕妤，与一般描写昭君者没有多大分别，主要是写她的美丽姿色与失宠后的复杂心理。九重春色，醉了仙桃，春娇满眼，睡了红绡；与君王同车，云鬓花颜，头戴金步摇。秋风乍起，惊了画扇，庭院苍苔，遍地是红叶；蕊珠宫里，旧恩难续，不堪回首，泪眼盈盈。

文　君

锦城丝管日纷纷，金钗半醉坐添春。
相如正应居客右，当轩下马入锦裀。
斜倚绿窗鸳鉴女，琴弹秋思明心素。
心有灵犀一点通，感君绸缪逐君去。

君去。逐鸳侣。斜倚绿窗鸳鉴女。琴弹秋思明心素，一寸还成千缕。锦城春色知何许，那似还山眉妩。

按：这则描写司马相如与卓文君月夜私奔的故事，文辞很美。

吴　娘

素枝琼树一枝春，丹青难写是精神。
偷啼自揾残妆粉，不忍重看旧写真。
佩玉鸣銮罢歌舞，锦瑟华年谁与度。
暮雨潇潇郎不归，含情欲说独无处。

无处。难轻诉。锦瑟华年谁与度。黄昏更下潇潇雨，况是青春将暮。花虽无语莺能语，来道曾逢郎否。

按：这一则描写吴娘，写她的美色与装束，写她的歌舞与相思情怀。

琵　琶

十三学得琵琶成，翡翠帘开云母屏。

暮雨朝来颜色故，夜半月高弦索鸣。
江水江花岂终极，上下花间声转急。
此恨绵绵无绝期，江州司马青衫湿。

衫湿，情何极。上下花间声转急。满船明月芦花白。秋水长天一色。芳年未老时难得。目断远空凝碧。

按：这一则描写白居易《琵琶行》中的琵琶女，是《琵琶行》的缩写与概括，没有多少新意。

放 队

玉炉夜起沉香烟，唤起佳人舞绣筵。
去似朝云无处觅，游童陌上拾花钿。

按：这是散场诗，结束语，［调笑］的老套路，没有多少新意，无非是展示一种引人想象的境界，唤起人们对佳人美色的追求。

◆ 虞姬

虞姬之美，在于她身随西楚霸王，历经楚汉之争时惊心动魄的岁月，最后悲壮地死在“四面楚歌”声中。

死，特别是美人之死，也是一种美，一种神话般的传奇故事之美。

《霸王别姬》，就是一个动人心弦的历史故事，惊艳而悲凄，缠绵而壮烈，是柔情之笔，是英雄之举，是阳刚之气，是阴柔之美，成就了一种“英雄＋美人”的传统手法，也创造了一个“爱江山更爱美人”的英雄传说。

历史将项羽与刘邦推上秦末农民战争的政治舞台，经过血与火、灵与肉的洗礼与搏斗，刘邦的汉军把项羽团团围困在垓下（今安徽灵璧县南）。这就是赫赫有名的楚汉相争中的“垓下之围”，时在汉高祖五年（前202）十二月。据《史记·项羽本纪》记载，夜色茫茫，寒风凛冽。包围四面的汉军齐声高唱楚歌，歌声响彻夜空，传遍项羽的军营。项羽大惊失色，以为楚军已经降汉，失

败的命运之神已经降临到自己头上。于是项羽演绎出一幕“霸王别姬”的动人悲剧：此时此刻，曾经叱咤风云的西楚霸王，而今四面楚歌。处于英雄末路的西楚霸王，与自己心爱的美人虞姬对坐在帐下，畅饮美酒，乘酒兴而拔剑起舞，慷慨悲歌——

力拔山兮气盖世，时不利兮骓不逝。
骓不逝兮可奈何，虞兮虞兮奈若何！

这是英雄末路之歌，是生命的挽歌，是无可奈何的人生哀叹。项羽歌之再三，声泪俱下。据《楚汉春秋》记载，虞姬亦拔剑起舞，唱和歌一首：

汉兵已略地，四方楚歌声。
大王意气尽，贱妾何聊生！

美人清亮而伤感的歌声，在四面楚歌的战场上回荡着，在历史的天空中萦绕着，在末路英雄项羽的心头震荡着。唱罢，虞姬饮剑自刎。一代美人的鲜血染红了锋利的宝剑，染红了洁白的衣裙，染红了帐下的土地。晚唐咏史诗人胡曾有《垓下》一诗云：

拔山力尽霸图毁，倚剑空歌不逝骓。
明月满营天似水，那堪回首别虞姬。

清人吴骞《拜经楼诗话》记载：“虞姬墓，在灵璧县。有草红色，见人辄舞，俗名‘虞美人草’。”

项羽目睹美人殉情的悲剧，也激奋了他这位末路英雄的热血如海洋一样澎湃。项羽身披戎装，拔剑上马，率领江东子弟二十八骑与汉军拼杀，冲出重围，因无颜见江东父老，而自刎于乌江。这是天意吗？这是命运的安排吗？一个豪气盖世的项羽却败在流氓无赖似的刘邦手里，一个勇猛过人的英雄却遭遇了“霸王别姬”的人生悲剧，这就是楚汉相争的历史，一段令人心酸、发人深省的历史。

◆卓文君

卓文君，是一个四川才女，大富豪卓王孙之女，美貌可人，又爱好音乐。

卓文君之美，不在女人的容貌之美，而在于她敢于冲破世俗偏见，与司马相如共同演绎出一段浪漫的爱情故事。才子佳人，以琴声为媒，月夜私奔，令后人如痴如醉。

司马迁《史记》卷一一七《司马相如列传》记载着卓文君与司马相如一段传奇式的爱情故事：成都才子司马相如以文才名世，但家境贫困，寄居在临邛大富豪卓王孙家。有一次，他与卓文君在家庭酒宴上即席弹琴，两人一见钟情，但又不能直接表示自己的爱慕之情。于是，司马相如就在月下弹琴，以琴声传情，挑动文君春心。琴曲歌辞曰：

> 凤兮凤兮归故乡，遨游四海求其凰。
> 时未遇兮无所将，何悟今夕升斯堂。
> 有艳女兮在此方，室迩人遐毒我肠。
> 何缘交颈为鸳鸯，胡鹄颃兮共翱翔？

歌词以凤求凰为比喻，表达歌者对美女文君的爱慕之情。这爱情的蜜意，通过琴声传递着，飞扬着。卓文君从窗户窥探着，倾听着，心田里顿时泛起阵阵涟漪。司马相如又托人重赐文君的丫鬟，请她通通殷勤。而卓文君亦醉心于司马相如的琴声，两情相悦，却遭到家父的阻挠。可是卓文君大胆冲破家庭的阻挠，与司马相如幽会，两人私订终身。最后卓文君连夜出走，私奔相如，结为连理。

司马相如带着卓文君驰奔成都，可是相如家很贫穷，家徒四壁。于是两夫妻又回到临邛，卖尽其车骑，买了一个酒舍，文君当垆卖酒，相如自着围裙，与保佣一起打杂，以维持生计。其后，司马相如以辞赋名世，深得汉武帝宠幸，拜为中郎将。司马相如奉命使蜀，去安抚西南夷，偕同文君回到四川，衣锦还乡，受到家乡父老的热烈欢迎。其父卓王孙感慨良多，后悔当年对女儿婚事阻拦太过，于是给文君封以厚礼，分财产与男儿等同。

司马相如的琴声，演绎出一个传奇式的爱情故事。以琴声表达爱情，乃是古代文人一种浪漫的生活方式，令后人为之向往与效法。如晚唐诗人李群玉有《戏赠魏十四》一诗云：“兰浦秋来烟雨深，几多情思在琴心。”清代诗人陈文述于西湖赏月，更作《琴心曲》长诗，其中云：

冰弦掩抑焦桐语，写尽相如曲曲心。
最怜此际情难识，半是踌躇半怜惜。
人影遥随花影流，芳心暗与琴心合。

芳心与琴心暗合，心心相印，才成就了司马相如与卓文君的美好爱情与婚姻。然而，据《西京杂记》记载：茂陵晚年多病，文君色衰。司马相如欲聘茂陵女子为新妇，冷落了文君。卓文君特意作《白头吟》以责相如。司马相如读之，恍然悔悟，夫妻俩和好如初。

在中国美女的命运中，卓文君是相当幸运的。大陆流传的《白头吟》，多从清人沈德潜《古诗源》者，曰：

皑如山上云，皎若云间月。
闻君有两意，故来相决绝。
今日斗酒会，明旦沟水头。
躞蹀御沟上，沟水东西流。
凄凄复凄凄，嫁娶不须啼。
愿得一心人，白头不相离。
竹竿何袅袅，鱼尾何蓰蓰。
男儿重意气，何用钱刀为？

这个所谓“白头吟”，实际上是卓文君与司马相如的决绝书，根本不符合卓文君的性格与人品。几年以前，笔者在韩国发现流传于韩国高校图书馆而大陆早已失传的一本《文致》，是明人刘士鏻选编的一部古代散文集。里面首篇就是卓文君的《与相如书》，其词云：

群华竞芳，五色凌素。琴尚在御，而新声代故。锦水有鸳，汉宫有木。彼水而亲。嗟世之人兮，瞀于淫而不悟。朱弦啮（niè），明镜缺。朝露晞，芳弦歇。白头吟，伤离别。努力加餐，毋念妾。锦水汤汤，与君长诀。

前九句写司马相如弃妇取妾之事，瞀（mào）：眼花缭乱，昏昏暗暗。言沉迷于女色之中，搞昏了头脑。后十句写自己与司马相如的决绝，比较合乎卓文君的身份与心态。司马相如读后，感慨良多，亦有《相如报书》云：

五味虽甘，宁先稻黍。五色有灿，而不掩韦布。惟此绿衣，将执子之釜。锦水有鸳，汉宫有木。诵子嘉吟，而回予故步。当不令负丹青，感白头也。

这是司马相如内心的自白。韦布：韦带布衣，指未仕或隐居在野者所穿戴的粗陋服饰。釜：炊具。执子之釜：我愿拉着您的手像从前在成都当垆卖酒一样，一同去过艰苦而却相亲相爱的生活。

这两篇具有审美价值的文章，可供读者一阅。其后还列有袁中郎的点评曰：“文君姣好，眉色如望远山，脸际常若芙蓉，肌肤柔滑如脂。十七而寡，为人放诞风流，故悦长卿之才而越礼焉。及长卿将聘茂陵人女为妾，文君作《白头吟》五解以自绝。长卿乃止，作此书以答之。”沈千秋亦点评曰：“以韵作书，宛如一篇古风。”

◆ 乌孙公主

乌孙公主，名细君，系西汉江都王建之女，美貌出众。

乌孙公主是中国历史上第一位奉行汉民族政权“和亲”政策的美女，而后才有王昭君出塞之行。

据《汉书·西域传》记载：乌孙王派遣使臣出使西汉王朝，表示愿意以奉献良马千匹求得汉朝公主。汉武帝答应和亲，于元封年间选聘江都王建之女细君为公主，以妻乌孙王。乌孙公主出嫁西域，乌孙王昆莫（按：系其王号）以为右夫人。乌孙公主至西域国，按照汉族习俗，自治宫室而居住，岁时两次与昆莫幸会。昆莫年老，言语不通，乌孙公主日夜悲愁万状，因作《悲愁歌》曰：

吾家之嫁我兮天一方，远托异国兮乌孙王。
穹庐为室兮氈为墙，肉为食兮酪为浆。
常思汉土兮心内伤，愿为黄鹄兮还故乡。

乌孙王闻之，非常怜悯公主，间岁派遣使臣给公主送去锦绣绸缎，并且要其孙岑陬匹配公主，公主不从，上书汉朝言状，天子下诏曰："从其国俗。"乌孙王孙岑陬遂娶公主为妻。

◆ 班婕妤

班婕妤，婕妤是后妃之名位，其名不详，汉代美女，山西楼烦（今宁武）人。相传是大历史学家班固的祖姑，少有姿色，有文才，被西汉成帝选为宫妃，立婕妤。后失宠，被青春美女赵飞燕所取代，供养于长信宫，因作《团扇歌》以自悼。

《团扇歌》，亦称《怨诗》、《怨歌行》，其辞云：

新裂齐纨素，鲜洁如霜雪。
裁为合欢扇，团团似明月。
出入君怀袖，动摇微风发。
常恐秋节至，凉风夺炎热。
弃捐箧笥中，恩情中道绝。

班婕妤这首诗歌，以团扇为比喻，描写自身失宠后生活在冷宫中的缕缕怨情。撕裂新来的齐国丝绸纨素，新鲜，洁白，如同秋霜白雪一样。我把它裁剪为团扇，团团似明月呀，象征着夫妻恩爱合欢。让团扇出入于君王的怀抱与手中吧，摇动着微微的清风，给君王带来丝丝凉意。我心中常常害怕秋节的到来啊，一旦凉风夺走了炎热，团扇就会被丢弃到箧笥之中，我与君王的恩爱之情，从此就断绝于中道了啊。

这首诗歌以物拟人，以物抒情，寄予失宠美女的多少心思啊。团扇因此而影响到后世诗人的创意，如晋人傅玄有《和班氏》诗一首，梁人江淹有《班婕妤》古诗一首。唐宋诗人常以团扇写弃妇之思。

◆ 貂蝉

貂蝉，东汉末美女。出自于长篇章回小说《三国演义》第二卷。元杂剧有一部《连环记》（又名《连环计》）的剧本，全名《锦云堂美女连环记》，详细描写了东汉末年司徒王允利用美女歌妓貂蝉，施用连环计，离间董卓与吕布，最后借吕布之手杀死董卓的离奇故事。

东汉末年，董卓作乱。十八路诸侯，不能杀董卓，而一个美女貂蝉足以杀之；刘备、关羽、张飞三人不能战胜吕布，而一个美女貂蝉能够战胜之。她以衽席为战场，以脂粉为甲胄，以盼睐为戈矛，以嚬笑为弓矢，以甘言卑词为运奇设伏，显示出中国美女乱世救国斗争中特殊的地位与作用。在中国历史长河之中，美人计之施，为西施易，为貂蝉难。西施只要哄住一个吴王夫差，而貂蝉一面要哄董卓，一面又要哄住吕布，装扮出两副面孔，使用出两副心肠，实在不容易。

《三国演义》第二卷第八回记载，司徒王允府中一个歌妓貂蝉，年方二八，色伎俱佳，被司徒视为亲女。王允召见貂蝉，申明大义，将欲使用连环计的计划告诉她，就是董卓与其义子吕布都是好色之徒，先将貂蝉许嫁吕布，而后献给董卓，离间他们父子关系，让吕布亲手杀死董卓，为国锄奸，为民除害。貂蝉表示愿意从命，虽万死而不辞。董卓与吕布父子为争夺一个美女貂蝉而反目成仇，董卓大闹凤仪亭，最后被吕布所杀。

◆ 蔡琰

蔡琰，字文姬，东汉末陈留（今河南杞县）人，著名文学家、书法家蔡邕之女。她博学多才，精通音律，是著名的美女诗人。

蔡琰之美，在于她离奇的生活遭遇与诗歌艺术才华，在于乱世佳人的人生命运的悲怆之歌。

《乐府诗集》卷五十九引刘商《胡笳曲序》云：“蔡文姬善琴，能为《离鸾别鹤之操》。胡虏犯中原，为胡人所掠。入番为王后，王甚重之。武帝（曹操）与（蔡）邕有旧，敕大将军赎以归汉。胡人思慕文姬，乃卷芦叶为吹笛，奏哀怨之音。后董生以琴写胡笳声为十八拍，今之《胡笳弄》是也。”

汉末大乱，蔡琰被董卓部将所虏，后又辗转流离于南匈奴十二年，归于匈奴左贤王，生有二子。后被蔡邕的故交曹操以金璧赎回，再嫁同郡的董祀。曹丕《蔡伯喈女赋序》云：“家公（按：曹操）与蔡伯喈有管鲍之好，乃命使者周近择玄璧，于匈奴赎其女还。”

蔡文姬是乱世佳人，是中国第一个著名的美女文学家。她的文学成就远远超过了东汉班固的妹妹班昭，诗歌创作有《悲愤诗》二首五言诗与骚体《胡笳十八拍》等长篇叙事诗，全系感伤离乱、自述身世遭遇之作，写得声泪俱下，如泣如诉，情真意切，款款动人，不啻是中国古代叙事抒情诗的优秀代表作，在中国文学史上享有崇高的历史地位。

蔡琰《胡笳十八拍》诗云：

我生之初尚无为，我生之后汉祚衰。
天不仁兮降乱离，地不仁兮使我逢此时。
干戈日寻兮道路危，民卒流亡兮共哀悲。
烟尘蔽野兮胡虏盛，志意乖兮节义亏。
对殊俗兮非我宜，遭恶辱兮当告谁？
笳一会兮琴一拍，心愤怨兮无人知。

按：第一拍写自己被乱军所掳。尚：崇尚。无为：黄老之术，要求顺应自然变化之理。西汉初采用“无为而治”之术，实行“与民休息”的政策，社会安定，天下太平，故言。汉祚（zuò）衰：指东汉末的国运衰微。干戈：古代作战常用的武器。干：盾；戈：平头戟。后引申为战争、战乱。日寻：日长。志意乖：思想意志不和谐。节义亏：仁义道德被毁坏。殊俗：特殊的风俗习性。宜：适合，适宜。

戎羯逼我兮为室家，将我行兮向天涯。
云山万重兮归路遐，疾风千里兮扬尘沙。
人多暴猛兮如虺蛇，控弦被甲兮为骄奢。
两拍张弦兮弦欲绝，志摧心折兮自悲嗟。

按：第二拍写胡人逼我为妻。戎羯（jié）：指北方游牧民族。室家：妻室。虺（huǐ）蛇：毒蛇。控弦被甲：手持弓箭，身披铠甲。

越汉国兮入胡域，亡家失身兮不如无生。
毡裘为裳兮骨肉震惊，羯羶为味兮枉遏我情。
鞞鼓喧兮从夜达明，胡风浩浩兮暗塞营。
伤今感昔三拍成，衔悲畜恨兮何时平。

按：第三拍写在胡域所见胡风习俗，毡裘：古代北方少数民族用兽皮毛制作的衣服。羯（jié）羶（shān）：羊肉的腥臊味。羶，“膻”的异体字。枉遏：徒然伤害。鞞（pí）鼓：北方少数民族用的一种鼓乐器。鞞：同“鼙”。

无日无夜兮不思我乡土，禀气含生兮莫过我最苦。
天灾国乱兮人无主，惟我薄命兮没戎虏。
殊俗心异兮身难处，嗜欲不同兮谁可与语！
寻思涉历兮多艰阻，四拍成兮益凄楚。

雁南征兮欲寄边声，雁北归兮为得汉音。
雁飞高兮邈难寻，空断肠兮思愔愔。
攒眉向月兮抚雅琴，五拍泠泠兮意弥深。

按：第四拍、五拍写思乡之苦。愔愔（yín）：本是安静和顺的样子，此指黯然神伤貌。攒（cuán）眉：紧锁着眉头。弥深：更深，愈深。

冰霜凛凛兮身苦寒，饥对肉酪兮不能餐。
夜闻陇水兮声呜咽，朝见长城兮路杳漫。
追思往日兮行李难，六拍悲来兮欲罢弹。

按：第六拍写自己在边地的生活情景。饥对肉酪：饥饿时面对着羊肉和奶酪。餐：用如动词，进食。陇水：即《陇头流水歌》，汉乐府《鼓角横吹曲》名。路杳漫：道路邈邈漫长。行李：本指使者，引申为行旅。

日暮风悲兮边声四起，不知愁心兮说向谁是！
原野萧条兮烽戍万里，俗贱老弱兮少壮为美。
逐有水草兮安家葺垒，牛羊满野兮聚如蜂蚁。
草尽水竭兮羊马皆徙，七拍流恨兮恶居于此。

按：第七拍写胡地的生产生活方式。逐有水草：追逐着有水草的地方。葺垒：修葺营垒。

为天有眼兮为何不见我独漂流？
为神有灵兮何事处我天南海北头？
我不负天兮天何配我殊匹？
我不负神兮神何殛我越荒州？
制兹八拍兮拟俳优，何知曲成兮心转愁。

按：第八拍呼喊天地神灵之不公。殊匹：不同民族的匹配。殛（jí）：惩罚，流放。俳优：古代以乐舞谐戏为职业的艺人。

天无涯兮地无边，我心愁兮亦复然。
人生倏忽兮如白驹之过隙，然不得欢乐兮当我之盛年。
怨兮欲问天，天苍苍兮上无缘。
举头仰望兮空云烟，九拍怀情兮谁与传？

按：第九拍悲叹自己苦难的人生境遇。倏忽：忽忽，转眼之间。白驹过隙：形容时光过得很快。《庄子·知北游》云："人生天地之间，若白驹之过郤，忽然而已。"成玄英疏云："白驹，骏马也，亦言日也。"陆德明释文云："郤，本亦作隙。隙，孔也。"

城头烽火不曾灭，疆场征战何时歇？
杀气朝朝冲塞门，胡风夜夜吹边月。
故乡隔兮音尘绝，哭无声兮气将咽。
一生辛苦兮缘别离，十拍悲深兮泪成血。

按：第十拍写边城的战争烽火，她对故乡的怀念与母子别离之苦的悲切之情，正寄托着女诗人对和平安宁时世的期待。

我非贪生而恶死，不能捐身兮心有以。
生仍冀得兮归桑梓，死当埋骨兮长已矣。
日居月诸兮在戎垒，胡人宠我兮有二子。
鞠之育之兮不羞耻，愍之念之兮生长边鄙。
十有一拍兮因兹起，哀响缠绵兮彻心髓。

按：第十一拍写自己与胡人生有二子。冀得：希望能够。桑梓：故乡的代名词。长已矣：长久地过去了。鞠之：抚养他们。愍（mǐn）之：爱怜他们。

边鄙：边境地区。

东风应律兮暖气多，知是汉家天子兮布阳和。
羌胡蹈舞兮共讴歌，两国交欢兮罢兵戈。
忽遇汉使兮称近诏，遗千金兮赎妾身。
喜得生还兮逢圣君，嗟别稚子兮会无因。
十有二拍兮哀乐均，去住两情兮难具陈。

按：第十二拍胡汉两国重新结好时圣君以千金为之赎身。东风应律：春风应和着自然规律。布阳和：布施阳和之气。讴歌：歌唱。交欢：结好。罢兵戈：休战，放弃兵戈相见的战争。

不谓残生兮却得旋归，抚抱胡儿兮泣下沾衣。
汉使迎我兮四牡骓骓，号失声兮谁得知？
与我生死兮逢此时，愁为子兮日无光辉，
焉得羽翼兮将汝归。
一步一远兮足难移，魂消影绝兮恩爱遗。
十有三拍兮急调悲，肝肠搅刺兮人莫我知。

按：第十三拍写自己与儿子告别回国。骓骓（fēi）：马奔走不停的样子。《诗经·小雅·四牧》云：“四牧騑騑。”搅刺：像刺在肝肠中搅动。莫我知：“莫知我”的倒装句式，不了解我。

身归国兮儿莫之随，心悬悬兮长如饥。
四时万物兮有盛衰，唯我愁苦兮不暂移。
山高地阔兮见汝无期，更深夜阑兮梦汝来斯。
梦中执手兮一喜一悲，觉后痛吾心兮无休歇时。
十有四拍兮涕泪交垂，河水东流兮心是思。

十五拍兮节调促，气填胸兮谁识曲？
处穹庐兮偶殊俗，愿得归来兮天从欲。
再还汉国兮欢心足，心有怀兮愁转深。
日月无私兮曾不照临，子母分离兮意难任。
同天隔越兮如商参，生死不相知兮何处寻！

十六拍兮思茫茫，我与儿兮各一方。
日东月西兮徒相望，不得相随兮空断肠。
对萱草兮忧不忘，弹鸣琴兮情何伤！
今别子兮归故乡，旧怨平兮新怨长！
泣血仰头兮诉苍苍，胡为生兮独罹此殃！

按：第十四拍、十五拍、十六拍写回国途中自己对儿子的无限思念。莫之随：倒装句式，即“莫随之”，不能跟随着我归国。商参：星宿名。商参二星各在一方，永远不能相会相见，比喻母子不能相见。萱草：即忘忧草。胡为：为什么。罹（lí）：遭受磨难。

十七拍兮心鼻酸，关山阻修兮行路难。
去时怀土兮心无绪，来时别儿兮思漫漫。
塞上黄蒿兮枯叶干，沙场白骨兮刀痕箭瘢。
风霜凛凛兮春夏寒，人马饥虺兮筋力单。
岂知重得兮入长安，叹息欲绝兮泪阑干。

按：第十七拍写自己重回长安。箭瘢（bān）：因中箭留下的伤疤。饥虺（huī）：饥肠辘辘貌。

胡笳本自出胡中，缘琴翻出音律同。
十八拍兮曲虽终，响有余兮思无穷。
是知丝竹微妙兮均造化之功，哀乐各随人心兮有变则通。
胡与汉兮异域殊风，天与地兮子西母东。

苦我怨气兮浩于长空，六合虽广兮受之应不容！

按：第十八拍总结全诗，表达内心深处中母子远别的无限痛苦与哀怨。缘琴翻：依据琴曲翻译成汉文曲。缘：循，沿。音律同：音乐的旋律相同。十八拍：指此首《胡笳十八拍》。响：乐声。丝竹：指代音乐。造化：天地，自然界。哀乐：悲哀与欢乐。有变则通：有变化就能达到通达的境界。《易·系辞下》云："变通者，趣时也。"趣时，就是趋时，按照时势的变化灵活处理各种事务。异域殊风：地域不同，风俗各异。子西母东：指蔡琰与其在匈奴的子女的分离，各自东西。苦我：困苦的我，使我感到痛苦。浩于长空：形容怨气之浩大可贯长空。六合：指天地与东、西、南、北四方。亦泛指天下。《庄子·齐物论》："六合之外，圣人存而不论。"成玄英注疏："六合者，谓天地四方也。"

结语：

一曲《胡笳十八拍》，将中国历史上的第一位文学才女蔡文姬推上中国音乐文学的辉煌殿堂。这首歌词如果翻译成现代汉语，不啻是一篇优美动人的散文诗，一个乱世佳人感人肺腑的命运交响曲。

《胡笳十八拍》，凡 159 句，1200 多字，是蔡文姬在匈奴 12 年生活遭际与离子而归的情感纠葛的真实记录，是一个中国文学才女用生命谱写的一曲悲歌，是古代胡汉文化妙合无垠的音乐诗篇。

一个美女诗人，经历如此痛苦不堪的离乱之苦，其命运之悲矣，其创作之幸矣！《胡笳十八拍》的歌词，哀怨婉转，丝丝入扣，精美绝伦，动人心弦，卓立于当时，冠绝了千古，富有建安风骨的时代精神与艺术特色，不啻是中国女性文学的典范之作。

唐人刘商曾仿效蔡琰此作而写同名《胡笳十八拍》，可见蔡曲影响之深远。而刘曲与蔡曲之异同，可以从以下几方面来考察：

一是人称依然，采用自我叙述手法，写自我生活经历，但蔡曲之"我"字较多于刘曲；

二是体裁之变，由蔡之骚体改为刘之七言近体八句一拍，显示出唐人的创作功力；

三是刘曲歌词的基调不再囿于蔡曲的自述遭遇与社会控诉，而是注重中原地区与北方匈奴民族之间的和谐关系。这种微妙的民族关系，最终演变而为郭沫若的大型历史剧《蔡文姬》，将蔡文姬的人生遭遇改变为中华民族大家庭中各民族和谐共处的时代新乐章。

◆ 莫愁

莫愁，是石城一个地方美女，因擅长歌谣而名世。

莫愁之美，在于她不是青楼歌妓，也不是帝王宠姬，而是中国古代民间最早塑造出来的“超级女声”。

古往今来，美女如云，而这个“美女”几乎成为历代嫔妃宫女与青楼歌妓的专名词。莫愁的出现则打破了这种惯例，成为一个令大众百姓为之倾倒的民间歌女，也是中国民间美女的突出代表。

莫愁是民间的美女，是大众心目中的美女，是寄托一种美好祝愿的歌女。乐府民歌中有《莫愁乐》二首，属于“西曲歌”之一。正如其一歌词云：

莫愁在何处？莫愁石城西。
艇子打两桨，催送莫愁来。

石城，地名，在今湖北省钟祥县，亦有说是石头城（金陵），如今之南京市亦有莫愁湖，相传是莫愁女的旧居。艇子，小船。《乐府诗集》卷四十八的《莫愁乐》引《唐书·乐志》云：“《莫愁乐》者，出于石城乐。石城有女子名莫愁，善歌谣。《石城乐》和中复有忘愁声，因有此歌。”而唐人吴兢《乐府古题要解》卷上云：“古歌亦有莫愁，洛阳女，与此不同。”

由此可见，莫愁之出处有三：一石城（今湖北），二金陵（今南京），三河南洛阳。这三种说法，只能说明“莫愁”也许是古代民间歌女的形象代表，是民间百姓共同塑造的一个人生偶像。

莫愁的魅力，一是歌谣，二是名字的象征意义。

从《莫愁乐》的歌词来看，莫愁这个歌女深受民间百姓的喜爱。莫愁在石城之西，故盼望小船催送莫愁来。人生路上荆棘丛生，人世间充满着苦难，唯

有音乐给人以欢乐，唯有莫愁给人以希望。当你遇到困难时，当事业一筹莫展时，你就会听到一声声热情的鼓励："莫愁！"

莫愁是美好的象征，是真诚的祝福，是坎坷人生之路上的希望之星。

◆ 绿珠

绿珠，是西晋石崇的宠姬。

美女绿珠的故事，记录者有干宝的《晋纪》、宋·乐史的《绿珠传》，还有《晋书·石崇传》等。传说绿珠姓梁，广西博白人，美貌清秀，善于吹笛。

绿珠之为石崇爱姬，是石崇为岭南采访使之时。据《岭表异录》记载："绿珠井在白水双角山下。昔梁氏之女有容貌，石季伦（崇）为交趾采访使，以真珠三斛买之。梁氏之居，旧井存焉。"

石崇，字季伦，生于青州，小名齐奴。晋元康时，任荆州刺史，以窃取远使商客钱财致富，生活极为奢靡，与贵戚王恺、羊琇之徒以奢靡相尚，于河阳金谷修建超豪华大别墅，名"金谷园"，又名"梓泽"。

金谷园规模有多大，石崇有《金谷诗序》云："余以元康六年，从太仆卿出为使，持节监青徐诸军事征虏将军，有别庐在河南县界金谷涧中……时，征西大将军祭酒王诩当还长安，余与众贤共送于涧中，昼夜游宴，屡迁其坐，或登高临下，或列坐水滨。时琴瑟笙筑，合载车中，道路并作，及往令与鼓吹递奏。遂各赋诗以叙中怀，或不就者，罚酒三斗。"金谷园之奢靡与宴饮游乐之盛，似为历代朝政官员之最。除生活上的奢靡外，石崇又依仗权贵，与潘岳谄（chǎn）事国戚贾谧，及贾谧被诛，以贾谧党羽罢官。

此时，石崇爱姬绿珠美艳声名远播，赵王司马伦专权，其党羽孙秀使人指名索取绿珠，欲乘人之危，霸占石崇爱妾。石崇与绿珠等正在金谷别墅"登凉台，临清流"。使者告于石崇来意，石崇出示妓妾数十人，皆蕴蓝麝而被罗绮，说："请在此选择。"使者说："君侯服御，丽则丽矣。然本受旨索绿珠。"石崇一听，勃然大怒，说："绿珠吾所爱重，不可得也！"使者回去禀告孙秀，孙秀力劝赵王司马伦以骄横诏杀。当诏书到达金谷园时，石崇正大宴于楼上。石崇对绿珠说："我今为尔得罪。"绿珠泣不成声，说："当效死于官前。"随即，绿珠纵身跳楼而死，石崇被诛，一门皆被害。

美女绿珠的悲剧命运，在于其女色之美，而且在于石崇金谷园的奢靡无度，亦在于孙秀与石崇的美女争夺之中。金谷园成为历代诗人吟咏的对象，仅《全唐诗》就有21首题为金谷园的诗歌，以绿珠为题而咏叹者亦有多首。晚唐诗人汪遵的咏史诗涉及此题者有二：一曰《金谷》，二曰《绿珠》。前一首写得好，诗云：

晋臣荣盛更谁过？常向阶前舞翠娥。
香散艳消如一梦，但留风月伴烟萝。

晋朝群臣的奢侈生活更有谁能够超过石崇？他常在金谷园与美女歌舞阶前明月。然而，美女早已香散艳消，世事犹如一场梦幻，留下来的只有旧时的风月伴随着寂寞荒凉的烟萝。后一首诗云：

大抵花颜最怕秋，南家歌歇北家愁。
从来几许如君貌，不肖如君坠玉楼。

美女绿珠坠楼之死，是石崇谄事权贵与男性世界争夺美女的结果，也是司马氏集团权力派别之争的牺牲品。

◆ 张丽华

张丽华，是南朝陈后主的贵妃，以美色名世。

张丽华之美，不在于美色，而在于其特殊的历史遭遇：一是陈后主宠爱之，特意为其谱写了歌曲《玉树后庭花》、《临春乐》等；二是与陈后主等在井中被活捉，共同遭遇了亡国的悲剧情节。张丽华也因歌曲之美与亡国之痛，而传名于后世。

据《陈后妃传》云："后主自居临春阁，张贵妃居结绮阁，龚、孔二贵嫔居望仙阁，并复道，交相往来。以宫人有文学者袁大舍等为文学士，后主每引宾客、对贵妃等游宴，则使诸贵人及女学士与狎客共赋新诗，采其尤艳丽者以

为曲调，选宫女有容色者歌之。其曲有《玉树后庭花》、《临春乐》等，大抵皆美张贵妃、孔贵嫔之容色。”

《隋书·五行志》记载：“祯明初，后主作新歌，词甚哀怨，令后宫美人习而歌之。其辞曰：‘玉树后庭花，花开不复久。’时人以为歌谶。此其不久兆也。”不久，陈朝因之亡国。于是，《玉树后庭花》则成了“亡国之音”的代名词。《旧唐书·音乐志》云：“前代兴亡，实由于乐。陈将亡也，为《玉树后庭花》……行路闻之，莫不悲泣，所谓亡国之音也。”

据《隋书·韩擒虎传》与《隋书·后主沈皇后传》记载：张丽华好厌魅之术，假借鬼道以迷惑陈后主，设置淫祀于宫中，聚集妖巫使之鼓舞。因参访外事，人间有一言一事，嫔妃必先知之，而后报告后主。由是后主更加宠幸贵妃，张氏宗族多被重用。

陈后主是中国历史上最窝囊的末代皇帝，张丽华也是最狼狈的一个美女。当隋将韩擒虎率领精骑五百攻进皇宫朱雀门时，陈后主正与贵妃张丽华、孔贵人等寻欢作乐。隋兵即至，无处可逃，不得已藏身于景阳殿胭脂井中，被一一活捉。晋主杨广命斩贵妃，张榜于青溪中桥。故有杜牧《台城曲》所谓“整整复斜斜，随旗簇晚沙。门外韩擒虎，楼头张丽华”的讥讽。晚唐著名咏史诗人胡曾有咏《陈宫》一诗云：

> 陈国机权未可涯，如何后主恣娇奢？
> 不知即入宫中井，犹自听吹玉树花。

机权：指机谋与权变。前两句写陈国的命运因陈后主的骄奢淫逸而变数莫测，后两句写隋军攻破陈宫后，陈后主与张丽华、孔贵人狼狈不堪的命运遭遇，与《玉树后庭花》歌曲相互照应。

◆ 薛涛

薛涛是唐代著名女诗人，是美女，也是才女。

薛涛（770—832），字洪度，长安人。幼年随父入蜀，流寓成都。贞元中，韦皋镇蜀，召薛涛侑酒赋诗，进入乐籍，成为成都著名的乐妓，以诗酒乐相娱，所居浣花里，往来车马流连忘返。

辛文房《唐才子传》称，元和中，元稹使蜀，密意求访，府公严司空知之，特意安排薛涛前往侍候。传说她与大诗人元稹有一段美好的情缘，元稹登翰林，以诗寄赠薛涛曰：

锦江滑腻峨嵋秀，幻出文君与薛涛。
言语巧偷鹦鹉舌，文章分得凤凰毛。
纷纷词客皆停笔，个个公侯欲梦刀。
别后相思隔烟水，菖蒲花发五云高。

此诗作于长庆元年（821），题为《寄赠薛涛》。元稹将薛涛与卓文君媲美，相思之情溢于言表。梦刀：谓自己愿意去成都任益州刺史。

元稹后创作一部传奇小说《莺莺传》，描写张生与崔莺莺之间的爱情故事，大致取材于此缘。元稹有《赠双文》诗云：“艳极翻含怨，怜多转自娇。有时还自笑，闲坐爱无憀。晓月行看堕，春酥见欲消。何因肯垂手，不敢望回腰。”王铚《传奇辨证》云：元稹“诗中多言‘双文’，意谓二‘莺’字，为双文也”。此诗作于贞元十六年（800），当时元稹在河中府任上，正与“崔莺莺”相恋。憀（liáo），今作“聊”。垂手与回腰：为舞曲二名。其后，元稹出使成都，薛涛因醉争令，掷注子，误伤相公犹子，离幕而去。因作《十离诗》十首。元稹又有《离思五首》，虽然诗不仅咏莺莺一人，但其中情意所向如其第四首。诗云：

曾经沧海难为水，除却巫山不是云。
取次花丛懒回顾，半缘修道半缘君。

这是名垂千古的爱情诗。沧海水，巫山云，失去了才感到是最珍贵的。后二句所指更为明显，这草草花丛我懒得一顾，一半缘于修道，一半缘于思君。当然，此诗也有学者认为并非是为莺莺而作，而是为其亡妻而作。

薛涛才华出众，诗思敏捷，锦心绣口，富有个性，著有《锦江集》五卷。及武元衡入相，奏请授薛涛为校书郎。虽然未授，但从此蜀人因之称呼她为“女校书”。当时成都的书笺篇幅过大，薛涛又自制比较狭小的书笺，以方便携带，人称“薛涛笺”。至今，成都锦江旁，尚有望江楼与薛涛井，在默默无声地纪念这位为锦城锦上添花的美女才子。

薛涛之美，一是在于她才华横溢，是历史公认的“扫眉才子”，是中国历史上第一个提名女校书郎。晚唐咏史诗人胡曾（湖南邵阳人）在成都高骈幕府帐下任书记，有感于薛涛的才华而赋诗曰：

万里桥边女校书，枇杷树下闭门居。
扫眉才子知多少，管领春风总不如。

二是在于她与“元才子”那段扑朔迷离的爱情姻缘，于是才有了元稹的传奇小说《莺莺传》，才有了宋金元时代董解元的《西厢记诸宫调》与王实甫的《西厢记》，使张生与崔莺莺的爱情故事令后世男女青年更加如醉如痴。

◆ 步非烟

步非烟，是晚唐时代的一位美丽的才女，时人称其“容止端丽，若不胜衣，善秦声，好文笔，工击瓯，韵与丝竹合”。

步非烟之美，在于她对媒妁之谝的反抗，在于她对爱情婚姻自主的执着追求，也在于她为了实现这种美好追求而付出了生命的代价。

这是一个发生在晚唐时代的爱情婚姻悲剧，时人将其演义成一个传奇故事，写成《步非烟传》，使其社会价值可以与元稹的《莺莺传》媲美。

据《步非烟传》记载，因媒妁之谝，步非烟嫁于咸通年间功曹参军武公业为妾。唐人冷落妻室，以致红杏出墙，妻妾在家里偷情者不乏其人。步非烟亦然。功曹参军武公业外仕，比邻书生赵象，年轻英俊，端秀有文，一日忽于墙垣隙中窥见步非烟，乃买通公业家的守门人，遂以意达之，以诗诱之，作《寄非烟》诗云：

一睹倾城貌，尘心只自猜。
不随萧史去，拟学阿谁来。

在情爱的引诱面前，独守闺房的妙龄女郎之心是最脆弱的。步非烟也经不起诱惑，则托守门人送去一封《答赵象书》，向赵象倾吐自己的身世遭遇和斑斑心迹。她说：

下妾不幸，垂髫而孤。中间为媒妁所欺，遂匹合于非类。每至清风朗月，移玉桂以增怀；秋张冬缺，泛金徽而寄恨。岂期公子忽贻好音，发华缄而思飞，讽丽句而目断。所恨洛川波隔，贾午墙高，联云不及于秦台，荐梦雨遥于楚岫。犹望天从素恳，神假微机，一拜清光，九殒无恨。兼题短什，用寄幽怀。诗曰：

画檐春燕须同宿，兰浦双鸳肯独飞。
长恨桃源诸女伴，等闲花里送郎归。

步非烟在信中诉说了自己为媒妁所欺的苦衷。读此信，明人臧懋循评点曰：“道出真情，如怨如慕，如泣如诉。”（《文致》）赵象得书信，又作《谢非烟》诗云：

珍重佳人惠好音，彩笺芳翰两情深。
薄于蝉翼难供恨，密似蝇头未写心。
疑是落花迷碧洞，只思轻雨洒幽襟。
百回消息千回梦，裁作长谣寄绿琴。

步非烟寄赠蝉锦香囊，并赋诗一首云：

无力严妆倚绣栊，暗题蝉锦思难穷。
近来赢得伤春病，柳弱花欹怯晓风。

赵象读之，心潮涌动，作《谢非烟赠蝉锦香囊》诗云：“见说伤情为见春，想封蝉锦绿蛾颦。叩头与报卿卿道，第一风流最损人。”然而诗去之后，非烟却无回报之音。赵象又作《怀非烟》一诗云：

绿暗红藏起溟烟，独将幽恨小庭前。
沈沈良夜与谁语，星隔银河月半天。

步非烟托守门人传语于赵象曰：“今夜功曹直府，可谓良时，妾家后庭，郎君之前垣也。不逾惠好，专望来仪。方寸万里，悉俟晤语。”是夜，赵象如约，逾墙而入，开始第一次幽会，至凌晨而归。欢会后，赵象作《赠非烟》诗云：

十洞三清虽路阻，有心还得傍瑶台。
瑞香风引思深夜，知是蕊宫仙驭来。

步非烟亦有《答赵象》诗一首云：

相思只因难相见，相见还愁却别君。
愿得化为松上鹤，一双飞去入行云。

此后，赵象与步非烟，十天一遇，频繁私会。然而，好景不长，非烟一日叱打女仆，女仆密告于武公业。步非烟色动声颤，说：“生得相亲，死亦何恨！”于是被鞭笞致死，赵象亦隐姓埋名，远窜他乡。

《全唐诗》收录步非烟与赵象往来之诗各四首，《文致》收录步非烟书信一封。这一封情书，这几首情诗，爱慕之情不可谓之不真，然而这就是唐人所追求的爱情吗？是耶？非耶？但至少可以看作唐人的一幕婚姻悲剧，是封建包办婚姻所造成的历史悲剧吧！这种悲剧，在唐代现实社会是屡见不鲜的，而步非烟之死，只是《全唐诗》以诗歌形式所反映的典型案例而已。故唐传奇又有《步非烟传》叙其事，进一步表达了步非烟“生得相亲，死亦何恨”的坚定意志。

◆李师师

名妓，以身段、容貌、歌喉、舞姿之美而著称于世。名妓传播演唱，使宋词如虎添翼，风靡全国。

北宋汴京名妓李师师，才情声色倾城倾国。崇宁、大观年间，李师师尝以“小唱”享誉京城瓦舍勾栏；政和、宣和年间，更是“声名溢于中国”，无数文人墨客为之倾倒。

晏几道［生查子］称颂李师师的“妆罢立春风，一笑千金少”之美。

秦观［一丛花］最称赏李师师的“簪髻乱抛，偎人不起，弹泪唱新词”之态。

张先为李师师特制新调，直题曰［师师令］，称其“不须回扇障清歌，唇一点，小于朱蕊”，正值残英月坠，自己但愿“寄此情千里”。

周邦彦时为词坛宗匠，是大晟词的主要代表人物，与李师师来往过密。周邦彦的词学生涯与宦海沉浮，都得力于名妓李师师对其词作的演唱传播。据时人张端义《贵耳集》卷下载：

道君幸李师师家，偶周邦彦先在焉。知道君至，遂匿于床下。道君自携新橙一颗云：“江南初进来。”遂与师师谑语，邦彦悉闻之，隐括成［少年游］云：“并刀如水，吴盐胜雪，纤手破新橙。”后云：“严城上、已三更，马滑霜浓。不如休去，直是少人行。”师师因歌此词，道君问谁作，李师师奏云：“周邦彦词。”道君大怒，坐朝宣谕蔡京云：“开封府有监税周邦彦者，闻课额不登，如何京尹不按发来？”蔡京罔知所以，奏云：“容臣退朝，呼京尹叩问，续得复奏。”京尹云：“惟周邦彦课额增羡。”蔡云：“上意如此，只得迁就。”将上得旨：“周邦彦职事废弛，可日下押出国门。”隔一二日，道君复幸李师师家，不见李师师，问其家，知送周监税。道君方以邦彦出国门为喜，既至不遇。坐久，至更初，李始归，愁眉泪睫，憔悴可掬，道君大怒，云：“尔那里去？”李奏：“臣妾万死，知周邦彦得罪，押出国门，略致一杯相别，不知官家来。”道君问：“曾有词否？”李奏云："有［兰陵王］词，今'柳阴直'者是也。"道君云："唱一遍看。"李奏云："容臣妾奉一杯，歌此词为官家寿。"曲终，道君大喜，复召为大晟乐正。

这是一段文坛逸事，未必可信，但从中可知，周邦彦的仕途起落，就因名妓李师师在道君皇帝赵佶面前演唱他写作的两首词而定。宦海之沉浮，如此变幻莫测；而名妓李师师作为词的传播媒介，却决定了周邦彦的政治生命：歌［少年游］而使周邦彦得罪遭贬，歌［兰陵王］又使周邦彦"复召为大晟乐正"。词人的成败得失，系之于词的传播媒介——歌妓，幸矣！谬矣！

李师师之下落，历来史载不一：一说宋徽宗禅位于宋钦宗后，李师师乞为女冠，金人破汴京时，主帅欲生得李师师，张邦昌等跟踪而得之，以献金主。李师师并不屈从，折金簪吞之而死于金营。二说靖康之变，宋徽宗、钦宗父子被金兵北虏，李师师流落于南方，游湖湘而江浙，晚年生活遭遇亦凄苦万状。

梅鼎祚《青泥莲花记》卷十三云："靖康之乱，师师南徙。有人遇之于湖湘间，衰老憔悴，无复向时风态。"而张邦基《墨庄漫录》卷八云："靖康中，李生（即李师师）与同辈赵之奴及筑球吹笛袁陶、武震辈，列籍其家。李生流落来浙中，士大夫犹邀之以听其歌，然憔悴无复向来之风态矣。"

诗人刘子翚，是福建人。北宋徽宗年间游学于汴京，靖康之变后，回到武夷山讲学，著名理学家朱熹曾到武夷山水帘洞从他学《易》。他写有《汴京纪事》组诗二十首，其中描写李师师者，亦从流落湖湘之说，云：

辇毂繁华事可伤，师师垂老过湖湘。
缕衣檀板无颜色，一曲当时动帝王。

辇（niǎn）毂（gǔ）：皇帝的车驾，后用以指代京师。此指北宋首都汴京繁华。缕衣：金丝刺绣的舞衣。檀板：戏曲音乐演奏中的拍板，檀木制作。前两句描写汴京的繁华已经过去，李师师也流落湖湘；后两句写美女与乐曲都已经失去了往日的颜色，留下的只有美好的记忆。

◆ 李清照

李清照（1084—1151?），号易安居士，山东济南人。她出身名门，父亲李格非是北宋著名学者；丈夫赵明诚，是著名金石家，宰相赵挺之之子。她自己是宋代著名女词人，有词集《漱玉集》传世，以白描之笔写清新淡雅之词，是婉约词派的优秀代表，创造了一种别具一格的“易安体”。

李清照，是中国词坛第一佳人。

李清照之美，一则她是中国美女中的大家闺秀，是美女词人，是“扫眉才子”，她的词基本上是以个人与家庭生活为题材，反映女性特有的灵性才情及其对日常生活的观察与心灵体验；二则她的生活遭遇以靖康之变为界，分为前后两个时期，并将个人的生活遭际与整个社会的变迁结合在一起，抒发女性固有的愁绪与审美情趣。前期她的词作主要写闺愁、闲愁、离愁、相思之愁；后期因靖康之变，而离乡背井，流离于南方，她的词主要抒写乡思之愁与国破家亡之愁。无论前期后期，她都以空灵之气填词，以女性特有的敏感去捕捉日常生活中的意象与心灵感受，于苏豪、柳俗、周律之外，别树一帜，词风婉约而不流于柔靡，清秀而又具逸兴，富有真情实感，语言清新自然，一洗词坛的妩媚之气，音调优美，流转如珠，名噪一时，时人号为“易安体”。

前期词的代表作，有《如梦令》。此调为小令，单调，33个字，五个仄韵，一个叠句。美人写美词，却没有妖艳之色，没有脂粉之气，唯有细腻自然的生活情趣。词云：

> 昨夜雨疏风骤，浓睡不消残酒。试问卷帘人，却道海棠依旧。知否？知否？应是绿肥红瘦。

卷帘人：正在卷帘的侍女。依旧：依然如往常一样。绿肥红瘦：叶子繁茂了，而花儿消瘦了。

此词题为《晚春》或《暮春》，以日常生活小事抒写一种淡淡的惜春惜花之情，颇富有生活情趣。此词寥寥几笔，手法多样。开头用白描，结句却着色

浓艳；笔力曲折灵活，有对话，有反问，语言跳跃性很大，写得新颖活泼，特别是“绿肥红瘦”四个字，出语别致，创意新奇，韵味无穷，将女性词人对周围事物的敏感与细微的心灵感受表现得淋漓尽致。

还有《一剪梅》，又名《腊梅香》、《玉簟秋》。李清照十八岁嫁给赵明诚。此词写离愁，作于新婚后不久。元代伊世珍《琅嬛记》卷中云：“赵明诚幼时，其父将为择妇。明诚昼寝，梦诵一书，觉来惟忆三句云：‘言与司合，安上已脱，芝芙草拔。’以告其父。其父为解曰：‘汝待得能文词妇也。言与司合是词字，安上已脱是女字，芝芙草拔是之夫二字。非谓汝为词女之夫乎？’后李翁以女妻之，即易安也，果有文章。易安结婚不久，（赵）明诚即负笈远游，易安殊不忍别，觅锦帕书《一剪梅》词以送之。”此说未必可靠，但亦可存其趣味于此。词云：

红藕香残玉簟秋。轻解罗裳，独上兰舟。云中谁寄锦书来，雁字回时，月满西楼。

花自飘零水自流。一种相思，两处闲愁。此情无计可消除，才下眉头，却上心头。

红藕：荷花。玉簟（diàn）：精美似玉的席子。秋：凉意。罗裳：丝绸制作的衣裙。兰舟：兰木制造的船只。锦书：用丝绢手帕写的书信。雁字：雁行呈“人”字或“一”字，故名“雁字”。此指秋雁飞回的时候。古人有鸿雁传书的故事。自：空自。飘零：飘散在地上。此情：相思的愁苦之情。无计：没有办法。

此词写相思之愁，写得深情绵邈，真挚动人。上片写景，以清丽率真的语言写自己与丈夫分别时的情景与真诚的期待；下片抒情，设想别后两地相思的离愁之苦，一句“此情无计可消除，才下眉头，却上心头”，将这种思念之愁由眉头转入内心深处而难以排遣的情态写得无以复加。妙哉！

李清照后期词以［声声慢］为优秀代表。［声声慢］，又名［胜胜慢］，历来用平韵，李清照改用仄韵。慢词，双调，换头，97个字，上下片各自五个仄韵，多用入声韵部。此词是李清照南渡后的代表作。大致写于南宋建炎三年

（1129）秋天。是年八月十八日，丈夫赵明诚在建康（今南京）病故。时李清照46岁，独自滞留建康，抚今追昔，不胜身世之叹，因作此秋词，用以悼念亡夫。这是《漱玉词》的压卷之作，也是宋代婉约词派的代表之作。唐圭璋先生说："此首纯用赋体，写竟日愁情，满纸呜咽。"词云：

寻寻觅觅，冷冷清清，凄凄惨惨戚戚。乍暖还寒时候，最难将息。三杯两盏淡酒，怎敌他、晚来风急。雁过也，正伤心，却是旧时相识。

满地黄花堆积。憔悴损，如今有谁堪摘。守著窗儿，独自怎生得黑。梧桐更兼细雨，到黄昏、点点滴滴。这次第，怎一个愁字了得。

寻寻觅觅：若有所失而四处寻找之状。乍暖还寒：寒暖交替，一会回暖，一会又寒冷。将息：调理，保养。黄花：菊花。憔悴损：因心灵备受创伤而变得形容枯萎消瘦。堪摘：可摘，能摘。怎生：宋代方言，怎么。得黑：能够熬到天黑。次第：宋代方言，这种滋味，这种情景。了得：概括得了。

李清照此词以一个"愁"字贯串全篇，写自己家破人亡之后的愁绪满怀与凄惨心境。上片以秋风、飞雁衬托自己的孤凄，起句非凡，连用14个叠字，形容自身的孤寂、冷清、凄惨的生活境地，如繁弦急管，奏出一个令人心悸神寒的愁苦之声，统帅全篇，笼罩下文，为全词奠定了凄切哀愁的基调。下片以秋雨、黄花渲染自己的悲苦，这"梧桐树，三更雨，不道离情正苦。一叶叶，一声声，空阶滴到明"（温庭筠［更漏子］），点点滴滴，滴在女词人的心坎上；故结句词人脱口而出，说这种情状，一个"愁"字怎么能够概括得了呢！

清人陈廷焯《白雨斋词话》说："后幅一片神行，愈唱愈妙。"陈氏站在审美鉴赏的角度，认为其妙处有三：一是写时间愈来愈晚，写心情愈来愈惨，写愁苦愈来愈悲，最后连一个"愁"字也难以概括包容，层层递进，步步深入，把情感的潮水推向高潮；二是妙在又用一个叠句"点点滴滴"与起句照应，寓情于景，结构严密；三是妙在以"怎生"、"怎一个"反诘句与上片"怎敌他"相互呼应，情感强烈，语意充足，又连用两个险韵"黑"、"得"，稳妥自然，艺术高超，非一般词家之笔可以达到如此境界。然而这只是鉴赏家所道，以易安自身之苦而论，此时此景，乃是述其事、言其心、道其情而已。面对着家破

人亡的命运悲剧，面对着孤独一身的现实处境，她的忧郁、凄苦、伤感以至绝望，非人世所堪，怎能以一个“愁”字了得！这不是一般的离愁别恨，而是痛苦的哀鸣，是绝望的呼喊！

孤独，寂寞，凄凉，无助，流离失所的南方生活，已经不堪忍受。故后人又有李清照“改嫁”的传闻与记载。文学史家对此并不在意，我们从美女词人的角度来思考也不在意。这是因为：李清照美在教养，美在声韵，美在词章。她的词以婉约为美，以心灵为美，以音律为美，以清新淡雅为美，以扫眉才气为美。她敢于自称居士，敢于睥睨宋代词坛，撰写《论词》之述，首昌词“别是一家”之说，批评词坛大家柳永与苏轼等，认为柳永“词语尘下”，晏殊、欧阳修、苏轼“学际天人，作为小歌词，直如酌蠡水于大海，然皆句读不葺之诗耳，又往往不协音律者”，而贺铸“苦少典重”、秦观“少故实，譬如贫家美女，非不妍丽，而终乏富贵态”、黄山谷“即尚故实，而多疵病，譬如良玉有瑕，价自减半矣”。她是典型的“扫眉才子”，不让须眉，柔中显刚，刚柔相济，是中国第一流的宋词大家。

八大超级美女

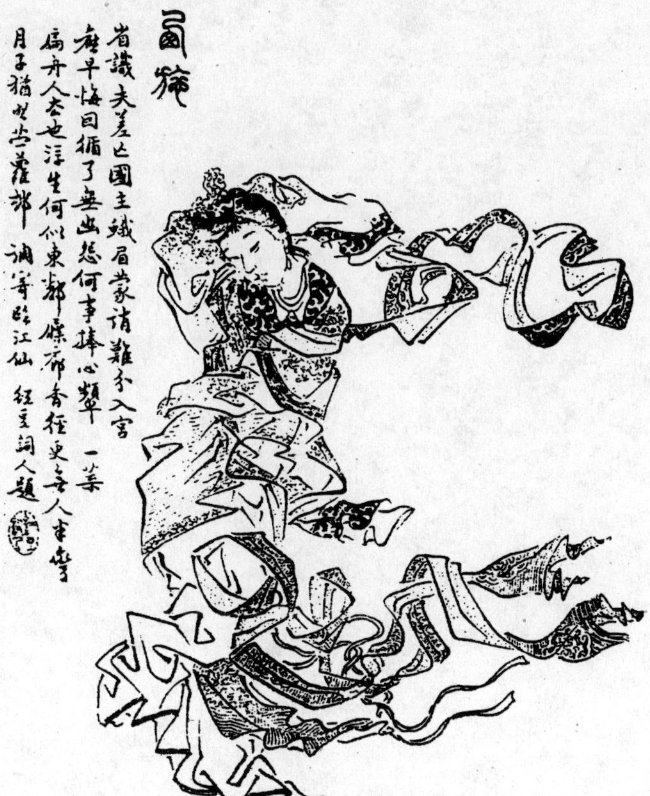

影响中国历史走向的美女，是魅力无限的超级美女。

这种超级美女，在中国历史的悠悠长河之中，屈指可数的只有八位：

是在吴越争霸中导致吴国灭亡的美女西施；

是致使富有赫赫国威的西汉王朝衰落而被视为“红颜祸水”的赵飞燕；

是勇敢走向草原大漠与雪域高原“和亲”之路的王昭君与文成公主；

是奠定魏蜀吴三国三足鼎立之势的东吴美女“二乔”；

是成为中国历史上第一个女皇帝的传奇美女武则天；

是引发李唐王朝八年“安史之乱”的绝代佳人杨贵妃；

是使吴三桂“冲冠一怒为红颜”而引清兵入关的姑苏美女陈圆圆。

这八位超级美女，与传统意义上的所谓“八大美女”的入选标准不同，着眼于她们在中国历史上的关键作用与时代影响，而不完全看重其女色之美。她们以倾城倾国的无穷魅力，或以“和亲”去平息绵延不绝的边乱，让汉民族与周边少数民族和平共处，或以美色牵动着男人权力之争的双手，搏击着江山社稷的中枢神经，或自觉或不自觉地成为引发战乱的导火线，让那些“爱江山更爱美人”的男人指挥千军万马去厮杀、去流血牺牲，于是乎改朝换代，于是乎改变了中国历史的走向。

超级美女，功罪几何？千秋历史，自有评说。

◆ 西施

西施，是古代越国的美女，也是中国古代的第一大美女。

西施之美，美于病态，属于病态之美。而后，逐渐演变为纯自然之美，属于古代吴越地区民间对美女的一种艳称。宋代大诗人苏轼熙宁六年（1073）在杭州西湖饮酒，以西施之美比喻西湖之美，作《饮湖上初晴雨后》诗云：

水光潋滟晴方好，山色空濛雨亦奇。
欲把西湖比西子，淡妆浓抹总相宜。

前两句描写西湖的自然风光之美之奇，阳光下水光闪烁，濛雨中山色迷茫，亦美亦奇；后两句由写景引发联想，将西湖之美比喻成“淡妆浓抹总相宜”的西施。“淡妆浓抹总相宜”，就是无论是淡雅还是浓艳的装扮，总是相称的，合适的，都能显示出西施的美貌。因为有苏轼这个奇妙的比喻，西湖从此又有“西子湖”的美誉，西湖之美有了新的文化内涵。

西施之美，出自于“东施效颦”的寓言故事。《庄子·天运》云：“西施病心而矉其里。其里之丑人见之而美之，归亦捧心而矉其里；其里之富人见之，坚闭门而不出；贫人见之，挈妻子而去走。彼知矉美，而不知矉之所以美。”这是西施之美的最早记录，也是成语“东施效颦”的出处。其意思是说：西施犯了心病，经常捂着胸口、皱着眉头在乡里行走。她同乡的丑女见她这种形态，觉得西施很美，回家去仿效她，也捧着胸口皱着眉头在村里行走；她同村的富人见了，就紧闭着大门不出；穷人见了，就带着妻子离开而奔走他乡。他们都知道西施皱着眉头很美丽，却不知道西施皱着眉头为什么美丽。矉（pín）：同“颦”，皱眉。挈（qiè）：携带。

美是洁净无瑕的；如果美女西施一身肮脏，路人见之则都会掩鼻而过。故《孟子·离娄下》云：“西子蒙不洁，则人皆掩鼻而过之。”

美女之美，自古以来被人们所利用，甚至成为历代统治者达到某种目的的手段。此时的美女，是统治者手中的尤物，是特务，是利剑，是毒药，是成败的砝码，是改朝换代的工具。从美女褒姒之于夏桀、美女妲己之于商纣王，到美女西施之于吴王夫差，莫不如是。有所不同者，褒姒是褒人之献，为了赎罪；妲己是有苏氏之献，因为亡国；而西施是越王勾践之献，在于复仇，是有意使用美女特务而为之报仇复国。

美女西施，本是春秋末年越国苎萝山区（今浙江省诸暨市南部）一个浣纱女，以其美色而名扬乡里，后被越王勾践选中，经过特殊训练，献给吴王夫差。西施成为夫差最宠爱的妃子，也蜕变成了“美女特务”，引诱吴王夫差荒淫无度，而越王勾践则卧薪尝胆，复兴越国，最终于公元前473年灭亡了吴国，迫使吴王夫差自杀。

有意使用“美人计”以报仇复国，是越王勾践的一种创造发明。由美女西施引发出吴越争霸的这段惊心动魄的历史演义，被汉人司马迁的《史记》与赵晔的《吴越春秋》等史书记录下来，千古流传。

《史记·越王勾践世家》云："西施，越之美女。越王勾践以之献吴王夫差，大幸之。每入市，人愿见者，先输金钱一文。"

《吴越春秋·越王勾践阴谋外传》记载：吴王夫差因为荒淫好色，越王"乃使相者（于）国中得苎萝山鬻薪之女，曰西施、郑旦，饰以罗縠，教以容步，习于土城，临于都巷，三年学服而献于吴，乃使范蠡进。"鬻（yù）薪：卖柴人。縠（hú）：绉纱一般的丝织品。容步：宫中仪容步履。学服：指训练的科目完成，能够适应宫中生活。

越王派遣范蠡送西施入吴，《汉唐地理书钞》辑录《吴地记》记载说："嘉兴县南一百里有语儿亭。勾践令范蠡取西施，以献夫差。西施于路与范蠡潜通，三年始达于吴，遂生一子。至此亭，其子一岁，能言，因名'语儿亭'。"

西施入吴后，成为吴王的爱妃，备受吴王夫差的宠爱。吴王沉湎于美色，整日莺歌燕舞，醉酒欢歌，并为其修"馆娃宫"（吴人以"娃"为美女昵称），建姑苏台，又以梓木板铺地，修建"响屟廊"，让西施及其侍女穿着木屐走过时能够发出富有节奏感的声响。屟（xiè），木屐，江浙人爱穿的木质底拖鞋。左思《吴都赋》云："幸乎馆娃之宫，张女乐而娱群臣；罗金石与丝竹，若钧天之下陈。"《文选》李善注："吴俗谓好女为娃。扬雄《方言》曰：'吴有馆娃宫。'"

越国灭亡吴国之后，美女西施的下落成了千古之谜。但大致有两种说法：一是被沉于水而亡，《墨子·亲士》云："西施之沉，其美也。"二是随范蠡出走，浮五湖。《越绝书》云："西施亡吴国后，复归范蠡，同泛五湖而去。"晚唐诗人杜牧《杜秋娘》诗云："西子下姑苏，一舸逐鸱（chī）夷。"范蠡浮海，游齐国，自号鸱夷子皮，以经商致富，改名陶朱公。

宋人董颖，字仲达，德兴（今属江西）人。北宋宣和六年（1124）进士。南渡后，从汪藻、徐俯游于江南。著有《霜杰集》。其中《薄媚·西子词》一套组曲，收录于《乐府雅词》，演绎美女西施为主要线索的吴越故事。曲云：

排遍第八

怒潮卷雪，巍岫布云，越襟吴带如斯。有客经游，月伴风随。值盛世，观此江山美。合放怀、何事却兴悲。不为回头，旧谷天涯，想前君事。越王嫁祸献西施，吴即中深机。

阖庐死，有遗誓，句践必诛夷。吴未干戈出境，仓卒越兵，投怒夫差。鼎沸鲸鲵，越遭劲敌，可怜无计脱重围。归路茫然，城郭丘墟，飘泊稽山里。旅魂暗逐战尘飞，天日惨无辉。

按：此总起，写春秋时代吴越两国争霸，形势严峻险恶。越王勾践施美人计，向吴王夫差献美人西施。排遍，又名“迭遍”，唐宋大曲，每套包括十遍，分别归入散序、中序、破三大段。王国维《唐宋大曲考》云：“中序一名拍序，即排遍。”又云：“排遍又谓之歌头，［水调歌头］即［新水调］之排遍也。”

排遍第九

自笑平生，英气凌云，凛然万里宣威。那知此际，熊虎涂穷，来伴麋鹿卑栖。既甘臣妾，犹不许，何为计。争若都燔宝器，尽诛吾妻子。径将死战决雄雌，天意恐怜之。

偶闻太宰，正擅权，贪赂市恩私。因将宝玩献诚，虽脱霜戈，石室囚系。忧嗟又经时，恨不如、巢燕自由归。残月朦胧，寒雨萧萧，有血都成泪。备尝险厄返邦畿，冤愤刻肝脾。

按：此则抒写越王勾践兵败吴王夫差之后悲痛无助的复杂心情。

第十撷

种陈谋，谓吴兵正炽。越勇难施，破吴策，唯妖姬。有倾城妙丽，名称西子，岁方笄。算夫差惑此，须致颠危。范蠡微行，珠贝为香饵。苎萝不钓钓深闺，吞饵果殊姿。

素肌纤弱，不胜罗绮。鸾镜畔、粉面淡匀，梨花一朵琼壶里。嫣然意态娇春，寸眸剪水。斜鬟松翠。人无双、宜名动君王，绣履容易，来登玉陛。

按：此上二曲写越国处于困境，为破吴策，唯有献出美人西施，并指派范蠡出使吴国。接着细腻地描写西施倾城之美。

入破第一

窣湘裙，摇汉佩，步步香风起。敛双蛾，论时事，兰心巧会君意。殊珍异宝，犹自朝臣未与。妾何人，被此隆恩？虽令效死，奉严旨。

隐约龙姿忻悦，重把甘言说。辞俊雅，质娉婷，天教汝、众美兼备。闻吴重色，凭汝和亲，应为靖边陲。将别金门，俄挥粉泪，靓妆洗。

按：此则描写越王召见西施，议论时事，申明大义，当面向西施说明此举“和亲”，目的在于“靖边”；西施接旨，即将泪别金门。窣（sù）：翻飞，此指西施行走时，湘裙翻飞、汉佩摇曳、香风盈步之美。

第二虚催

飞云驶，香车故国难回睇。芳心渐摇，迤逦吴都繁丽。忠臣子胥，预知道为邦祟。谏言先启，愿勿容其至。周亡褒姒，商倾妲己。

吴王却嫌胥逆耳，才经眼、便深恩爱。东风暗绽娇蕊，彩鸾翻妒伊。得取次、于飞共戏，金屋看承，他宫尽废。

按：此则写西施乘香车，风飞云驰，奔赴美丽繁华的吴国都城。忠臣伍子胥预知为越国作祟，则以“周亡褒姒，商倾妲己”历史悲剧进谏吴王，吴王夫差不听劝谏，越女西施从此得宠。褒姒、妲己，都是夏商时期的美女，被帝王宠爱，以致亡国。

第三衮遍

华宴夕，灯摇醉。粉菡萏，笼蟾桂。扬翠袖，含风舞，轻妙处，惊鸿态。分明是，瑶台琼榭，阆苑蓬壶，景尽移此地。花绕仙步，莺随管吹。

宝帐暖留春，百和馥郁融鸳被。银漏永，楚云浓，三竿日、犹褪霞衣。宿酲轻腕，嗅宫花，双带系。合同心时，波下比目，深怜到底。

按：怜者，爱也。此则写西施进宫以后深受吴王宠幸的实际情景。

第四催拍

耳盈丝竹，眼摇珠翠。迷乐事，宫闱内。争知，渐国势凌夷。奸臣献佞，转恣奢淫，天谴岁屡饥。从此万姓离心解体。

越遣使，阴窥虚实，蚤夜营边备。兵未动，子胥存，虽堪伐、尚畏忠义。斯人既戮，又且严兵卷土。赴黄池观衅，种蠡方云可矣。

按：此则描写吴王沉湎于酒色，国势危倾；而越王卧薪尝胆，伺机卷土重来。越国派遣使臣去吴国刺探虚实，使离间计，伍子胥被杀。经过黄池实地考察，越国大臣文种与范蠡认为时机已到，才说：“可以进攻吴国了。”

第五衮遍

机有神，征鼙一鼓，万马襟喉地。庭喋血，诛留守，怜屈服，敛兵还，危如此。当除祸本，重结人心，争奈竞荒迷。战骨方埋，灵旗又指。

势连败，柔荑携泣，不忍相抛弃。身在兮，心先死。宵奔兮，兵已前围。谋穷计尽，唳鹤啼猿，闻处分外悲。丹穴纵近，谁容再归。

按：此则以急迫的节奏，描写越王乘机讨伐吴国的战斗情景。

第六歇拍

哀诚屡吐，甬东分赐。垂暮日，置荒隅，心知愧，宝锷红委。鸾存凤去，辜负恩怜，情不似虞姬。尚望论功，荣还故里。

降令曰，吴亡赦汝，越与吴何异。吴正怨，越方疑。从公论、合去妖类。蛾眉宛转，竟殒鲛绡，香骨委尘泥。渺渺姑苏，荒芜鹿戏。

按：此则描写越女西施的复杂心态与人生悲剧。

第七煞衮

王公子，青春更才美，风流慕连理。耶溪一日，悠悠回首凝思。云鬟烟鬓，玉佩霞裾，依约露妍姿。送目惊喜，俄迂玉趾。

同仙骑，洞府归去，帘栊窈窕戏鱼水。正一点犀通，遽别恨何已。媚魄千载，教人属意。况当时，金殿里。

按：此则为尾声，叹美人悠悠，感历史陈迹，唯有“媚魄千载，教人属意”。

西施是吴越争霸的关键人物。勾践之卧薪尝胆、夫差之沉湎酒色、越国之复仇、吴国之灭亡，都显示出美女西施之无限魅力。晚唐诗人汪遵的咏史诗有《越女》一诗云：

玉貌何曾为浣纱？只图勾践献夫差。
苏台日夜惟歌舞，不觉干戈犯翠华。

浣纱：西施本是越西山区的一名浣纱女，于是有明人梁辰鱼的传奇剧本《浣纱记》之演义吴越春秋故事。翠华，是皇帝仪仗队旗杆上装饰的翠羽，指代越王发动灭吴战争。

西施之美，位居中国古代美女之首，人们歌咏她，记叙她的事迹，吟咏她的人生，历久而不衰。究其原因，主要有两个方面：一是美女特务西施的人生历程与生活遭际，演绎出中国历史上两个不同类型的国君形象：越王勾践代表着卧薪尝胆、奋发图强的帝王形象与民族精神，而吴王夫差代表着昏庸荒淫而导致亡国的帝王形象与国家悲剧，一正一反，如同两面形象鲜明的历史镜子，令人自醒自励。二是有大诗人苏轼的妙笔生花，又有杭州西子湖的客观存在，自然风光与人文环境融合，历史与现实交会，令游客流连忘返。

◆ 赵飞燕

古代美女得皇帝宠幸者，一是美色，二是歌舞。赵飞燕亦如是。

赵飞燕的魅力，一是能歌善舞，二是体态轻盈如飞燕，能为掌上舞。

关于赵飞燕的传说，自汉以来，著述之作，汉·伶玄有《赵飞燕外传》，宋·秦醇《赵飞燕别传》，等。

根据《汉书·外戚传》与《飞燕外传》记载：赵飞燕（？—前1），本长安宫人。出生时，父母不举，三日不死，人乃收养之。长大后，属阳阿主家，学习歌舞。以其体轻似燕，能掌上舞，故名飞燕。汉成帝刘骜尝微行出游，过阳阿主家，饮酒作乐。见到赵飞燕时，非常高兴，则召入宫。赵飞燕因歌舞而得宠，又谗言诋毁班婕妤，取代其位而为婕妤，后被汉成帝立为皇后。受赵飞燕之意，汉成帝又使樊嫕（yì）进合德（赵飞燕妹）。而班婕妤失宠，退居东宫侍奉太后，作《怨歌行》以抒发心中怨愤，汉成帝死后，充奉园陵。

赵家姐妹居昭阳殿，色倾后宫，宠幸天下，“专宠十余年，卒皆无子”。据《西京杂记》记载，赵飞燕有宝琴名“凤凰”，她也擅长弹奏《归风送远操》的琴曲。其歌词曰：

凉风起兮天陨霜。
怀君子兮渺难望。
感予心兮多慨慷。

这是思怀君子之作。三句歌词，以凉风与秋霜起兴，抒写对渺渺君子的思念之情。

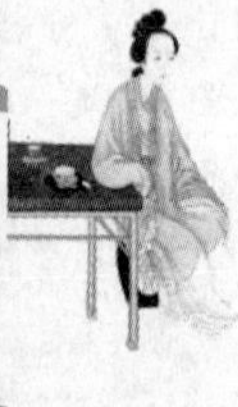

赵飞燕以美色与歌舞艺术得宠于汉成帝。汉宣帝时，披香博士淖方成，号淖夫人，白发教授于宫中，曾经在帝后唾弃之说：“此祸水也，灭火必矣！”按照阴阳五行之说，汉朝因得火德而兴起。赵飞燕、赵合德姐妹得宠，如同引祸水灭火，必将导致大汉帝国的灭亡。“红颜祸水”之说，即最先出于此。

然而富贵荣华如云烟，汉平帝即位，赵飞燕被废为庶人，自杀身亡。这就是绝代佳人的历史命运，这就是一代美人的人生悲剧。

◆ 王昭君

王昭君，原名王嫱，字昭君，汉朝王穰之女，南郡秭归（今属湖北省宜昌市）人。西晋人因避司马昭之讳，改称明君，故后人亦称其为“明妃”。

与美女西施本质性不同，王昭君是汉族美女使者，是西汉王朝的和平使者，是中原文化在匈奴地区的传播者。

王昭君之美，主要表现在以下几个方面：

一是王昭君传奇式的汉宫遭遇。王昭君以其美丽多姿，汉元帝时被选入宫掖，积五六年之久。帝以其后宫妃子众多，不得幸者亦众。元帝乃使画工将后宫美女一一画像，然后按图召幸。宫女因之而纷纷贿赂宫廷专业画师毛延寿，唯独王昭君心高气傲，不肯贿赂。画工将其画像涂抹成貌像丑陋，于是不得与皇帝相见。适逢匈奴呼韩邪单于入朝和亲，求一美人为阏氏，元帝按图将王昭君许给单于。待到提亲之时，元帝召见王昭君等五名宫女，才发现自己赏赐给匈奴单于的美人竟然色倾后宫，光彩照人，后悔不已，又怕失信于人，不得已照旧相送。但立即下令追查宫掖画图之事，毛延寿等画工皆被弃市。

二是王昭君承担着汉朝与匈奴和亲的使命，成为中国历史上第一位以“和亲”而享誉古今的汉族美女。汉元帝竟宁元年（前33），王昭君戎服乘马，手抱琵琶，跟随着呼韩邪单于的接亲队伍进入匈奴，被敕封为宁胡阏氏，成为大草原上的女主人，生有一子。两年后，呼韩邪单于去世，其前妻之子复珠垒若鞮单于雕陶莫皋即位，复娶王昭君为妻，生有二女。（见《汉书·匈奴传三》）。明人《文致》收录有王昭君《报元帝书》一封，也许是伪作，云：

> 臣妾幸得备员禁脔，谓身依日月，死有余芳。而失意丹青，远窜异域，诚得捐躯报主，何敢自怜？独惜国家黜陟，移于贱工。南望汉关，徒增怆结耳。有父有弟，惟陛下幸少怜之。

禁脔：皇帝的珍膳之物。丹青：图画。黜陟（zhì）：指官吏的升迁进退。这封书信，真假难辨，但尚符合王昭君的口吻。文后，《文致》编者还选录了明人杨慎（升庵）的点评，比较详尽地记录了王昭君出塞的生活经历，称昭君至匈奴后，有感于元帝之不遇，而作《怨思之歌》云：

秋木萋萋，其叶萎黄。
有鸟处山，集于芭桑。
养育毛羽，形容生光。
既得升云，上游曲房。
离宫绝旷，身体摧藏。
志念抑沉，不得颉颃。
虽得委食，心有徘徨。
我独伊何，来还变常。
翩翩之燕，远集西羌。
高山峨峨，河水泱泱。
父兮母兮，道里攸长。
呜呼哀哉，忧心恻伤。

杨慎又称单于死后，其前妻之子欲续娶之为妻，昭君不从，乃吞药自杀。死后被安葬在匈奴，昭君墓在今内蒙古呼和浩特市郊。塞外冬草皆白，唯有昭君墓草独青，呼为“青家”。关于王昭君的记录出入很大，我们不是历史学家，无须详尽考证。王昭君将自己美丽的青春与生命奉献给了北漠大草原，奉献给了汉族与蒙古族和睦相处的历史。王昭君在匈奴数十年，匈奴与汉朝关系正常，友好相处，汉朝边境安定祥和，百姓安居乐业，王昭君的功绩不可磨灭。

三是王昭君擅长琵琶，是琵琶乐器与琵琶曲的传播者。晋人石崇《王昭君辞序》云：“匈奴盛，请婚于汉，元帝诏以后宫良家女子明君配焉。昔公主嫁乌孙，令琵琶马上作乐，以慰其道路之思。其送明君亦必尔也。”汉武帝元封六年（前105）以公主（江都刘建女细君）嫁给乌孙王为妃。公主悲伤，胡人于路途以琵琶娱乐之。萧雄，字皋诺，湖南益阳人。曾候选为直隶州知州，同治年间，纵军西域，遍历天山南北，对山川风土人情，各自以诗歌记录之，厘为

《西疆杂述诗》四卷。其中《乐器》诗云：

龟兹乐部起纷纷，调急弦粗响遏云。
忽听名呼胡拨四，不禁低首忆昭君。

首二句写龟兹乐器的演奏特征，调急弦粗，声响遏云；后二句由“胡拨四”之名而追忆王昭君。诗人自注文字亦长，主要介绍龟兹乐器：一是鼓。作者谓“鼓之大者，(直)径二尺余，高尺余；小者径尺许，高约三尺。铸铁为框，挽以羊皮，设数面于高台，交错击之。声有雌雄缓急，相连以成节奏”。还有其他各类鼓，如《唐书》所载之羯鼓、揩（kāi）鼓、腰鼓、鸡娄鼓，等。二是唢呐喇叭，称其“本龟兹所出，流传汉地者，至今形式相同，与鼓并奏于台，彼中之大乐也”。三是丝弦小乐鼓，用于宴会与平时歌舞，直径二三尺，高约三寸，羊皮挽之而成，涂抹上色彩，用铁环周缀之，手拍以为节奏。四是胡聚，用钢弦十根，马尾掤弓勒之而成。五是弦子，桑木所制，长三尺余，皮弦二根，钢弦五根，手弹之。有似洋琴者，长三尺，宽二尺，钢弦十二皆双，两边附以单弦，名叫“喀沦”。六是“胡拨”琴。皮弦四根，钢弦三根，状若琵琶，似是而异，名叫“胡拨”，后讹传为“胡拨四”，亦作“胡拨思”。各种琴弦粗宏，音色苍凉而猛烈，颇有塞上之风，据说始为王昭君之物。诗人不解地说：“昭君出塞，在今贺兰山后，包头地方，距回疆地近乌孙，何以琵琶不传自公主细君，而传于远地之昭君?”

四是历代文人诗客对王昭君事迹及其自愿出塞“和亲”之功的记载与吟咏。《昭君出塞》的动人故事付之于诗文、词曲、小说、戏剧者，不绝于文坛诗苑，如《琴趣》、《西京杂记》、《昭君出塞》等等。诗自汉魏以来，吟咏篇什之多，据鲁歌等人编选的《历代王昭君诗选》估计在八百首以上，是历代诗人吟咏中国单个美女诗篇之最者。

历代诗人之咏王昭君，或将她写成一个受人摆布、被迫出塞的薄命佳人，或是一个忍辱蒙羞、偷生异域、满腹民族偏见的悲剧女性，而唐宋诗人对王昭君也有赞颂者，却难以超越旧的偏见，唯有王安石一反古人旧意，打破胡汉畛域之分，以王昭君之失意借题发挥，抒写“人生失意无南北”的历史遭遇。其

中的代表作是两首《明妃曲》，其一曰：

明妃初出汉宫时，泪湿春风鬓脚垂。
低回顾影无颜色，尚得君王不自持。
归来却怪丹青手，入眼平生未曾有。
意态由来画不成，当时枉杀毛延寿。
一去心知更不归，可怜着尽汉宫衣。
寄声欲问塞南事，只有年年鸿雁飞。
家人万里传消息，好在毡城莫相忆。
君不见咫尺长门闭阿娇，
人生失意无南北。

丹青手：指画师。枉：冤枉。毛延寿：汉朝宫廷画师。毡城：指匈奴单于居住的大帐篷。阿娇：指汉武帝陈皇后失宠后寄居长门宫的事。王安石这首诗，写于宋仁宗嘉祐四年（1059），当时作者提点江东刑狱。结句写得很好，“君不见咫尺长门闭阿娇，人生失意无南北”，以汉武帝陈皇后失宠于长门宫之事比喻王昭君，又以王昭君之失意来抒发自己在人生仕途上的失意之苦。

◆二乔

二乔，即大乔与小乔两姐妹，是孙吴乔玄公的两个女儿，以美艳名重江东。其中大乔嫁孙权，小乔嫁周瑜。

二乔之美，主要在于映衬着中国古代著名战例——赤壁之战的历史画卷，陪衬着青年将军周瑜的英雄业绩，彰显着长篇章回小说《三国演义》“拥刘反曹”的历史观念与宗法文化传统。

赤壁之战中的美女二乔姐妹，只是作为陪衬，主要突出周瑜这个青年将军的形象，但是她们姐妹两个的魅力是无穷的，连大文豪苏轼在周瑜面前都感到自惭形秽。因此“乌台诗案”之后，宋神宗元丰五年（1082），47 岁的苏轼被贬谪到黄州，游赤壁而赋《念奴娇·赤壁怀古》，词云：

大江东去，浪淘尽、千古风流人物。故垒西边，人道是、三国周郎赤壁。乱石穿空，惊涛拍岸，卷起千堆雪。江山如画，一时多少豪杰。

遥想公瑾当年，小乔初嫁了，雄姿英发。羽扇纶巾，谈笑间、强虏灰飞烟灭。故国神游，多情应笑我，早生华发。人生如梦，一尊还酹江月。

风流人物：此指英雄豪杰。故垒：旧时作战的营垒。周郎赤壁：三国时代，东吴周瑜年仅24岁则为中郎将，时人呼之为周郎。赤壁，地名。三国周郎赤壁，即历史上以赤壁之战而闻名遐迩者，不在黄州，而在湖北蒲圻。黄州赤壁，据周必大《吴船录》卷下考证云：“赤壁，小赤土山也。”所谓“周郎赤壁”，乃是借疑之辞而已。故苏轼声言“人道是”，人家说的。而将“故垒”与“周郎赤壁”联结在一起，目的在于突出其历史意义，为周瑜出场埋下伏笔。乱石：陡峭峥嵘的石壁。千堆雪：无数雪白的浪花。公瑾：周瑜的字。赤壁之战时，周瑜34岁。小乔：东吴乔玄公之女，与其姐姐是东吴著名的美女。大乔为孙策之妻，小乔为周瑜之妻。小乔初嫁时，周瑜24岁，赤壁之战时小乔已经出嫁十年。苏轼说“小乔初嫁”，是采用传统的“英雄+美人”的创作手法，为了突出周瑜这位青年将军形象而进行的一种艺术处理。英发：英气勃勃的情态。纶（guān）巾：配有青丝带的儒生头巾。强虏：强大的敌军。一作“樯橹”，即船只，指曹操的水军。灰飞烟灭：名词作状语用，像灰一样飞扬，像烟一样熄灭。故国：指三国。神游：思想上的漫游。多情应笑我：倒装句式，即“应笑我多情”。华发：白发。人生如梦：一作“人间如梦”。一尊：一杯酒。尊，同“樽”。还酹（lèi）江月：还是洒在江水之中去祭奠明月。

苏轼此词为怀古之作，于怀念古代英豪之中，感叹自我失意之情。上片咏赤壁，即景写实，突出江山之胜；下片怀周瑜，因景生情，突出英雄之业。词人纵览古今，大气磅礴，悲壮豪迈，气贯长虹。写江山，词人采用中国画中的“大斧劈皴（cūn）法”，大笔淋漓，将美丽江山与千古风流人物融为一体；写人物，词人采用“英雄+美人”的传统手法，极尽夸张之能，栩栩如生地将青年将军周瑜写得风华正茂，风流儒雅，英姿潇洒，指挥若定，战功赫赫；写自我，词人采用衬托手法，以江山之胜衬托英雄之业，以美好江山衬托自己功业未成而愧对江山，以青年周瑜反衬47岁的自我待罪黄州的命运悲剧，自惭形秽，无地自容。结句与首句前后照应，悲壮不已，归结出“人生如梦”的悲壮主题，才有“一尊还酹江月”的悲壮之举。

中国历史上的美女，命运都很悲惨，而乔家二美女，乃是美女悲剧史中的幸运儿。如果不是诸葛亮借东风，火烧赤壁，也许东吴早已灭亡，二乔也早已沦为降奴，成为曹操铜雀台上的尤物。

是谁帮助了周瑜？是谁帮助了二乔？是诸葛亮，是东风，是天意！为此，晚唐诗人杜牧于唐武宗会昌年间任黄州刺史（842—844）时，以《赤壁》一绝句写翻案诗，对历史上的赤壁之战作了新阐释，以抒发家国兴亡之叹。诗云：

二乔读书

折戟沉沙铁未销，自将磨洗认前朝。
东风不与周郎便，铜雀春深锁二乔。

赤壁，在湖北蒲圻县西北的长江南岸，因东汉末年孔明与周瑜在此借东风、火烧赤壁、大破曹操而名垂千古。而此诗所写的赤壁，则是湖北黄州的赤鼻矶，即苏轼所说的“人道是、三国周郎赤壁”。折戟：折断了的兵器。戟（jǐ）：长柄上有月牙形利刃的古代兵器。将：拿起。认：识别。前朝：指三国时代的遗物。东风：指孔明祭东风以火烧赤壁的战事。不与周郎便：不给周瑜方便。铜雀：铜雀台，在邺城（即今河北省临漳县），系曹操为蓄养姬妾美女歌妓而修建，上有楼，顶上立有一丈五尺高的大铜雀，故名。

杜牧此诗咏赤壁之战，突出周瑜巧得天时之利，如果不是这种偶然机遇，历史将是另外一种模样。前两句记述史事，后两句发表议论。诗中史论色彩很浓，作历史兴亡之叹，以二乔命运的变化书写历史的机遇，含蓄蕴藉，韵味无穷。宋人许颉（yǐ）《彦周诗话》批评杜牧说："社稷存亡、生灵涂炭都不问，只恐捉了二乔；可见措大不识好恶！"措大：骂人的话，指愚蠢的读书人。其实，这是迂腐之论，后人多批评之，如清人何文焕《历代诗话考索》就指出："诗人之词微而婉，不同论言直率也。牧之之意正谓幸而成功，几乎家国不保。彦周未免错会。"

美女之美，重在内在涵养与文化教养。二乔姐妹以读书著称，具有深厚的文化教养。赵宋王朝，注重教育，提倡读书，认为"万般皆下品，惟有读书高"，因为"书中自有黄金屋，书中自有颜如玉"。故宋人绘制了《二乔观书图》，以鼓励社会读书之风。著名词人秦观特地为此图题词，名《蝶恋花·题〈二乔观书图〉》。其词曰：

并倚香肩颜斗玉。鬓角参差，分映芭蕉绿。厌见兵戈争鼎足，寻芳共把遗编躅。

闺阁风流谁可续？沉想清标，合贮黄金屋。江左百年传旧俗，后宫只解呈新曲。

此词上片直接描写《二乔观书图》的画面，先写画面上的二乔形象：美丽如玉的容颜，参差的鬓角，两姐妹并倚香肩，分映着绿色的芭蕉；而后抒写二乔读书的感觉，为寻芳，她们共把遗编读，一个"厌"字，突出二乔对兵戈争雄、谋求鼎足而三的三国战争的厌弃。下片是词人观赏《二乔观书图》的感受，认为二乔读书图的价值，不仅展现出"书中自有黄金屋"的文化义蕴，而且以其闺阁风流传续了读书传统。

◆ 文成公主

中国历史上，自汉朝开始，中原美女变成了各个汉族政权对周边少数民族政权推行和亲政策的工具。就当时而言，和亲政策就是美女外交，旨在安边，使汉族政权与周边少数民族政权和睦共处。李唐王朝的和亲政策，主要是针对青藏高原上的吐蕃。

公元7世纪，古藏族建立吐蕃国于青藏高原。

唐王朝实行“和蕃”政策，曾派遣吐蕃宣抚使，如垂拱年间的员半千、吕温等。初唐时，张说作有《送郭大夫元振再使西番》诗一首，杜审言作有《送和蕃使》一诗，其中云：

> 疆场及无事，雅歌而餐饭。
> 宁独锡和戎，更当封定远。

天宝年间，皇甫曾作有《送汤中丞和蕃》《送和西蕃使》诗二首，杜甫有《送杨六判官使西蕃》，权德舆有《送张曹长工部大夫奉使西蕃》，陈羽有《冬晚送友人使西蕃》，孙颀有《送薛大夫和蕃》，耿沣有《奉送崔侍御和蕃》，周繇有《送入蕃使》，无名氏还有《送薛大夫和蕃》等，表达的是一种“和戎先罢战，知胜霍嫖姚”的意愿。

文成公主（？—680），唐太宗宗室美女。贞观十五年（641），吐蕃赞普向唐王朝提出联姻请求，唐太宗将文成公主许配于松赞干布。根据《新唐书》卷二一六《吐蕃传上》与《西藏记·寺庙》《卫藏通志》等文献记载，文成公主入藏时，不仅带去了中原人民对西藏百姓的友爱，而且带去了中原文明与先进技术，如中原地区的粮食种子、茶叶、蚕桑、丝绸、建筑艺术、造纸技术，以及汉语言文字、歌舞艺术、民间风俗等，在西藏广泛传播。西蕃派遣藏族青年到内地学习文化技术，还将马匹、药材、皮革等输入内地，形成一条影响深远的茶马古道，与古丝绸之路交相辉映。

文成公主信仰佛教，在西藏亲自设计修建了大招寺和小招寺，以小招寺为自己静修之所。

清朝光绪年间进士董沛《演番部合乐辞三十六首》中有一首写文成公主，诗云：

> 金碧庄严大小招，层楼杰阁耸云霄。
> 谁知花雨缤纷地，尚有唐时旧柳条。

诗人自注云："西藏为吐蕃故都。唐文成公主下降，性好佛，赞普为建大、小招寺，规模宏丽，金玉佛像以万计，今尚存。寺旁有柳，亦唐时物，郁若龙虬。"

文成公主，是中国历史上汉藏两个民族友好交往与不断融合的美女使者。此后，唐景龙四年（710），唐中宗将金城公主嫁于吐蕃王。李嵩持节使西蕃，既还，金城公主请定汉蕃界，树碑赤岭。李嵩因奉使称职，升迁为兵部尚书（《全唐诗》本传）。

文成公主

金城公主出嫁吐蕃，在唐诗中反映颇大。唐中宗有《景龙四年正月五日移仗蓬莱宫御大明殿会吐蕃骑马之戏因重为柏梁体联句》诗一首，联句者有中宗、皇后、长宁公主、安乐公主、太平公主、温王李重茂、上官昭容、吏部侍郎崔湜、著作郎郑愔、考功员外郎武平一、著作郎阎朝隐、御史大夫窦从一、将作大匠宗晋卿、吐蕃舍人明悉猎。

据《唐诗纪事》云："时，上疑窦从一、宗晋卿素不属文，未即令续。二人固请，许之；吐蕃舍人明悉猎请令授笔，与之，悉猎云云。上大悦，赐与衣服。"是时，崔湜又有《奉和送金城公主适西蕃应制》，李峤有《奉和送金城公主适西蕃应制》，阎朝隐有《奉和送金城公主适西蕃应制》，韦元旦有《奉和送金城公主适西蕃应制》，李适有《奉和送金城公主适西蕃应制》，刘宪有《奉和送金城公主适西蕃应制》，苏颋有《奉和送金城公主适西蕃应制》，徐彦伯有《奉和送金城公主适西蕃应制》，薛稷有《奉和送金城公主适西蕃应制》，马怀素有《奉和送金城公主适西蕃应制》，沈佺期有《送金城公主适西蕃应制》，武平一有《送金城公主适西蕃》，赵彦昭《奉和送金城公主适西蕃应制》，郑愔有《送金城公主适西蕃应制》，徐坚有《奉和送金城公主适西蕃应制》，等等。金城公主入蕃时，郑唯忠等从之，张说又有《送郑大夫唯忠从公主入蕃》诗，储光羲有《送人随大夫和蕃》诗。这些奉和应制之诗，重在为金城公主和蕃送别之意，风格典雅雍容，是宫廷生活的艺术再现。

贞元年间，又有太和公主适西蕃，杨巨源有《送太和公主和蕃》、王建有《太和公主和蕃》诗，情调极为低沉。后来唐与吐蕃关系破裂，太和公主返唐，李频作《太和公主还宫》诗一首云：

天骄发使犯边尘，汉将催功遂夺亲。
离乱应无初去貌，死生难有却回身。
禁花半老曾攀树，宫女多非旧识人。
重上凤楼追故事，几多愁思向青春。

太和公主还宫，物是人非，愁思凤楼，感慨良多。此外，长庆进士李敬方亦作《太和公主还宫》诗一首，诗旨如一。但是和蕃之策，加强了唐朝中央政府与

吐蕃的友好关系，促进了经济文化交流，其历史功绩，是难以抹杀的。然而，唐人亦有反对和蕃政策者。晚唐李山甫有《阴地关崇徽公主手迹》一诗，中有“谁陈帝子和蕃策，我是男儿为国羞”之斥；又有《代崇徽公主意》诗云：

金钗坠地鬓堆云，自别朝阳帝岂闻。
遣妾一身安社稷，不知何处用将军。

这是对唐王朝“和蕃”政策的莫大讽刺。苏郁《咏和亲》诗以古喻今，亦云：“关河夜悬青冢镜，塞云秋薄汉宫罗。君王莫信和亲策，生得胡雏虏更多。”

◆ 武则天

武则天（624—705），并州文水（今属山西省）人，荆州都督武士彟（huò）之女。天生丽质，聪明能干，14 岁入宫，被唐太宗召为才人，赐号武媚娘。太宗死后，被削发为尼。唐高宗李治即位，复召回宫，立为昭仪，进号宸妃。永徽六年（655），31 岁的武媚娘被册封为皇后，参与朝政，与高宗并称为“二圣”。中宗李显即位，尊为皇太后，临朝称制。载初九年（690），年过六十的皇太后，自称“圣神皇帝”，改国号为周，改元“天授”，自名曌。开天辟地，这就是中国历史上第一个女皇帝。神龙元年（705），中宗反正，圣神皇帝被逼宣布取消国号，退居上阳宫，是年冬天驾崩，被封为“则天顺圣皇后”，史称武则天。

在太宗朝结束后的半个世纪里，面对李唐王朝的权力纷争，武则天之所以能够成为一国之君，成为历史上第一个显赫的女皇帝，主要是历史的机遇与个人聪明才智的充分发挥。武则天能够忍辱负重，足智多谋，文才武略，以美女的魅力网罗狄仁杰、姚崇、上官婉儿之类优秀人才，而唐太宗死后，宗室后继乏人，几个皇帝皆胸无大志，缺乏帝王之才，使李唐王朝中央政权出现人才与权力真空。与其说是武则天利用权术而获取权力与尊贵地位，还不如说是这段特定的历史赋予了武则天施展才华的一个极好机遇。

武则天参与朝政，临朝称制，甚至自立为王，改换国号，不无政治野心，但也是为形势所逼，以挽救岌岌可危的政治局面。至于她利用权势，私养面首，重用张昌宗兄弟，曾被封建卫道士所唾骂，实属难免。应该说，就其智慧、能力、才干、谋略与治国安邦之策及其在中国历史上的影响而言，武则天不愧为首屈一指的超级美女。

武则天在位期间，设立了“三教殿”，作为儒、道、佛三教从事学术文化交流的活动场所，不遗余力地招徕文士，诏张昌宗主持编撰《三教珠英》，引文学之士李峤、张说、宋之问、崔湜、沈佺期、徐彦伯、富嘉谟、李适、王无兢、薛曜、宋务光、徐坚、员半千等26人，分门撰集。而后崔融又编《珠英学士集》五卷（今存二残卷），收录武后时编修《三教珠英》学士李峤、张说等47家的276首诗（今存49首）。武则天自己也博览群书，精通文史，著有《垂拱集》100卷，《金轮集》10卷，均佚。今存诗46首，文4卷。

万岁通天元年（696），铸九鼎成，鼎上各写本州山川物产之象，令著作郎贾膺福、殿中丞薛昌容、凤阁主事李元振、司农录事钟绍京等分题，左尚令曹元廓画，令南北卫士十余万人，并仗内大牛、白象曳之，自玄武门入。武则天自作《蔡州永昌鼎歌》。今《全唐诗》载其为《曳鼎歌》，云：

羲农首出，轩昊膺期。
唐虞继踵，汤禹乘时。
天下光宅，海内雍熙。
上玄降鉴，方建隆基。

这首《曳鼎歌》，本来为牵引蔡州永昌鼎进入京都长安而作，然而武则天却书写而成大唐帝国永昌的赞歌。前四句写历史，从伏羲氏、神农氏、轩辕氏与少昊金天氏，到尧、舜、禹和商汤，颂扬中国历史文化之悠久；后四句写现实，光辉充满天下，海内和平欢乐，上天有眼，上天恩惠，上天明鉴，我们正在建造隆盛的基业。由此歌，我们看到了一个武则天，一个非凡的美女皇帝，看到了她的胸襟与远大抱负，看到了她要振兴李唐王朝千秋基业的宏大理想。

永乐宫武则天

◆ 杨贵妃

杨贵妃是中国历史上少有的几个影响一个时代历史的风云美女。

杨贵妃之美，一是美色，即白居易《长恨歌》所谓“杨家有女初长成，养在深闺人未识。天生丽质难自弃，一朝选在君王侧。回眸一笑百媚生，六宫粉黛无颜色”；二是才艺，她娇媚善舞，亲自为唐玄宗编《霓裳羽衣舞》；三是她富有传奇色彩的美女人生，为唐诗与后世小说戏曲艺术创作提供了极其丰富的历史题材，如《贵妃醉酒》、《长恨歌传》、《长生殿》等；四是她以自己的人生遭遇演绎出一曲曲惊世与醒世并存的时代悲歌。

杨贵妃，是天宝年间李唐王朝的一面镜子，也是一部人生悲剧的史诗。

杨贵妃，是唐代社会政治形势发生重大转变的关键人物，是安史之乱的直接导火线，也是安史之乱的直接受害者。因此，杨贵妃的人生悲剧，始终成为一代唐诗关注的焦点，也影响到此后的文学艺术创作。

杨贵妃（719—756），即杨玉环，以色得宠，被唐玄宗封为贵妃。杨家的宠幸，导致了李唐王朝一场为期八年的安史之乱。杨家的历史命运，影响了整个开元盛世，也影响了盛唐以后的唐诗创作。

美女是封建社会男人们争夺的对象。杨玉环原为唐玄宗的儿媳妇，即寿王李瑁的妃子。被唐玄宗看中后，为掩人耳目，于开元二十八年，敕令杨玉环出宫为女道士，入住太真宫，赐道号为“太真”。六年后的天宝四年，唐玄宗先为寿王娶妃，再册封杨玉环为玄宗贵妃。杨贵妃再度进宫。是年贵妃27岁，玄宗60岁。这段有失体统的历史，时人讳莫如深，大约一百年后，晚唐的李商隐以《龙池》一诗暗示其事：

龙池赐宴敞云屏，羯鼓声高众乐停。
夜半宴归宫漏永，薛王沉醉寿王醒。

薛王是玄宗侄儿李瑁；寿王在宴会上见到杨玉环，故彻夜难眠。

杨玉环进宫，唐玄宗终日与之欢聚宴饮，轻歌曼舞。《霓裳羽衣曲》舞乐，响彻宫廷。侍女张云容善跳《霓裳羽衣舞》，杨贵妃写诗一首《赠张云容舞》。后，王建有《霓裳词》四首，白居易有《霓裳羽衣歌》七言歌行一首，《胡旋女》一首，等。

据唐人韦叡（ruì）《松窗录》记载，天宝二年（743）暮春，大诗人李白因玉真公主、道士吴筠与太子宾客贺知章的引荐而供奉翰林。是时宫中牡丹花正开，唐玄宗月下赏花，召杨贵妃侍酒；玄宗以金花笺赐李白，命进新词《清平调》。而李白尚在醉酒之中，遂令“杨国忠磨墨，高力士脱靴”，乃成《清平调》三章，每章28字，平韵，是七言绝句，从其内容而言，乃是对绝代佳人杨贵妃的赞歌。曲成，当即由李龟年手捧檀板歌唱之，伴奏有梨园弟子16人。杨贵妃手持颇梨七宝杯，酌西凉州葡萄酒，笑领歌词，心里非常高兴。唐玄宗则调玉笛以依曲和之，每曲遍将换，则迟其声而取媚于杨贵妃。杨贵妃饮酒后再次拜谢，而唐玄宗回头看了看醉酒赋诗的李翰林，认为他才情横溢，完全不同于其他翰林学士，十分宠爱他。

大诗人李白是诗界天才，他为人傲气，又有才气，以“谪仙人”自诩。他一生赞扬过谁？只有一个孟浩然，说“吾爱孟夫子，风流天下闻”。然而在绝代美女杨贵妃面前，他却如此不惜笔墨地赞赏不已，崇拜之，称颂之，歌咏之，美化之，极尽形容夸饰之能事地为美人写出《清平调》。辞曰：

一

云想衣裳花想容，春风拂栏露华浓。
若非群玉山头见，会向瑶台月下逢。

二

一枝红艳露凝香，云雨巫山枉断肠。
借问汉宫谁得似，可怜飞燕倚新妆。

三

名花倾国两相欢，长得君王带笑看。
解释春风无限意，沉香亭北依阑干。

虢国夫人游春

这一组《清平调》以牡丹花、仙女、古代美女为喻，极写杨贵妃之美艳动人。其一从空间着眼，以牡丹花比喻贵妃如仙女下凡一样美丽；其二从时间入手，以神女、赵飞燕比较突出贵妃之美；其三从现实的角度，写君王心目中的杨贵妃之美。字字浓艳，句句流香，满纸春风，满眼花光，人与花相映，神与人交汇，古与今交融，情趣盎然，格调高雅，不落俗套，精妙绝伦，美不胜收，是李白生花妙笔的天才之作，也是历代描写中国美女的经典之作。

云想衣裳花想容：以云彩与鲜花比喻贵妃的衣裳与容貌。拂栏：吹拂着雕花的栏杆。露华浓：鲜艳的牡丹花沾满了露珠，暗喻君王的恩泽。若非：假如不是。群玉：神山名，神话中西王母所居的地方。会向：应向。瑶台：西王母的宫殿名。玉山，瑶台，月下，以这些素洁淡雅的字眼映衬花容人面，比喻杨贵妃之美如仙女下凡。一枝红艳：写牡丹花，比喻杨贵妃之美。露凝香：牡丹花上的露水凝聚着花香。云雨巫山：宋玉《高唐赋》记载：楚怀王游于高唐，曾梦见一神女，自称巫山之女，来与楚王幽会。临去致辞，说："妾在巫山之阳，高丘之岨。旦为行云，暮为行雨，朝朝暮暮，阳台之下。"后楚襄王复游高唐，宋玉为他陈述楚怀王会神女的故事。其夜，楚襄王也梦见神女。枉：徒然。断肠：形容惆怅、伤心过度。巫山，在长江三峡北岸，至今有神女峰。此意是说，楚王与神女，神人交合，而神女如朝云暮雨，飘忽无迹，徒然令楚王惆怅伤怀而已，不及贵妃之美妙动人。飞燕：指汉宫美女赵飞燕。倚新妆：靠着美丽的新衣裳。是说赵飞燕即使倚仗着美丽的新衣裳，也不及贵妃这样美丽娇艳。名花：指牡丹花，李唐王朝奉之为"国花"。倾国：指代美人，即赞美杨贵妃像牡丹花一样有倾国之美。汉代李延年《佳人歌》："一顾倾人城，再顾倾人国。"长：长久，永久。君王：指唐玄宗。"带笑看"与"两相欢"相照应，使牡丹花、杨贵妃与唐玄宗三位一体，突出杨贵妃的现实之美。解释：消除。此句是说面对如花容月貌一样美丽动人的贵妃，唐玄宗纵然有无限的春愁春恨，也可以消除了。沉香亭：宫中亭名，在唐兴庆宫图龙池东面。阑干：栏杆。

李白此诗，诗思灵动，妙笔生花，酣畅淋漓，极写杨贵妃之美艳动人。然而，诗人李白因令"杨国忠磨墨，高力士脱靴"的骄矜，却因此而遭谗言诽谤，三年后被玄宗赐金还山。

据《新唐书·杨贵妃传》记载，杨玉环进宫，进册贵妃，正如白居易《长恨歌》在描述杨贵妃得宠时指出：

杨家有女初长成，养在深闺人未识。
天生丽质难自弃，一朝选在君王侧。
回眸一笑百媚生，六宫粉黛无颜色。
春寒赐浴华清池，温泉水滑洗凝脂。
侍儿扶起娇无力，始是新承恩泽时。
云鬓花颜金步摇，芙蓉帐暖度春宵。
春宵苦短日高起，从此君王不早朝。
承欢侍宴无闲暇，春从春游夜专夜。
后宫佳丽三千人，三千宠爱在一身。
金屋妆成娇侍夜，玉楼宴罢醉和春。
姊妹弟兄皆列土，可怜光彩生门户。
遂令天下父母心，不重生男重生女。

经过诗人的润笔，杨贵妃之宠幸，空前而绝后，堪称历代帝王嫔妃之最。杨氏家族一一封官晋爵：追赠父亲玄琰为齐国公，擢叔父玄珪为光禄卿，宗兄铦为鸿胪卿、锜为侍御史，尚太华公主。其三个姐妹，玄宗呼之为姨者，大姨封为韩国夫人，三姨封为虢国夫人，八姨封为秦国夫人。出入宫掖，恩宠声烟震天下。其中虢国夫人不施脂粉，多以素面见玄宗。故张祜作《集灵台》诗云：

虢国夫人承主恩，平明骑马入宫门。
却嫌脂粉污颜色，淡扫娥眉朝至尊。

远房哥哥杨钊，被玄宗赐名“杨国忠”，天宝十一年十一月被封为右丞相，又身兼数十职，权倾朝廷。为此，杜甫作《丽人行》诗云：

三月三日天气新，长安水边多丽人。
态浓意远淑且真，肌理细腻骨肉匀。

绣罗衣裳照暮春，蹙金孔雀银麒麟。
头上何所有？翠为合叶垂鬓唇。
背后何所见，珠压腰衱稳称身。
就中云幕椒房亲，赐名大国虢与秦。
紫驼之峰出翠釜，水精之盘行素鳞；
犀箸压饫久未下，弯刀缕切空纷纶。
黄门飞鞚不动尘，御厨络绎送八珍。
箫管哀吟感鬼神，宾从杂遝实要津。
后来鞍马何逡巡，当轩下马立锦茵。
杨花雪落覆白苹，青鸟飞去衔红巾。
炙手可热势绝伦，慎莫近前丞相嗔！

据《全唐诗》注云："明皇每年十月幸华清宫，杨国忠姊妹五家扈从。每家为一队，着一色衣。五家合队照映，如百花之焕发灿烂，芳馥于路。而国忠私于虢国，不避雄狐之刺，每入朝，或联镳方驾，不施帷幔，同入禁中。""炙手可热势绝伦，慎莫近前丞相嗔！"诗人以艳笔写美人游宴与杨家得宠后的富贵奢靡生活，语多讥刺杨氏家族之擅权乱国。

杨氏家族乐极生悲，走向了自己的反面。天宝十四年十一月，安禄山以"诛杨国忠"为旗号起兵叛乱，历时八年的安史之乱爆发。唐玄宗等出逃至马嵬坡，禁军将军陈玄礼发动兵谏，杀杨国忠，逼唐玄宗赐死杨贵妃。38岁的杨贵妃，成为了李唐王朝的牺牲品。

这一重大的历史事件，一直成为后世文人从事文学创作的重大题材之一。中晚唐的诗歌创作，涉及杨贵妃的历史悲剧者甚多，如张祜的《马嵬坡》《雨霖铃》《太真香囊子》，韦绚的《杨太真》，刘禹锡的《马嵬行》，李商隐的《马嵬二首》，杜牧的《过华清宫》，崔道融的《马嵬》《銮驾东回》《羯鼓》，郑畋的《马嵬坡》，狄归昌的《题马嵬驿》，黄滔的《马嵬》，徐寅的《马嵬》，释无本的《马嵬》，罗邺的《帝蜀回》，江采萍的《谢赐珍珠》，梁锽的《傀儡吟》，罗隐的《帝幸蜀》，韦庄的《立春日作》，等等。

特别是白居易的七言歌行《长恨歌》与陈鸿的传奇《长恨歌传》，以长篇

杨贵妃

叙事诗的艺术形式，全面描述了杨贵妃与唐明皇的爱情悲剧，为后代剧作家洪昇《长生殿》传奇的创作奠定了坚实的基础。

对于杨贵妃与唐明皇的人生悲剧，唐代诗人的历史反思大致有以下三种态度：

一是同情者，如白居易的《长恨歌》与陈鸿的《长恨歌传》等。

二是鞭笞者，有所谓“红颜祸水”之斥。如李约的《过华清宫》之谓“君王游乐万机轻，一曲《霓裳》四海兵”，李商隐的《马嵬》之谓“君王若道能倾国，玉辇何由过马嵬”。

三是借题发挥者，或喻人生，或针砭时政。如杜牧《过华清宫》等以史为咏而发思古之幽情者：

长安回望绣成堆，山顶千门次第开。
一骑红尘妃子笑，无人知是荔枝来。

李肇《唐国史补》卷上“杨妃好荔枝”云：“杨贵妃生于蜀，好食荔枝。南海所生，尤胜蜀者，故每岁飞驰以进。然方暑而熟，经宿则败，后人皆不知之。”杨贵妃所吃的荔枝，专由南海进贡，因以曲名之曰《荔子香》。杜牧诗意即本此也。人们对杨贵妃之死而反思社会人生，主要在于以史为鉴，告诫后人谨防君王因耽于声色和享乐而误国。

◆ 陈圆圆

陈圆圆，本姓邢，名沅，字畹芬，苏州歌妓，擅长昆曲，色艺擅名一时。

陈维崧《妇人集》记载：“姑苏女子圆圆，字畹芬，良家女子也。色艺擅于一时。如皋冒先生常言：妇人以姿质为主，色次之，碌碌双鬟，难其选也；蕙心兰质，澹秀天然，生平所观，则独有圆圆耳。”

明崇祯年间，陈圆圆初为武安侯田弘遇所劫，后延陵将军（按：延陵是吴季扎封邑）吴三桂以千金为聘，纳之为妾。吴以辽东总兵镇守山海关，李自成攻克北京，建立“大顺”政权。陈圆圆被李自成部帅刘宗敏所俘，献给闯王，闯王则以陈圆圆侍太子。闯王挟制三桂之父吴襄，以通侯之赏相许，并以银四万两犒劳三桂军，要家人潜至三桂帐前劝降。本来吴三桂答应只要把太子与陈圆圆送还，就投降大顺。据《清史稿》记载：吴三桂“闻其妾陈为自成将刘宗敏掠去，怒，还击破自成所遣守关将，遣副将杨珅、游击郭云龙上书睿亲王乞师”。此时，吴三桂拔剑冲冠一怒，说：“嗟呼！大丈夫不能自保其室，何以生为?”于是吴三桂引清兵入关，缟素发丧，直取燕京。李自成杀吴襄全家三十口，陈圆圆机智以对，于是弃燕京而西去。

吴三桂追至山西，将渡黄河。此时部将传书，已于京城获得陈圆圆。吴三桂喜出望外，于玉帐结五彩楼，列旌旗箫鼓三十里，亲自以香车迎接陈圆圆。自此，由秦入蜀，直至云南，陈圆圆一直跟随着吴三桂。三桂于滇南，为陈圆圆建苏台、营郿坞，经常请圆圆唱歌。而圆圆每歌汉高祖《大风》之歌以献媚，三桂亦闻歌拔剑起舞，作发扬蹈厉之容；圆圆则持觞敬酒，以为知音。顺治年间，吴三桂被封为藩王，圆圆将为正妃。圆圆晓以大义，固辞不从。而后康熙朝议论撤藩，吴三桂于云南起兵，反叛清廷，自称“天下都招讨兵马大元帅”。陈圆圆请为女道士入观。吴三桂军事之暇，常至道观清谈，至暮而归。后吴三桂在衡山称周帝，不久病死于衡阳，陈圆圆不知所终。

陈圆圆的身世遭遇，涉及明末清初三个皇帝与四大政治军事集团的生死搏斗。三个皇帝是：明朝的崇祯皇帝、清朝的顺治皇帝与大顺朝的顺天皇帝；四大集团是：满清贵族集团、李自成农民军集团、南明王朝集团、吴三桂反清集团。陈圆圆以其无穷的魅力，不自觉地卷入历史的漩涡，不由自主地成为这场斗争的中心人物。

陈圆圆之美，一则“其声，甲天下之声；其色，甲天下之色”，具有“蕙心兰质，澹秀天然”之美；二则这个绝代佳人引发出了一场血与火的生死战争，一场改变中国历史走向的民族斗争。在这一场血与火的社会大动乱中，陈圆圆的命运主宰着整个事态的发展，她的机智与大义，改变了李自成与吴三桂生死较量的历史进程。在古今歌姬佳丽之中，这是比较少见的。她的命运遭际，是男人们为争夺“红颜”而引发出来的一场巨大的社会变故。

明末清初，一场满清贵族与朱明王朝争夺生存与发展空间的生死决战正席卷着古老的中华大地。这场争夺战的直接导火线，就是一个绝代佳人陈圆圆。

后人感慨地说：“有明一朝兴废，实系圆圆一人。”

清初著名诗人吴伟业（1609—1672），字骏公，号梅村，江苏太仓人，是复社成员，清初宗唐诗派的代表人物。著有《梅村诗话》，诗歌创作多长篇歌行体，如霞如烟，如江如海，如锦如花，人称“梅村体”。其《圆圆曲》是一部史诗，一部千古传唱的民族史诗，也是一部美人艳史，一部娇艳歌妓陈圆圆身世遭遇的悲剧历史。《圆圆曲》云：

鼎湖当日弃人间，破敌收京下玉关。
恸哭六军俱缟素，冲冠一怒为红颜。
红颜流落非吾恋，逆贼天亡是荒宴。
电扫黄巾定黑山，哭罢君亲再相见。
相见初经田窦家，侯门歌舞出如花。
许将戚里箜篌伎，等取将军油壁车。
家本姑苏浣花里，圆圆小字娇罗绮。
梦向夫差苑里游，宫娥拥入君王起。
前身合是采莲人，门前一片横塘水。
横塘双桨去如飞，何处豪家强载归。
此际岂知非薄命，此时只有泪沾衣。
熏天意气连宫掖，明眸皓齿无人惜。
夺归永巷闭良家，教就新声倾坐客。
坐客飞觞红日暮，一曲哀弦向谁诉。
白皙通侯最少年，拣取花枝屡回顾。
早携娇鸟出樊笼，待得银河几时渡？
恨杀军书底死催，苦留后约将人误。
相约恩深相见难，一朝蚁贼满长安。
可怜思妇楼头柳，认作天边粉絮看。
遍搜绿珠围内第，强呼绛树出雕栏。
若非壮士全师胜，怎得蛾眉匹马还。
蛾眉马上传呼进，云鬟不整惊魂定。

蜡炬迎来在战场，啼妆满面残红印。
专征箫鼓向秦川，金牛道上车千乘。
斜谷云深起画楼，散关月落开妆镜。
传来消息满江乡，乌桕红经十度霜。
教曲妓师怜尚在，浣纱女伴忆同行。
旧巢共是衔泥燕，飞上枝头变凤凰。
长向尊前悲老大，有人夫婿擅侯王。
当时只受声名累，贵戚名豪竞延致。
一斛明珠万斛愁，关山漂泊腰肢细。
错怨狂风扬落花，无边春色来天地。
常闻倾国与倾城，翻使周郎受重名。
妻子岂应关大计，英雄无奈是多情。
全家白骨成灰土，一代红妆照汗青。
君不见馆娃初起鸳鸯宿，越女如花看不足。
香径尘生乌自啼，屧廊人去苔空绿。
换羽移宫万里愁，珠歌翠舞古梁州。
为君别唱吴宫曲，汉水东南日夜流。

这首歌行体长诗，可与白居易《长恨歌》、《琵琶行》媲美，凡 78 句，549 个字，述写陈圆圆的身世遭遇与时代悲剧。

全诗大致分为三个层次：前八句为总起，称吴三桂“恸哭六军俱缟素，冲冠一怒为红颜”之举，终于改变了明末清初中国历史的走向，继元蒙贵族之后，满清贵族入主中原，实现了前金尚未实现的统一中国的梦想。不难设想，如果没有吴三桂为美人陈圆圆的“冲冠一怒”而引清兵入关，明朝末年的华夏江山就是李自成农民起义军的江山。这就是美女陈圆圆的无限魅力之所在。而后六十二句，集中描写陈圆圆的身世遭际与整个明末清初社会动荡的复杂关系。最末八句，作者以姑苏美女陈圆圆的一生联系春秋时代吴宫越女的“换羽移宫”与“珠歌翠舞”，而抒发“为君别唱吴宫曲”的无限感慨之意。

鼎湖：在湖北荆山下，古代传说黄帝修道乘龙升天之地。此指崇祯皇帝在景山自缢而死。玉关：本指玉门关，此处借指山海关。荒宴：沉湎于享受与欢乐。专征：皇帝授权将军任意征伐的权力。江乡：指陈圆圆故里苏州。屧（xiè）：木制鞋底。屧廊：指吴王夫差为美女西施建造馆娃宫的故事。古梁州：指云南。《明史·地理志》："云南，《禹贡》梁州徼外地。"徼（jiào）：边界。

清人杨际昌《国朝诗话》指出："世称杜少陵为诗史，学杜者不须袭其貌，正须识此意耳。吴梅村歌行，大抵发于感怆，可歌可泣。余尤膺服《圆圆曲》前幅云：'恸哭六军俱缟素，冲冠一怒为红颜。'后幅云：'全家白骨成灰土，一代红妆照汗青。'使吴逆无地自容。体则元、白，可为史则已如杜也。"

吴伟业还有一组《杂感》诗，其中写吴三桂与陈圆圆者，依然史笔森严，秉笔直言。沈德潜《国朝诗别裁集》说："此《圆圆曲》缩本也。"其诗云：

武安席上见双鬟，血泪青娥陷贼还。
本为君亲来故国，岂因女子下雄关。
取兵辽海哥舒翰，得妇江南谢阿蛮。
快马健儿无限恨，天教红粉定燕山。

首联写吴三桂与陈圆圆在武安侯筵席上相见以及美人陷于李自成起义军后的遭遇。青娥：女子青黛色的眉，用以指代美女。颔联写吴三桂本来是为了崇祯皇帝的旨意去辽东镇守山海关，岂是因一个女子而引清兵入关。颈联以降将哥舒翰喻吴三桂、以妓女谢阿蛮喻歌妓陈圆圆。赵翼《瓯北诗话》："本以降将哥舒翰比吴三桂，然翰无取兵辽海之事；以阿蛮比圆圆，然阿蛮本新丰人，非江南产。"尾联以轻快的笔调写美女陈圆圆在清朝定鼎燕京中的重要作用。

吴伟业毕竟是一诗文大家，有素养，有人格力量。据说《圆圆曲》成后，其中某些辞句意蕴深邃，富有"春秋笔法"，如"恸哭六军俱缟素，冲冠一怒为红颜"与"全家白骨成灰土，一代红妆照汗青"。吴三桂读之不悦，曾馈赠三千金，请诗人改写其诗。吴伟业却执意不肯修改，表现出中国文人的人格魅力。

十二月花神

花神，是鲜花女神。

鲜花是美的象征，美女如花，故以美女为花神。

中国的花神是女夷，又称“花姑”，是主宰春夏万物生长的女神。

西汉刘安《淮南子·天文训》云：“女夷鼓歌，以司天和，以长百谷禽兽草木。”高诱注云：“女夷，主春夏长养之神也。”故明人冯应京《月令广义·岁令一》即以女夷为花神，说：“女夷为花神，乃魏夫人之弟子。花姑亦为花神。”

中国民间传说中以美女为各种鲜花的形象代表者，即有十二月花神。十二月花神，是鲜花的形象大使，也是月份的形象标志。

◆ 正月梅花女神

正月，梅花。梅花女神为寿阳公主。寿阳公主是南朝宋孝武帝刘骏之女，喜爱梅花，庭院种梅。有日独卧含章台檐下，梅花瓣落在她的额头上，形成五出之花，拂之而不去，自后女子有梅花妆。寿阳公主的梅花妆典故，为历代诗人词家所引用，唐诗以梅为题而咏之者有三十多首，宋朝以梅花为国花，宋词之咏梅花及梅花花神者更多。唐人李峤过大庾岭，见梅花而作《梅》诗一首云：

大庾敛寒光，南枝独早芳。
雪含朝暝色，风引去来香。
妆面回青镜，歌尘起画梁。
若能遥止渴，何暇泛琼浆？

此诗之咏梅，借用寿阳公主梅花妆与曹操“望梅止渴”的故事，描写诗人在大庾岭所见梅花的色泽之美与风吹梅花之香，而后以曹操“望梅止渴”之典故反问之，如果可以“望梅止渴”，何暇泛饮美酒？

◆ 二月杏花女神

二月，杏花。杏花女神为杨玉环，即唐玄宗之妃杨贵妃。

杏花，淡红色。以杨玉环为杏花女神，是在于其面色之美如同杏花之美，面色红润，白里透红，淡雅而高贵。

晚唐诗人温庭筠有《杏花》诗一首，描写了杨玉环当年于寒食节在宫中饮酒娱嫔妃以为乐之事（见《开元天宝遗事》）。诗云：

红花初绽雪花繁，重叠高低满小园。
正见盛时犹怅望，岂堪开处已缤翻。
情为世累诗千首，醉是吾乡酒一尊。
杳杳艳歌春日午，出墙何处隔朱门。

此诗吟咏杏花，以杏花之美衬托寒食节杨玉环宴乐之欢。前二联描写杏花之美艳，红白色花瓣，高低重叠，相映生辉；后二联用斗酒学士王绩醉于酒乡的典故，描写杨玉环宴乐之欢，醉酒赋诗，春日融融，艳歌杳杳。然而一个“情为世累”，显示出杏花盛开时节，美人“情为世累”的千般怅望。

◆ 三月桃花女神

三月，桃花。桃花女神为息夫人，即西周诸侯国息国夫人。

桃花，是江南三月盛开的花朵。灼灼桃花，落英缤纷，象征着妙龄少女的秀色可餐与青春活力。

以息夫人为桃花女神，主要是借用“桃李无言，下自成蹊”的成语故事，桃李无言，与息夫人之无言面对楚文王，有其共通之处。息夫人，名妫，是春秋时代息国的美女，息侯的夫人。息国被楚国所灭，息夫人被楚文王霸占为妃。然而息夫人怀念故国，整天不与楚王言语，后自杀身亡。所以，唐代大诗人王维作《息夫人》一诗云：

莫以今时宠，能忘旧时恩。
看花满眼泪，不共楚王言。

王维这首诗还记载着一个动人的故事：开元八年（720），王维20岁。唐睿宗之子李宪，武后时立为太子。平王李隆基有功，李宪让太子于隆基，自己被封为宁王。李宪住宅旁边，有一个卖饼的人，娶了一个纤巧白嫩的妻子。宁王一见，就授意管家奉送丰厚的钱财给卖饼的人，将其妻子娶进宁王府。宁王非常宠爱她。一年以后，宁王询问美人：“你还想念那个饼师吗?”并使之见前夫。美人注视着饼师，双泪垂颊，若不胜情。当时宁王座上有十余个客人，全是文士，见此情景，无不感到凄切。宁王于是命在座文士赋诗，王维最先作成，诗云云。其余文士叫绝，没有敢于为继者。宁王一听此诗，深感内疚，就将美女归还饼师，以了却那一对恩爱夫妻的心愿（见《本事诗·情感》）。

◆ 四月牡丹花女神

四月，牡丹花。牡丹花女神为丽娟，即汉武帝宫女。

牡丹花，豪华富贵，是李唐王朝的国花，有“国色天香”的美誉，象征着中国历史上汉唐盛世的辉煌与富艳弘丽的审美情趣。

丽娟，汉代美女，汉武帝时宫人。她玉肤红润，柔软多姿，吹气宛若兰香。擅长歌舞，每歌，李延年和之。唱《回风》之曲，宫廷之花皆摇落飘零于地。汉武帝生怕她随风飘去，尝以衣带缚住丽娟的衣袖，闭于重幕深宫、云池台榭之中。

伏知道《花品》云："牡丹，真为花之富贵，姚黄魏紫，总无当杨家一捻红，沉香亭北，亦为带笑之看。"四月，以丽娟为牡丹花女神，主要在于其富贵之身与红艳之色，而备受帝王宠爱，如同牡丹之于皇宫，之于富贵人家一样，是"国色天香"。

汉唐盛世，崇尚富丽弘博，牡丹花则如同其赫赫国威一样。特别是李唐王朝，洛阳牡丹备受皇宫贵族与文人士大夫的青睐与追捧。《全唐诗》以牡丹为题的诗篇，就有41首。李白《清平调》三首，每一首都以牡丹为喻，来比拟杨贵妃之美："云想衣裳花想容，春风拂栏露华浓"；"一枝红艳露凝香"；"名花倾国两相欢"。以"露华浓"写牡丹之色，以"露凝香"写牡丹之香，以"名花倾国"写牡丹之美丽绝伦。其他唐才子描写牡丹花的佳作比比皆是，如晚唐诗人罗隐《牡丹》诗云：

似共东风别有因，绛罗高卷不胜春。
若教解语应倾国，任是朝起亦动人。
芍药与君为近侍，芙蓉何处避芳尘。
可怜韩令功成后，辜负秾华过此身。

前三联写牡丹花之美与高贵，占尽春光，倾国动人，以芍药为近侍，使芙蓉无处避芳尘。解语：是说牡丹花懂得人语。据《开元天宝遗事》卷下，唐玄宗曾夸奖杨贵妃为"解语花"。尾联用韩弘典故，赞颂牡丹花不随流俗的人格之美。宋人姚宽《西溪丛话》卷上记载：元和年间，长安种植牡丹花之风盛行，有一本则价值数万。韩弘官至中书令，卸玄武节度使任回到长安，吩咐家人将家中所有牡丹花全部拔除，以表示自己不随流俗。秾华：盛开的牡丹花。

其实，以丽娟为牡丹花女神，还不如以杨贵妃为牡丹花女神贴切。一则盛唐时代长安与洛阳种植牡丹花之风盛行，李唐王朝以牡丹花为国花；二则李唐

王朝的审美情趣承袭大汉帝国，崇尚弘丽，牡丹象征着盛世辉煌；三则杨贵妃本身与牡丹花相似，她是唐代仕女的代表，是富贵型的美女，与西汉宫女丽娟不同，有唐玄宗的赞誉“解语花”与李白的三首《清平调》为证。

◆ 五月石榴花女神

五月，石榴花。石榴花女神为卫夫人，即东晋女书法家卫铄。

石榴，原名“安石榴”，原产于伊朗及中亚、西亚，后传入中国。

石榴花，以红艳鲜丽为特征，万绿丛中一点红，如一团团燃烧的火焰，如妙龄女郎的石榴裙。唐才子元稹《石榴花》诗云：

> 寥落山榴深映叶，红霞浅带碧霄云。
> 麴尘枝下年年见，别似衣裳不似裙。

前二句描写石榴花如红霞，后二句反石榴裙之喻，认为这石榴花是红衣裳而不像红裙子。麴尘，本指酒曲，此以黄桑服比喻石榴枝叶。

五月石榴花女神，以卫夫人卫铄为形象代表，主要是魏晋南北朝时期女子红裙盛行，红如石榴花，故称为“石榴裙”。如梁元帝《乌栖曲》云：“芙蓉为带石榴裙”，就是描写这种服饰风气。

卫铄，字茂漪，东晋河东安邑人。西晋大书法家卫恒的侄女，汝阴太守李矩之妻，人称“卫夫人”。

卫铄之美，在于书法，在于她是东晋著名的美女书法家，尤善隶书，师承著名书法家钟繇，且妙传其法，又敢于创新。相传她曾“删李斯《笔妙》，更加润色”，撰写一篇《笔阵图》，以致书圣王羲之少时曾师从她学习书法艺术，是中国古代书法界的第一美女。

卫铄书法如其人，清新秀丽而不失典雅，俊俏自然而不失庄重，如大家闺秀，似神女临风，若流霞映日。

南朝庾肩吾《书品》将卫夫人之书列为中之上品，而唐人李嗣真《书后品》将其列为上之下品，张怀瓘《书断》卷中将其隶书列为妙品，认为其书法如“碎玉壶之冰，烂瑶台之月，婉然芳树，穆若清风”。清人《佩文斋书画谱》卷十《论书十》引用《唐人书评》云：“卫夫人书如插花舞女，低昂美容；又如美女登台，仙娥弄影，红莲映水，碧沼浮霞。”

卫铄书法之流传者，《淳化阁法帖》卷八保存其行楷书迹 8 行，96 个字，字体相当清秀工巧。

◆ 六月荷花女神

六月，荷花。荷花女神为越女西施。

荷花，亦称“莲花”，是莲荷之茎长出来的鲜花。莲荷原产于印度，其食用、药物、观赏价值很高，而后移植到中国，在江南水乡普遍种植。

荷花具有君子风度，以出污泥而不染著称于世。宋朝理学大师周敦颐曾作《爱莲说》，歌颂荷花“出污泥而不染”的君子风度与人格修养。而后以诗词描写荷花之作迭出，最著名的是北宋周邦彦的词《苏幕遮》与南宋杨万里的诗《晓出净慈寺送林子方》。

周邦彦的词《苏幕遮》作于汴京开封，满怀对故乡的思念。词云：

> 燎沉香，消溽暑。鸟雀呼晴，侵晓窥檐语。叶上初阳干宿雨，水面清圆，一一风荷举。故乡遥，何日去？家住吴门，久作长安旅。五月渔郎相忆否？小楫轻舟，梦入芙蓉浦。

此词写乡思。上片写景，描写初阳风荷之态；下片抒情，叙述自己小楫轻舟的梦中还乡之路，寄予真切的思乡之情。全词清新淡雅，珠圆玉润。其中“叶上初阳干宿雨，水面清圆，一一风荷举”三句，清新可人，意境警拔。王国维《人间词话》说它是“真能得荷叶之神理者”，是词中之眼。燎沉香：烧沉香。沉香，一名沉水，香料。溽暑：潮湿而闷热的天气。呼晴：呼唤天晴。侵晓：近晓，天刚亮。宿雨：昨夜的雨水。清圆：指荷叶青绿圆润。吴门：指苏州。词人籍贯在钱塘，旧属吴郡，故云。长安：此借指京都汴京。芙蓉浦：荷花盛开的港湾，此指西湖。

杨万里《晓出净慈寺送林子方》诗系清早走出净慈寺，为送友人林子方而作。时为宋孝宗淳熙十四年（1187），杨任秘书少监。净慈寺，在西湖南山。林子方，名枅（jī），任直阁秘书。诗云：

毕竟西湖六月中，风光不与四时同。

接天莲叶无穷碧，映日荷花别样红。

毕竟：到底。指西湖六月的风光到底不与四时同。碧：碧绿色。映日荷花：指朝阳照耀下的荷花。别样红：红得不一样。

莲叶接天，荷花映日。一为“绿”，是“无穷”的碧绿；一呈“红”，是“别样”的鲜红。这红绿相衬，交相辉映，淋漓尽致地展现了西湖六月不与四时同的艳丽风光，有如西子出浴，如诗如画，娇艳动人。李商隐《赠荷花》诗云：“世间花叶不相伦，花入金盆叶作尘。惟有绿荷红菡萏，卷舒开合任天真。此花此叶常相映，翠减红衰愁煞人。”这两首荷花诗比较，都注重描写红绿相映的莲荷之美，但审美情趣显然各异：杨万里重在其色彩美，而李商隐重在其“卷舒开合任天真”之美与“此花此叶常相映，翠减红衰愁煞人”之趣。

以美女西施为荷花女神，主要是以其出生地江浙地区为江南水乡多莲荷之故而言的。美女西施，本是春秋末年越国苎萝山区（今浙江省诸暨市南部）一个浣纱女，以其美色而名扬乡里，其地多莲花。西施之美，可与荷花媲美。

◆ 七月葵花女神

七月，葵花。葵花女神为汉武帝之李夫人，即西汉音乐家李延年之妹。

葵花，又名向日葵，以向阳而开为特征。

李夫人，西汉宫廷乐师李延年之女弟，天生丽质，妙丽善舞。李延年受宠于汉武帝，其妹与平阳公主友善，公主推荐于帝，帝亦宠幸之，人称“李夫人”。李夫人英年早逝，汉武帝惋惜万分，特地图画其形象于甘泉宫，思念不已。有方士齐人少翁，言能致其神，招其魂，让其形象再现。于是乃夜张灯设置帷帐，令武帝居于他帐遥望，果然看见一美女如同夫人出现在帷帐之中，时而出帐行走，呼之则不答，汉武帝见之更加伤悲。

李夫人故事，见于《汉书》本传。历代诗人吟咏不绝，仅《全唐诗》就有九首。其中李贺《李夫人歌》云：

璇闺羽帐华烛陈，方士夜降夫人神。
葳蕤半露芙蓉色，窈窕将期环佩身。
丽如三五月，可望难亲近。
嚬黛含犀竟不言，春思秋怨谁能问？

欲求巧笑如生时，歌尘在空瑟衔丝。
神来未及梦相见，帝比初亡心更悲。
爱之欲其生又死，东流万代无回水。
宫漏丁丁夜向晨，烟消雾散愁方士。

李贺这首歌诗，基本上是汉武帝为李夫人招魂故事情节的诗化。其形，其貌，其态，依然是“葳蕤半露芙蓉色，窈窕将期环佩身”，美丽如十五的月亮，如见其人，却不闻其声，不见其笑容。李夫人“嚬黛含犀竟不言，春思秋怨谁能问”，汉武帝“爱之欲其生又死”，伤悲之情比当初李夫人刚死时还要厉害。

以李夫人为七月葵花女神，是因为其心如葵花之向阳，能为方士招魂于汉武帝之目前，让一代帝王能够再次见其美貌面容与窈窕形态。

◆ 八月桂花女神

八月，桂花。桂花女神为徐贤妃。

徐贤妃，即徐惠（627—650），唐太宗之贤妃。《新唐书·后妃传上》记载：徐妃，名惠，湖州长城人（今浙江长兴）。四岁通《论语》《毛诗》，八岁能属文。太宗闻之，召为才人，俄拜婕妤，再迁充容。贞观年间，太宗亲征四夷，徐妃治理后宫，百姓劳怨，徐妃上奏极谏百姓之苦，减轻赋税劳役。太宗善其言，成就贞观之治。太宗崩驾，徐妃哀慕成疾，作五言诗与连珠见意。永徽元年卒，年仅 24 岁。《全唐诗》收录其诗五首。其《拟小山篇》云：

仰幽岩而流盼，抚桂枝以凝想。
将千龄兮此遇，荃何为兮独往？

这是其八岁拟《楚辞·招隐士》之所作，盛传于世。其中有“抚桂枝”之语，实以桂花述其志，故以之为桂花女神。

桂花包含两层意义：一是月中桂花，引出嫦娥奔月的神话故事；二是折桂枝，象征科举进士。

桂花树是中国的古老名贵花木。

桂，从木，圭声。“圭”者，瑞玉也。上圆下方，圭以封诸侯，故从重土，代表着吉祥瑞庆之喜。

桂树，乃是祥瑞之佳木也。

中国先人为桂树与桂花编织了一系列优美的神话传说，将桂树与桂花同

"嫦娥奔月"、"吴刚伐桂"等神话故事联结在一起。

（1）嫦娥奔月

《淮南子·览冥训》云："羿请不死之药于西王母，姮娥窃以奔月。怅然有丧，无以续之。"又曰："羿请不死之药于西王母，姮娥窃之以奔月宫。姮娥，羿妻也。奔入月中为月精。"高诱注云："姮娥，羿妻。羿请不死之药于西王母，未及服食之，姮娥盗食之，得仙，奔入月中，为月精也。"《五经通义》云："月中有兔与蟾蜍。月，阴也；蟾蜍，阳也。而与兔并明，阴系阳也。"张衡《灵宪》云："月者，阴精之宗。积而成兽，象蜍兔。"又云："姮娥奔月，是为蟾蜍。"

（2）月桂

月桂，传说的月中桂树，一名娑罗树。《太平御览》卷九五七引《淮南子》云："月中有桂树。"卷四又引虞喜《安天论》云："俗传月中仙人桂树，今视其初生，见仙人之足，渐已成形，桂树后生焉。"《拾遗记》卷十记载：海上有岱舆山，仙人所居，山有"丹桂、紫桂、白桂，皆直上千寻，可为舟航，谓之文桂之舟"。

（3）吴刚伐桂

唐人段成式《酉阳杂俎·天咫》云："旧言月中有桂，有蟾蜍。故异书言，月桂高五百丈，下有一人，常斫之，树创随合。人姓吴，名刚，西河人，学仙有过，谪令伐树。"

（4）桂林一枝

比喻众美中之杰出者。《晋书·郤诜传》云："（郤诜）累迁雍州刺史，武帝于东堂会送，问诜曰：'卿自以为何如?'诜对曰：'臣举贤良对策，为天下第一，犹桂林之一枝，昆山之片玉。'"

（5）桂子飘香

唐人宋之问《灵隐寺》诗云："桂子月中落，天香云外飘。"陆游《老学庵笔记》卷二记载："张子韶对策有'桂子飘香'之语。赵明诚妻李氏嘲之曰：'露花倒影柳三变，桂子飘香张九成。'"

（6）桂冠诗人

古希腊人曾用月桂树枝叶编织成冠冕，赠予当时著名的英雄或诗人，以表崇敬之心。中古时代的英国大学也曾以此赠送给诗人，到英王詹姆士一世，则专门以此作为英国王室诗人的桂冠，使桂冠诗人成为“润色鸿业”的宫廷诗人。而中国，则历来以“桂冠”指代一个人所获得的崇高荣誉与社会地位。

◆ 九月菊花女神

九月，菊花。菊花女神为左贵嫔。

菊花，是坚强、意志与人生磨炼的代名词。秋菊傲霜，是自然景象，也是人文境界。

“采菊东篱下，悠然见南山。”这是陶潜的隐居，是心灵的恬静。

“荷尽已无擎雨盖，菊残犹有傲霜枝。”这是苏轼的人格，是处世的哲学。

“飒飒西风满院栽，蕊寒香冷蝶难来。他年我若为青帝，报与桃花一处开。”这是黄巢的理想，是改变世界的豪言。

九月菊花，以左贵嫔为菊花女神。

左贵嫔是西晋大文学家左思的妹妹，名芬，少小好学，精通诗文辞赋，名亚左思。晋武帝司马炎仰慕其文名，纳之为妃，封为贵嫔，但因容貌丑陋而未能得宠。左芬以才德文辞见称，武帝看重其文笔辞藻，凡方物异宝，必诏左芬为之赋颂，屡获恩赐。左芬所作，有答兄诗书及杂赋颂数十篇。

◆ 十月芙蓉花女神

十月，芙蓉花。芙蓉花女神为后蜀花蕊夫人费氏。

芙蓉花，指木芙蓉花，是十月盛开的木本鲜花，其花之硕大与艳丽，可与四月盛开的牡丹花相媲美，相辉映。唐人黄滔《木芙蓉》诗云：

黄鸟啼烟二月朝，若教开即牡丹饶。
天嫌青帝恩光尽，留与秋风雪寂寥。

黄鸟：黄莺。饶：多。青帝：东方之帝，即春神。二月的早晨，黄莺鸟在春光之中鸣啼，如果要让木芙蓉花在春天开放，那它就会比四月盛开的牡丹花还要多。上天嫌青帝施尽了春光，于是留下木芙蓉花，让它在秋风中开放，以解飒飒秋风与皑皑白雪的寂寥。

花蕊夫人费氏，一说徐氏，四川青城山人。为后蜀后主贵妃，升为慧妃，别号花蕊夫人。自幼聪慧，能属诗文，长于吟咏。后蜀亡国，归于赵宋。《十国春秋·徐慧妃传》记载：国亡入宋，宋太祖赵匡胤召之慧妃，要她陈诗，诵亡国之由。慧妃诗曰：“君王城上竖降旗，妾在深宫那得知？十四万人齐解甲，可无一个是男儿。”太祖一听，十分高兴。

“十四万人齐解甲，可无一个是男儿。”这是对投降者的莫大讽刺，是古代女性对男人的蔑视与失望。责怪男人们吗？只能怪罪于后主无能。

◆ 十一月茶花女神

十一月，茶花。茶花女神为王昭君。

茶花，即山茶花，是十一月盛开的灌木型木本茶花。厚厚的茶叶，深绿的颜色，衬托着色彩斑斓的花朵，点缀成形，相映生辉，如胭脂，如琥珀，如美女花裙，如诗如画，如梦如幻。明人张新《山茶》诗云：

胭脂染就绛裙襕，琥珀妆成赤玉盘。
似共东风解相识，一枝先已透春寒。

前两句描绘山茶花之美，如胭脂染就的绛红裙襕（lán，衣），如琥珀妆成的赤色玉盘。后两句写一枝山茶花，虽先透春寒，似乎也能解春风之意。

王昭君以美艳著称，以去匈奴“和亲”名世。十一月以美女王昭君为山茶花女神，是因为其能解东风之意，为大汉安边，为汉族与西北少数民族和睦相处，而走向戈壁草原，是友好的使者，是美丽的天使。

◆十二月水仙花女神

十二月，水仙花。水仙花女神为洛神，即古代伏羲氏之女。

水仙花，属于草本花卉。蒜墁似的白苞，韭菜似的绿色箭叶，细长的茎，点缀着黄白色的花，淡雅，洁净，如宓妃。

十二月，以洛水女神为水仙花女神。洛神，即宓妃，洛水女神，传说是古代伏羲氏之女。明人梁辰鱼《水仙花》诗云：

> 幽花开处月微茫，秋水凝神黯淡妆。
> 晓砌露浓空见影，隔帘风细但闻香。
> 瑶台夜静黄冠湿，小洞春深玉佩凉。
> 一段凌波堪画处，至今词赋忆陈王。

前二联描写水仙花之幽、之妆、之影、之香，后二联以陈思王曹植的《洛神赋》写水仙花之神奇美艳。

玉台新咏

从孔夫子编辑《诗三百》于《国风》中而保留诸多情诗到汉魏六朝之亮出“诗缘情”的一面旗帜，情诗乃是中国诗歌的主体之一。

情诗者，言情爱之诗也。

“情诗”之名，出自于“建安七子”之一的徐干《情诗一首》，晋人张华有《情诗五首》。

情诗为何？

情诗是爱河中的一叶扁舟，是爱情甜蜜的一壶红酒，是男女情爱的一瓣心曲，是诗歌王国的白马王子与孔雀公主。

一部《玉台新咏》，十卷，南朝徐陵编辑而成，乃是中国历史上第一部情诗总集，它将汉魏六朝繁荣兴盛的吟咏美人的一代情诗搜罗殆尽，汇编成卷，不仅保留了历代情诗整体面貌，而且开启了中国女性文学史长河的闸门，在悠远绵长的中国文学史上，“真可谓倾国倾城，无双无对者也”（徐陵《玉台新咏序》）。其功莫大焉，善莫大焉！

◆徐干《情诗一首》

徐干（170—217），字伟长，北海（今山东寿光县）人。曾为曹操司空军谋祭酒与五官将文学。《文学先贤行状》谓其“操翰成章，轻官忽禄，不耽世荣。建安中，太祖特加旌命，以疾休息”。著有《中论》，存诗仅七首。

徐干是“建安七子”之一，是建安文学的优秀代表作家。然而，他的文学成就与文学史地位却在“情诗”，是“情诗”的定位者与缔造者。《玉台新咏》收录其情诗七首：一是《室思六首》，描写美女的闺阁之思；二是《情诗一首》，正式为“情诗”立名，是六朝香艳诗风的始作俑者。其《情诗一首》云：

高殿郁崇崇，广厦凄泠泠。
微风起闺闼，落日照阶庭。
峙嵋云屋下，啸歌倚华楹。
君行殊不返，我饰为谁荣。
炉薰阖不用，镜匣上尘生。

绮罗失常色，金翠暗无精。
嘉肴既忘御，旨酒亦常停。
顾瞻空寂寂，惟闻燕雀声。
忧思连相嘱，中心如宿酲。

这首诗题为“情诗”，实际上是写宫怨。宫殿高高地耸立着，广阔的殿堂上却显得凄凉冷落。微风从闺门吹起，落日的余晖照耀着阶庭。美人徘徊在云屋下，凭倚着华丽的窗楹，呼啸着，高唱着。郎君一去很久不返，我再修饰打扮又给谁看呢？香炉薰香全不用了，梳妆镜匣上积满了灰尘。绮丽的衣裳失去了平素的美色，金钗翠钿也变得暗淡无光。美食佳肴不想吃了，美酒也经常不喝了。环顾空荡荡、寂寥寥的四周，我惟有听到燕雀的叫声。忧郁的思念啊连着相别时的声声嘱咐，我心中如同隔夜的醉酒一样。闺闼（tà）：闺门。踟（chí）蹰（chú）：同“踟蹰”，徘徊不前貌。阖：同“合”，全。

◆张华《情诗五首》

张华（232—300），字茂先，范阳方城（今属河北）人。《晋书》称其少博览文典，为太常博士，转兼中书侍郎，后加光禄大夫，封壮武郡公，官至司空。为赵王司马伦与孙秀所害，被诛。著有《博物志》与《张茂先集》。

张华好作艳诗，以辞藻华艳著称于世。钟嵘《诗品》称其诗体“华艳，务为妍冶”，“儿女情多，风云气少”。可谓的评。《玉台新咏》收录其诗七首，其中《情诗五首》、《杂诗二首》，多写儿女之情。今录其一诗云：

北方有佳人，端坐鼓鸣琴。
终晨抚管弦，日夕不成音。
忧来结不解，我思存所钦。
君子寻时役，幽妾怀苦心。
初为三载别，于今久滞淫。
昔邪生户牖，庭内自成林。

翔鸟鸣翠隅，草虫相和吟。
心悲易感激，俯仰泪流衿。
愿托晨风翼，束带侍衣衾。

这首情诗，也是描写闺情，写闺中美女对外出夫君的思念之情。北方一佳人，端坐在屋里弹琴，从早晨到黄昏，整日不成音调。这是为什么呢？原来她正在思念远方久未归的丈夫。接着描写佳人住处的一片凄凉荒芜景象与伤心悲泪，以衬托佳人的相思之苦。最后写佳人的美好意愿：我愿托晨风之翼，去到夫君的身边，束带侍奉他的起居饮食生活。昔邪：乌韭，生长在屋瓦上的苔类。户牖（yǒu）：门窗。衣衾（qīn）：衣服与被子之类。

“佳人不在兹，取此欲谁与?”《情诗》第二首即描写男人在外对闺中少妇的想念之情。“不曾远别离，安知慕俦侣?”诗人并且以“巢居知风寒，穴处识阴雨”的虫鸟作比喻，说明唯有亲身经历离别的人才能体会到相思之苦。

“儿女情多，风云气少。”这是张华情诗的基本特征，也是张华情诗影响一代唐诗宋词的永恒魅力之所在。

◆ 傅玄《燕人美篇》

傅玄（217—278），字休奕，北地泥阳（今属陕西铜川市）人。他生活在魏晋时代，历官御史中丞、司隶校尉等。他学问渊博，精通音律，诗文并茂，以乐府诗见长。著有《傅子》与《傅鹑觚集》。

傅玄与曹植、徐干，都是六朝香艳诗风的先驱者，写的乐府诗大多描写儿女之情与妇女的痛苦哀怨，风格厚实而哀怨，平和而香艳，温柔而婉曲。《玉台新咏》收录其艳诗 15 首，如《豫章行·苦相篇》，描写重男轻女而造成女性的悲苦命运，其他如《青青河边草篇》、《艳歌行·有女篇》、《怨歌行·朝时篇》、《明月篇》、《秋兰篇》、《和班氏诗》等，皆甚有女性文学特色。其《拟北乐府三首》之中有《燕人美篇》一诗云：

燕人美兮赵女佳，其室则迩兮限层崖。

云为车兮风为马，玉在山兮兰在野。
云无期兮风有止，思心多端兮谁能理。

这首骚体诗，描写燕赵美人之美，如神如仙，如颂如歌，颇有一种神奇诡秘之感。燕赵佳人的闺房，远在山崖上，云为车，风为马，玉在山，兰在野。然而，云无期，车无望，风有止，思念的心啊，变化多端，可谁又能理会？

◆ 沈约《梦见美人》

沈约（441—513），字休文，吴兴武康（今浙江德清县）人。他年幼孤贫，笃志好学，博览群书，成为南朝文坛领袖，首倡“四声八病”之说，是“永明体”新格律诗的重要创始人，历仕宋、齐、梁三个朝代，官至尚书令，封建昌侯，卒谥隐。著有《宋书》与《四声谱》，有《沈隐侯集》二卷行世。

梁人江淹有《班婕妤》古诗云：“彩色世所重。”彩色，文采也，色情也。整个齐梁诗风，以香艳绮丽为基本特征，崇尚秀丽与格调，有所谓“永明体”、“宫体诗”、“徐庾体”之兴。这种诗风的兴盛，与文坛泰斗沈约的提倡是分不开的。他倡导“四声八病”之说，与谢朓首创“永明体”，推动“永明声律运动”，使比较自由的中国古诗走向声律严谨的新格律诗，为唐宋诗词的崛起奠定了坚实基础；他注重文采与骈俪，第一个发现与重视刘勰的《文心雕龙》的诗学文化价值，促进了南朝文学理论批评之风的繁荣发展。

沈约艳诗，以辞采情笃为尚，《玉台新咏》收录者有41首之多，其中卷五27首，卷九11首，卷十3首。其中《梦见美人》一诗云：

夜闻长叹息，知君心有忆。
果自阊阖闲，魂交睹颜色。
既荐巫山枕，又奉齐眉食。
立望复横陈，忽觉非在侧。
那知神伤者，潺湲泪沾臆。

这首诗描写梦中所见的美人，不写其美貌姿色，而写其泪眼神伤，突出其相思之苦。阊阖：泛指门。《说文解字·门部》："楚人名门皆曰阊阖。"梦魂相交，故在梦中能够见到美人的容颜。以"巫山枕"与"齐眉食"两个常见的典故描写美人在梦境中热情接待自己的欢快情景。梦醒之后，忽然发觉美人并不在自己的身边，一种失意中的神伤难以抑制心中的悲伤，眼泪如潺潺流水一样。

◆ 江淹《咏美人春游》

江淹（444—505），字文通，济阳考城（今属河南兰考县）人。少以文才名众，梦中郭璞赏识之，奉送五色笔。齐高帝闻其才华，授之尚书驾部郎骠骑参军事。永明三年，兼尚书左丞。后迁金紫光禄大夫，改封醴陵侯。卒，梁武帝萧衍亲自为之素服举哀，谥"宪"。今有《江醴陵集》二卷行世。

江淹是南朝著名文学家，为诗为文，才情横溢。但晚年才思减退，据说是郭璞于其梦中已将"五色笔"索回，故有"江郎才尽"之虞。

江淹诗赋，以写离情别绪见长，以《别赋》为代表，称"黯然销魂者，惟别而已矣"。《玉台新咏》卷五收录其诗仅八首，如《古离别》、《班婕妤》、《张司空离情》、《休上人怨别》、《征怨》等，抒写离情怨别，而将著名的南朝乐府民歌《西洲曲》列为江淹的作品。其中描写美人者，亦仅仅收录其《咏美人春游》一诗，云：

江南二月春，东风转绿萍。
不知谁家子，看花桃李津。
白雪凝琼貌，问珠点绛唇。
行人咸息驾，争拟洛川神。

江南二月，春风吹绿了池塘中的浮萍。一个美人不知是谁家的女儿，正在桃李花开的渡口观看鲜花。她肌肤洁白如雪，貌如琼珠，嘴唇点绛，一副迷人姿色。过路的行人一见，全都停下车驾争相观赏，疑为洛水神女出现在眼前。此诗之写美人春游，情辞凡朴，笔锋落落，却辞采艳丽，画面绚丽，比拟得体，如同一幅江南美女春色图卷。

◆费昶《春郊望美人》

费昶，梁江夏（今属湖北武汉）人。曾任新田令。《南史·文学传》称他“善为乐府，常作鼓吹曲。武帝重之，敕曰：‘才意心拔，有足嘉异。’赐绢十疋”。《隋经籍志》记载：“梁新田令费昶集三卷。”又《南史》称费昶与王子云并为“闾里才子”。

费昶长于乐府，《玉台新咏》收录其乐府诗13首，其中卷六11首，卷九2首，皆为艳诗，描写美女之闺情、闺怨，如《阳春发和气》、《秋夜凉风起》、《采菱》、《长门后怨》、《春郊望美人》、《行路难二首》，鼓吹曲中的《巫山高》、《有所思》、《芳树》等。其中直接描写美人者，是《春郊望美人》一诗，云：

芳郊拾翠人，回袖掩芳春。
金辉起步摇，红彩发吹纶。
汤汤盖顶日，飘飘马足尘。
薄暮高楼下，当知妾姓秦。

诗人在春天的郊外踏春，望见一个美人正在鲜花芳芬的郊外采花拾翠，随风飘逸的芳袖好像掩盖了芳芬的春色；看见美人在春光辉映的花丛中起步，春风吹拂着红色的花瓣与头发上的彩色头巾。头顶着汤汤的春阳，马足上飘逸着花尘。薄暮时分，我急切地想知道她是谁家女。美人玉立在高楼下，她自报“妾是秦氏女”。

◆何思澄《南苑逢美人》

何思澄，字元静，东海郯（tàn，今属山东郯县）人。为安成王记室，累迁侍御史，除武陵王中录事参军。据《南史·文学传》记载：何思澄自幼勤学，工诗文。《游庐山》一诗，深得沈约赞许。《玉台新咏》收录其诗仅3首，其中《南苑逢美人》诗云：

洛浦疑回雪，巫山似丹云。
倾城今始见，倾国昔曾闻。
媚眼随娇合，丹唇逐笑分。
风卷葡萄带，日照石榴裙。
自有狂夫在，空持劳使君。

南苑，是南朝都城南边的一个游览胜地。此诗之写南苑逢美人，首先以洛水女神与巫山神女比喻美人之倾城，而后描写美人的形态：媚眼之娇，丹唇之笑，葡萄带之飘逸，石榴裙之鲜艳，色彩十分艳丽；最后是诗人的感叹。

◆ 萧纲《美人晨妆》

萧纲（503—551），字世缵，梁武帝之第三子，六岁能属文，读书一目十行，辞藻艳丽。因长兄早夭，被立为皇太子，继位为简文帝，后为侯景所弑。存诗两百多首，今传有《简文帝集》辑本。

梁简文帝萧纲是齐梁靡艳华丽文风的主要倡导者，以为“立身之道与文章异：立身先须谨重，文章且须放荡”（《诫当阳公大心书》）。“放荡”，是无所顾忌，无须拘检之意。他所开创的“宫体诗”，以描写宫阁美女及其宫廷生活为主，风格华艳，辞采靡靡，充溢着脂粉气。

《玉台新咏》收录其诗凡97首，其中卷七70首，卷九2首，卷十25首。直接描写美人者，为数较多，诸如《戏赠丽人》、《美人观画》、《美人晨妆》、《美女篇》、《伤美人》、《赋得当垆》、《林下妓》、《娈童》、《咏舞》、《春闺情》、《咏晚闺》、《艳歌曲》、《怨诗》、《听夜妓》、《咏内人昼眠》、《春夜看妓》、《小垂手》、《咏风》、《看摘蔷薇》等，其中《美人晨妆》一诗描写美人晨妆之美，诗云：

北窗向朝镜，锦帐复斜萦。
娇羞不肯出，犹言妆未成。
散黛随眉广，燕脂逐脸生。
试将持出众，定得可怜名。

这是萧纲描写美人的代表作之一，风格不止是艳丽，还有几分平实。清晨，美人起床，锦帐还斜萦着，对着北窗下的镜子梳妆。有人催促美人出闺门，美人娇羞地不肯出来，犹言妆尚未化好。你看她青黛的头发还散乱在宽广的眉宇上，胭脂胡乱地涂抹在脸颊上。凭着这种晨妆，如果试着走出闺门，一定能够得到可爱的名声。

◆ 萧纶《车中见美人》

萧纶，是梁武帝之第六子，聪颖博学，尤其擅长于尺牍，曾任颍州刺史，加征讨大都督，封邵陵王。

萧纶承乃父乃兄余风，为诗亦崇尚艳丽，以艳诗为主，风格浮艳绮美。如其《车中见美人》诗云：

关情出眉眼，软媚著腰肢。
语笑能娇媄，行步绝逶迤。
空中自迷惑，渠傍会不知。
悬念犹如此，得时应若为。

这首诗描写车中所见之美人。前四句描写美人的形态之美，写其眉眼之含情脉脉，腰肢之柔媚多姿，笑语之娇柔动人，行步之逶迤传情。后四句写其在车中的感受，其美之迷惑，让人近在车旁也难以知情，给人的悬念尚且如此，但问其情如何？媄：许慎《说文解字》：“媄，色美也。”逶迤：曲折貌。渠：车镂，指代车子。若为：如何。

◆ 萧子显《代美女篇》

萧子显（489—537），字景阳，南朝齐高帝萧道成之孙，南兰陵（今江苏常州）人。七岁封宁都县侯，入梁，除黄门郎兼黄门侍中，国子祭酒。他是著名的历史学家，曾采集各家《后汉书》，考正异同，而成《后汉书》一百卷（今佚），又撰《齐书》六十卷，今称《南齐书》。

萧子显也是齐梁浮艳诗风的推波助澜者，《玉台新咏》收录其艳诗情曲凡17首，其中卷八乐府2首，卷九杂诗7首、乌栖曲1首，卷十7首。其中《代美女篇》一诗云：

> 邯郸暂辍舞，巴姬请罢弦。
> 佳人淇洧上，艳赵复倾燕。
> 繁秾既为李，照水亦成莲。
> 朝沽成都酒，暝数河间钱。
> 余光幸未借，兰膏空自煎。

这首诗因代曹植《美女篇》而作，多采用典故而写美女的人格之美。前二句用刘劭《赵都赋》“邯郸才舞”与左思《蜀都赋》“巴姬弹弦，汉女击节”之语，描写美女之罢却歌舞：邯郸美女暂且停止了舞蹈，巴蜀美女请求罢却了歌弦。次二句描写淇洧美女与燕赵美女。淇洧：河南境内的淇水与洧水。枚乘《杂诗》谓“燕赵多佳人”，故言艳丽的赵国佳人重又倾倒燕国佳人。再次二句以秾艳的桃李与洁白的莲花比拟美女。后次二句以“朝沽成都酒，暝数河间钱”来写富家美女的富裕生活。末二句以贫家女未借富家女之余光的典故，表达贫女的人格与骨气之美。余光：多余之光。据《战国策》卷四《甘茂去秦》记载：甘茂离开秦国，出函谷关时与苏子相遇，说：“江上之处女，有家贫而无烛者，处女相与语，欲去之。家贫无烛者将去矣，谓处女曰：‘妾以无烛故，常先至扫室布席。何爱余明之照四壁者？幸以赐妾，何妨于处女？妾自以有益于处女，何为去我？’处女相语以为然，而留之。”一支烛光，富家女一人受用，自有余光。贫女为了借富家女之余光，经常先到其室，又是打扫室内，又是布设地席，本来有益于富家女子，而无妨碍于富家女子。兰膏：指蜡烛。

◆ 庾肩吾《咏美人》

庾肩吾，字子慎，一字慎之，南阳新野（今属河南）人。萧纲继位称帝，被任命为度支尚书，官至散骑常侍中书令。他是大文学家庾信之父，文才出众，与刘孝威、江伯摇等十人号称“高斋学士”；又善书法艺术，以品论书，撰写《书品》一书。明人又辑有《庾度支集》本。

庾肩吾与其子庾信都是宫体诗的代表人物，为文为诗，注重文采辞藻，倡导艳丽绮靡文风，与徐摛、徐陵父子共同创造了影响南朝一代文风的“徐庾体”。《玉台新咏》收录庾肩吾艳诗凡17首，直接吟咏美人及其闺思者，有《咏美人自看画应令》、《咏美人》、《有所思行》、《爱妾换马》、《七夕》、《咏舞曲应令》、《咏长信宫中草》、《咏主人少姬应教》、《石崇金谷妓》等。其中《咏美人》一诗云：

绛树及西施，俱是好容仪。
非关能结束，本自细腰肢。
镜前难并照，相将映绿池。
看妆畏水动，敛袖避风吹。
转手齐裾乱，横簪历鬓垂。
曲中人未取，谁堪白日移。
不分他相识，惟听使君知。

这首五言古诗之吟咏美人，从艺术上来看，写得实在拙劣，但是内容厚实。前四句写绛树及西施之美，不在于能打扮，而在于细腰肢。绛树：曹魏时代的歌女名，无从考证。魏文帝曹丕《答繁钦书》云：“今之妙舞莫巧于绛树，清歌莫善于宋臈。”唐冯赞《记事珠》：“绛树一声能歌两曲，二人相听，各闻一曲，一字不乱；人疑其一声在鼻。”宋臈：三国时期善歌之女。又名宋腊。臈：同

“腊”。结束：打扮。中间六句描写美人的种种神态：映绿池，看妆畏水动；敛袖避风吹，转手之间本来整齐的裙裾就被风吹乱了；横簪垂挂在发鬓之下。后四句写美人对时光流逝的敏感，希望能够得到使君的知心。

◆ 刘孝绰《赠美人》

刘孝绰（481—539），本名冉，字孝绰，小名阿士，彭城（今属江苏徐州）人。自幼聪慧，七岁能属文，曾任湘东王谘议参军，历官尚书水部郎。梁天监初，任著作郎，后为秘书监。《南史》称孝绰被其舅王融视为神童，每曰：“天下文章，若无我，当归阿士。”孝绰文章辞藻，为世所宗，每出一篇，好事者皆传诵。时，昭明太子好士爱文，于刘孝绰、殷芸等文士同见宾礼，曾为《昭明太子集》作序。而孝绰仗气负才，有不合己意者，极言诋訾，以致与世乖忤，屡起风波。梁大同五年（539）卒。有文集数十万言，明人辑有《刘秘书集》。

刘孝绰为诗，重艳情，是南朝浮艳诗风的主要传承者之一。《玉台新咏》收录其艳诗凡13首，如《古意》、《春宵》、《冬晓》、《三妇艳》、《淇上戏荡子妇示行事一首》、《夜听妓赋得乌夜啼》、《遥见美人采荷》等，其中《赠美人》诗云：

巫山荐枕日，洛浦献珠时。
一遇便如此，宁关先有期。
幸非使君问，莫作秦罗辞。
夜长眠复坐，谁知阍敛眉。
欲寄同花烛，为照遥相思。

这首题为《赠美人》的五言古诗，先写与美人相遇之欢，以巫山云雨与洛水神女献珠为比喻，突出诗人与美人的前世姻缘。而后将美人与罗敷相比，描写诗人与美人长夜敛眉的情景。阍：同“暗”。阍敛眉：忽然眉头紧锁。末二句以欲寄同花烛，描写与美人别后的相思之苦。

◆ 刘孝威《咏佳丽》

刘孝威（490？—549），刘孝绰、孝仪之六弟。彭城（今江苏徐州）人。初为晋安王主簿，累迁中庶子兼通事舍人。侯景作乱，孝威于围城中逃出，死于安陆。原有集，散佚，明人辑有《刘庶子集》。

刘孝威以艳诗见长，是南朝梁代刘氏家族文学集团的骨干之一。《玉台新咏》收录其《咏佳丽》等艳诗凡10首，其中一首云：

> 双栖翡翠两鸳鸯，巫云洛月乍相望。
> 谁家妖冶折花枝，蛾眉晚睇使情移。
> 青铺绿琐琉璃扉，琼筵玉笥金缕衣。
> 美人年几可十余，含羞转笑敛风裾。
> 珠丸出弹不可追，空留可怜持与谁？

应教：与“应令”、“应制”同义，是根据皇帝的旨意而赋诗者。这首七言古诗之咏佳丽，与《玉台新咏》中其他咏美人之诗者有所不同，既以七言出之，且以拟古为诗，拟古者，摹拟古诗也。前二句以翡翠、鸳鸯，巫山神女与洛水女神比喻佳丽之美；而后问其是谁家美女，妖冶，蛾眉，晚睇，折花枝，都在于突出佳丽之美，使人动情、移情。接着描写佳丽的生活环境与富庶豪华的生活方式：青铺，绿琐，琉璃扉，琼筵，玉笥，金缕衣。再而写佳丽的年纪与含羞转笑敛风裾的美丽神态。末二句以“珠丸出弹不可追”为喻，写诗人面对佳丽所流露出一种爱慕而不可及的叹惋之情。

◆ 江洪《咏美人治妆》

江洪，济阳（今属河南）人。《梁书·文学传》称其与广陵高爽、会稽卢骞“并工属文，为建阳令，坐事死”。

《玉台新咏》收录江洪艳诗凡11首，有《咏歌姬》、《咏舞女》、《咏红笺》、《咏蔷薇》、《采菱二首》、《渌水曲二首》、《秋风二首》，等，满纸都是脂粉气。其中《咏美人治妆》诗云：

上车畏不妍，顾盼更斜转。
太恨画眉长，犹言颜色浅。

治妆：就是梳妆。治，整理也。上车时，美人左顾右盼，生怕自己的梳妆不够艳丽，又为自己的画眉太长而感到遗憾，好像是说自己的美丽颜色化得太浅淡了。

从江洪这首《咏美人治妆》诗，我们可以看到：注重艳丽，是南朝人的审美情趣。无怪乎他们为诗为文，特别讲究色彩，注重辞藻之美。“千金买蝉鬓，百万写蛾眉”（范靖妇沈氏《王昭君叹》）。以徐庾体为代表的香艳诗风，就是在这种人文语境中形成与发展起来的。

◆ 庾信《和咏舞》

庾信（513—581），字子山，南阳新野（今属河南）人。初引建康令，梁元帝承制，任御史中丞，及即位，加散骑常侍。出使西魏，梁朝灭亡，被强留于长安，因之而写脍炙人口的《哀江南赋》，故国之思、亡国之痛，一一流于笔端。在北朝，他被重用，历官北齐、北周，官至骠骑大将军，开府仪同三司。著有《庾子山集》十六卷。

徐庾体是宫体诗与六朝香艳诗风的集大成者。庾信身处六朝骈俪文风的语境之中，又出入南北朝宫廷，为文为诗，承袭齐梁宫体，与其父庾肩吾以及徐摛、徐陵父子齐名，是徐庾体的主要代表诗人。《玉台新咏》收录其艳诗凡13首，其中《和咏舞》诗云：

洞房花烛明，燕余双舞轻。
顿履随疏节，低鬟逐上声。
半转行初进，衫飘曲未成。

鸾回镜欲满，鹄顾市应倾。

已曾天上学，讵似世中生。

这首咏舞诗，本是唱和之作，但其诗笔所及，文辞华丽，其影其声，如同身临其洞房花烛之境，新婚之夜的轻歌曼舞如在眼前。

庾信又有《怨诗》一首，描写美人闺怨，别具一格，采用当时比较少见的六言诗出之。其诗云：

家住金陵县前，嫁得长安少年。

回头望乡泪落，不知何处天边。

胡尘几日应尽，汉月何事更圆。

为君能歌此曲，不觉心随断弦。

这首闺怨诗，与其他同期闺怨诗不同者在于：一是六言诗体；二是怨不在闺阁之中，而在远嫁长安的万里征尘之上；三是寓意深刻，生怨者明为美人，实为诗人，明为出嫁，实为出使。诗人如同出嫁美人一样，家住金陵县前，嫁得长安少年，以诗写自我羁留长安之怨恨，以怨诗写故土离别之痛苦，寄予“胡尘应尽”而“汉月更圆”、江山一统的希望。

比红儿

比红儿，是以古今美女比拟杜红儿之意。

红儿者谁也？据晚唐诗人罗虬《比红儿诗》序介绍，原来是雕阴官妓杜红儿。雕阴，即鄜州，今陕西富县。

晚唐诗人罗虬，台州人，词藻富赡，与罗隐、罗邺齐名，文学史称之为“三罗”。罗虬一生，累举不第，后为鄜州从事。乾符六年（879）为台州刺史，后被人杀害。罗虬以孤篇名世，著有《比红儿诗》七言绝句组诗一百首，编为一卷。

罗虬《比红儿诗并序》指出：“比红者，为雕阴官妓杜红儿作也。美貌年少，机智慧悟，不与群辈妓女等。余知红者，乃择古之美色灼然于史传三数十辈，优劣于章句间，遂题比红诗。广明中，（罗）虬为李孝恭从事，籍中有善歌者杜红儿，虬令之歌，赠以彩，孝恭以红儿为副戎所盼，不令受。虬怒，手刃红儿，既而追其冤，作比红诗。”优劣：品评、比较。据考察，当时的鄜州刺史是李昌孝，“李孝恭”疑为“李昌孝”之误。

罗虬的《比红儿诗》，其写作动机在于忏悔，在于补偿式地赞美与歌颂杜红儿。官妓杜红儿，美丽聪慧，擅长歌舞，非同辈妓女可比。唐僖宗广明庚子之乱（880）后，罗虬为鄜州从事，狂宕无检束，久慕红儿姿色，于是以重彩令杜红儿唱歌。而鄜州刺史李昌孝因为杜红儿被副戎（通“从”）看中，心存介意，则令杜红儿不要接受。因而触怒了罗虬，罗虬亲手杀了杜红儿。鄜州刺史将罗虬逮捕下狱，随即又赦免之。事后，罗虬痛悔不已，为之追冤，而作《比红儿诗》一组七言绝句一百首，极尽形容夸饰之能事，以历史上各色各样的美女来比拟杜红儿之美。

《比红儿诗》乃是罗虬犯罪以后的忏悔之作，是古代描写美女的集大成之作，也是中国古代文人咏叹美女的第一大七言绝句组诗。官妓杜红儿，因此而声名远播，盛传久远。《唐摭（zhí）言》卷十、《北梦锁言》卷十三、《吴越备史》卷一、《唐语林》卷三、《唐诗纪事》卷六十九、《嘉定赤城志》卷八、《唐才子传》卷九，等，均有记其事者。宋人冯曾撰有《比红儿诗话》一卷，清人吴兆宜《玉台新咏注》著录，明人稽留山樵《古今诗话》卷八题为《比红儿诗话》，摘录其中11个简单条目，多简略记述女人之诗事，而无一条涉及红儿者，有其名而无其实。今有台湾广文书局《古今诗话续编》影印稽留山樵《古今诗话》本。

官妓杜红儿命运悲矣，竟惨死在鄜州从事罗虬的刀刃之下；杜红儿的人生遭遇亦幸矣，因为诗人罗虬的《比红儿诗》而千古流芳于诗坛文苑之中。

谁能想象杜红儿之美？罗虬笔下的杜红儿，其无与伦比之美，不是倾城倾国，而是倾倒古今！

现将罗虬的《比红儿诗》，以按语形式，逐首解说之，诠释之。

◆ 其一比拟杨贵妃

姓字看侵尺五天，芳菲占断百花鲜。
马嵬好笑当时事，虚赚明皇幸蜀川。

按：此首以杨贵妃比红儿之美。姓字：红儿姓杜。《辛氏三秦记》云：“城南韦杜，夫天尺五。”前二句以赞美笔调写杜红儿出身与占尽百花之美，后二句以讽刺笔调写杨贵妃死于马嵬坡而使唐玄宗赚得游幸蜀川之机。

◆ 其二比拟绿珠

金谷园中花正繁，坠楼从道感深恩。
齐奴却是来东市，不为红儿死更冤。

按：此首以石崇宠姬绿珠比红儿之美。前二句写绿珠在繁花似锦的金谷园为石崇跳楼自尽；后二句以石崇自比，写石崇为何不为红儿之死叫冤，有自我反省之意。齐奴，石崇小名。

◆ 其三比拟冯小怜

陷却平阳为小怜，周师百万战长川。
更教乞与红儿貌，举国山川不值钱。

按：此首以北齐美女冯小怜比红儿之美。据《北史·后妃传》记载：冯淑妃，名小怜，善琵琶，工歌舞，备受后主宠幸，坐则同席，出则并马，愿得生死一处。周师攻取平阳，帝与淑妃正在三堆狩猎，晋州告急。帝将还，淑妃却要帝再杀一围，帝听从其言，没有立即回晋州解围。等到帝回到晋州时，平阳城池已经快要被周师攻破了。前二句写周师攻陷平阳之事，后二句以调侃嘲弄之语，设想如果给予冯淑妃以红儿之美貌，那么北齐帝君的举国江山就可能更不值钱了。乞：乞讨，乞求。

◆ 其四比拟张丽华

一曲都缘张丽华，六宫齐唱后庭花。
若教比并红儿貌，枉破当年国与家。

按：此首以张丽华比红儿之美。前二句写南朝陈后主为宠妃张丽华谱写《玉树后庭花》；后二句是假设，若以红儿之美比张丽华之貌，那陈叔宝为了张丽华而失去家国就显得冤枉了。

◆ 其五比拟千金买笑

乐营门外柳如阴，中有佳人画阁深。
若是五陵公子见，买时应不啻千金。

按：此首以“千金买笑”反衬杜红儿之尊贵。五陵公子：本指汉室帝王后裔，此泛指富贵子弟。前二句写杜红儿居住之地之美丽春色，衬托佳人之美；后二句以假设写五陵公子若见到红儿，买笑时应该不止千金。《文选》班固《西都赋》李善注：“宣帝葬杜陵，文帝葬霸陵，高帝葬长陵，惠帝葬安陵，景帝葬阳陵，武帝葬茂陵，昭帝葬平陵。”李白《少年行》诗云：“五陵年少金市东，银鞍白马度春风。”

◆ 其六比拟王昭君

青丝高绾石榴裙，肠断当筵酒半醺。
置向汉宫图画里，入胡应不数昭君。

按：此首以美女王昭君比红儿之美。绾（wǎn）：系，盘结着。石榴裙：红裙子。前二句描写王昭君的美貌，后二句叙写王昭君在汉宫的遭遇。据《西京杂记》卷二记载：汉元帝后宫佳丽既多，乃使画工图其形，按图召幸。诸宫女皆贿赂画工，独昭君自恃貌美，不肯贿赂。画工乃丑图之，遂不得召幸。后匈奴入朝求美人，帝按图，以王昭君行。临行，帝见昭君美貌为后宫第一，悔之，遂将画工毛延寿杀之。

◆ 其七比拟潘妃

斜凭栏杆醉态新，敛眸微盻不胜春。
当时若遇东昏主，金叶莲花是此人。

按：此首以南齐东昏侯之潘妃比红儿之美。前二句描写红儿的醉态之美。盻（xì）：美丽的眉目。后二句以红儿比潘妃。金叶莲花：是潘妃步莲花之事。《南史·齐废帝东昏侯纪》记载：东昏侯"又凿金为莲华（花）以帖地，令潘妃行其上。曰：'此步步生莲花也。'"

◆ 其八比拟天台仙女

匼匝千山与万山，碧桃花下景长闲。
神仙得似红儿貌，应免刘郎忆世间。

按：此首以天台仙女比红儿之美。前二句描写天台山春日桃花盛开的美景。匼（kē）匝（zā）：周匝，环绕。后二句以天台仙女比红儿，如果仙女有红儿那样美貌，刘郎就不会思念人间了。刘郎：天台采药者刘晨。据《太平御览》卷六十一引《神仙记》记载：刘晨与阮肇进入天台山采集草药，路程很远，不能及时返回。已经十三天了，肚子饥饿难当，远望山下有许多桃树，桃子熟了。刘阮二人走悬崖险路，攀缘着葛藤而下，到达桃树林，立即摘了几颗桃子吃，填充饥饿的肚子。而后度山，走出一条大溪。溪边有两个女子，面色甚美，见到刘阮持杯喝水，便笑着说："刘阮二郎，捉向杯来！"刘阮二人大吃一惊，二美女却欣欣然如旧时相识，说："二位郎君，来何晚耶？"二美女则邀请刘阮二郎回家。刘郎与阮郎幸遇两个美丽仙女，也许是前世的修缘。尽管仙女体贴入微，刘阮仍然归思难收。临别时，仙女依依相送，指明还路。等刘阮二郎回家，人事变迁，乡邑零落，人世间已经过去十代矣。

◆其九比拟西施

越山重叠越溪斜，西子休怜解浣纱。
得似红儿今日貌，肯教将去与夫差。

按：此首以西施比红儿之美。前二句写西施在越溪浣纱；后二句写如果西施有红儿之美，越王怎么肯教她去侍奉吴王夫差呢？

◆其十比拟胡贵嫔

诏下人间觅好花，月眉云髻选人家。
红儿若向当时见，系臂先封第一纱。

按：此首以胡贵嫔比红儿之美。胡贵嫔，名芳，西晋泰始中被武帝司马炎选为贵嫔，不饰言辞，率尔而答，进退方雅，备受西晋武帝司马炎宠幸。据《晋书·胡贵嫔传》："泰始九年，帝多简良家女子以充内职，自择其美者，以绛纱系臂。”前二句写晋武帝司马炎下诏选美之事。好花：比美女。后二句以红儿比胡贵嫔，如果当时杜红儿在场，系臂先封第一纱者应该是红儿，而不是胡贵嫔。

◆ 其十一比拟甄皇后

锋镝纵横不敢看，泪重玉箸正汍澜。
应缘近似红儿貌，始得深宫奉五官。

按：此首以魏文帝曹丕的甄皇后比红儿之美。前二句以描写战火纷飞中的甄后眼泪来突出甄后之美。锋镝：指刀剑等武器。《三国志·魏书·甄皇后传》注引《魏略》记载：甄皇后原是袁绍之子袁熙的妻子。曹操击败袁绍，破邺城。曹丕进入袁绍官邸，见袁绍妻与其媳妇甄氏。甄氏惊恐，将头伏在姑婆膝上。曹丕命其抬起头来，“见其颜色非凡，称叹之”。曹操知道其意，就将甄氏迎娶之。玉箸：玉石筷子，比喻女人的眼泪。《白孔六帖》卷六十四：“甄后面白，泪双垂，如玉箸。”汍澜：流泪的样子。后二句以红儿之美比甄后，说甄氏长得一副红儿的容貌，才得以进入深宫去侍奉曹丕。五官：指曹丕。建安十六年（211）为五官中郎将。

◆ 其十二比拟窈娘

金缕浓薰百和香，脸红眉黛入时妆。
当时便向乔家见，未敢将心在窈娘。

按：此首以窈娘比红儿之美。窈娘，是武则天时左司郎中乔知之的侍婢。据《旧唐书·乔知之传》记载：窈娘“美丽善歌舞，为武承嗣所夺。（乔）知之怨惜，因作《绿珠篇》以寄情，密送与婢，婢感愤自杀。武承嗣大怒，因讽酷吏罗织诛之”。

◆ 其十三比拟李夫人

通宵甲帐散香尘，汉帝精神礼百神。
若见红儿醉中态，也应休忆李夫人。

按：此首以汉武帝之李夫人比红儿之美。据《汉书·外戚传上》与王嘉《拾遗记》卷五记载：李夫人是汉武帝时代著名音乐家李延年之妹，妙丽善舞。汉武帝召见之，由是得幸，封为夫人。李氏早卒，汉武帝思念不已。方士李少君，齐国人，自称能够招致李夫人之神，乃夜夜张灯烛，设帷帐，令帝居他帐，可以"遥望见好女如李夫人之貌，还幄坐而步，又不得就视"。见此景况，汉武帝愈加思念悲戚，乃作诗曰："是邪？非邪？立而望之，偏何姗姗来迟！"前二句写汉武帝通宵招神思念李夫人的情景；后二句以红儿之美比李夫人，说如果汉武帝见到红儿醉酒时的美貌，就不会如此痴情地思念李夫人了。

◆ 其十四比拟洛水女神

拔得芙蓉出水新，魏家公子信才人。
若教瞥见红儿貌，不肯留情付洛神。

按：此首以洛水女神比红儿之美。前二句写才高八斗的曹植笔下的女神之美如出水芙蓉。魏家公子：指曹植。信：真正。曹植有《洛神赋》，已见前。后二句写如果曹植看见红儿的美貌，就不会将诗情付之于洛神了。

◆ 其十五比拟荀粲之妻

芳姿不合并常人，云在遥天玉在尘。
因事爱思荀奉倩，一生闲坐枉伤神。

按：此首以三国时代荀粲之妻比红儿之美。据《三国志·魏书·荀彧传》注引《晋阳秋》记载：荀粲是荀彧之子，字奉倩，好道术。骠骑将军曹洪之女有美色，容服帷帐尤其美丽。他娶之为妻，夫妻感情甚笃。后其妻病亡，他痛惜不已，说："佳人难再得，顾逝者不能有倾国之色，然未可谓之易遇。"岁余亦去世，时年仅29岁。前二句描写荀粲之妻的美丽姿色与不合常人的生活方式；后二句以荀粲思妻之苦反衬红儿，写荀粲没有幸遇红儿，致使自己一生闲坐枉伤神。

◆ 其十六比拟东家子

笔底如风思涌泉，赋中休谩说婵娟。
红儿若在东家住，不得登墙尔许年。

按：此首以宋玉《登徒子好色赋》描写的东家子比红儿之美。宋玉《登徒子好色赋》云："天下之佳人莫若楚国，楚国之丽者莫若臣里，臣里之美者莫若臣东家之子。东家之子，增之一分则太长，减之一分则太短。着粉则太白，施朱则太赤。"而"此女登墙窥臣三年，至今未许也"。前二句写宋玉《登徒子好色赋》以笔底如风、文思泉涌的创作才能来描写美女。婵娟：比喻美女。后二句以东家子比红儿之美，以调侃之笔写如果东家子是红儿，以红儿之无穷魅力，你宋玉就不可能"女登墙窥臣三年，至今未许"了。故前有宋玉在赋中"休谩说婵娟"之语，饶有趣味！

◆ 其十七比拟贾午

一抹浓红傍脸斜，妆成不语独攀花。
当时若是逢韩寿，未必埋踪在贾家。

按：此首以晋朝贾充之女贾午比红儿之美。据《世说新语·惑溺》与《晋书·贾充传》记载：韩寿，字德真，是个美男子，被贾充辟为司空掾，管理治

安狱吏。贾充每次聚会，贾午即窥视韩寿，心中悦慕之，使婢女暗通消息。韩寿劲捷过人，翻墙而入，与贾午幽会。贾午将皇帝赏赐给父亲的西域奇香送给韩寿，后被人发现，告于贾充。贾充秘而不宣，就将女许配给韩寿。此诗前二句述其事，突出贾午之美丽；然后，后二句以贾午比红儿，说韩寿如果与红儿相逢，就未必会将自己的足迹留在贾家。

◆其十八比拟陈皇后阿娇

树袅西风日半沉，地无人迹转伤心。
阿娇得似红儿貌，不费长门买赋金。

按：此首以汉武帝的陈皇后阿娇比红儿之美。《汉武故事》记载有“金屋藏娇”的故事：阿娇是陈皇后的小名。汉武帝几岁时为胶东王，长公主嫖把他抱在膝上，问道：“儿欲得妇不？”胶东王说：“儿欲得妇。”长公主指着左右长卿百余人，胶东王都说“不要”。最后指其女问道：“阿娇好不？”胶东王笑着回答说：“好！若得阿娇作妇，当作金屋贮之也。”胶东王从小就爱慕阿娇。为帝之后，更是宠幸有加，立即封阿娇为陈皇后。但是阿娇毕竟比汉武帝大几岁，年老色衰，逐渐失宠，最后退居长门宫。陈皇后并不甘心，她不惜以千金为酬请司马相如为之写《长门赋》，以重新唤起汉武帝的良知与夫妇之情。诚如司马相如《长门赋序》所言：“孝武皇帝陈皇后，时得幸，颇妒，别在长门宫，愁闷悲思。闻蜀郡成都司马相如，天下工为文，奉黄金百斤，为相如、文君取酒。因于解悲愁之辞。而相如为文以悟主上，陈皇后复得亲幸。”后世文人乐此不疲地将“千金买赋”传为文坛佳话，说明古代女性对专一爱情与婚姻的执着追求。黄滔《司马长卿》诗云：“汉宫不镇陈皇后，谁肯量金买赋来？”辛弃疾[摸鱼儿]词云：“千金纵买相如赋，脉脉此情难诉。”此诗演义这个故事，前二句描写陈皇后在长门宫的悲惨处境：太阳西沉，树叶在西风中颤动，地面上没有人迹往来，唯有陈皇后的心在悲伤地哭泣。后二句以阿娇比红儿，如果阿娇有红儿之美貌，就不用耗费千金买《长门赋》了。

◆ 其十九比拟杜兰香

五云高捧紫金堂，花下投壶侍玉皇。
从到世人都不识，也应知有杜兰香。

按：此首以仙女杜兰香比红儿之美。据《艺文类聚》卷七十九引晋人曹毗《杜兰香别传》与《搜神记》卷一记载：杜兰香，是神话传说中的仙女，自称是东汉南阳人。有渔父在湘江洞庭之岸，闻有儿啼之声，四顾左右，唯见一三岁女子，怜而养之。十余年后，美丽多姿，光彩照人。忽然有青童灵人自天而降，携带女子而去。临升空之际，对其养父说：“我仙女杜兰香也。”其后，杜兰香下凡，降于洞庭湖之包山，与张硕成亲。传授以道，张硕与渔父一一登仙。五云：五色彩云，是祥瑞的象征。投壶：宴会上的一种饮酒游戏。前二句写仙女杜兰香在天堂玉帝面前的生活情景，显示出她的欢乐与地位。后二句写杜兰香下凡，暗喻红儿就是下凡的仙女。

◆ 其二十比拟褒姒

戏水源头指旧踪，当时一笑也难逢。
红儿若为回桃脸，岂比连催举五烽。

按：此首以褒姒比红儿之美。戏水：水名，在临潼之东，源出骊山。一笑难逢：典故已见前。烽：指烽火报警。

◆ 其二一比拟虢国夫人

虢国夫人照夜玑，若为求得与红儿。
醉和香态浓春睡，一树繁花偃绣帏。

按：此首以虢国夫人比红儿之美。虢国夫人：是杨贵妃的姐姐，嫁予裴氏，天宝七年（748）被封为虢国夫人。唐玄宗赏赐给她稀世珍宝夜明珠。安史之乱中自杀身亡。故事已见前，不述。

◆ 其二二比拟太平公主

知有持盈玉叶冠，剪云裁月照人寒。
若使红儿风帽戴，直使瑶池会上看。

按：此首以武后之女太平公主比红儿之美。前二句描写公主穿戴之美。持盈：指玉真公主李持盈。玉叶冠：太平公主生活豪奢，有冠，以玉为饰，称“玉叶冠”（见《明皇杂录》卷下）。而玉真公主并无此冠，当系诗人误传。后二句以红儿比较之，如果将这美丽的服饰与冠帽给红儿穿戴，那么红儿一定会在西王母的瑶池宴会上占尽光彩。

◆ 其二三比拟杨玉环与寿阳公主

明媚何曾让玉环，破瓜年几百花颜。
若教貌向南朝见，定却梅妆似等闲。

按：此首以杨玉环与寿阳公主比红儿之美。前二句写红儿之美不会输给杨玉环。破瓜：指女子年满十六岁。年几：年纪。后二句写红儿之美可超越寿阳公主之梅妆。如果红儿出生在南朝，那么寿阳公主的梅花妆就不算美了。据《宋书》记载：南朝宋武帝之女寿阳公主于“人日卧于含章檐下，梅花落公主额上，成五出之花，拂之不去，皇后留之。自后有梅花妆，后人多效之”。

◆ 其二四比拟妹喜

世事悠悠未足称，肯将闲事更争能？
自从命向红儿去，不欲留心在裂缯。

按：此首以夏桀宠姬妹喜比红儿之美。裂缯：撕裂丝织品。《太平御览》卷八十二引《帝王世纪》记载：妹喜喜好听撕裂丝织品之声，听之则发出朗朗笑声。夏桀为了听妹喜的笑声，就要人为妹喜撕裂丝绸。

◆ 其二五比拟巫山神女

自隐新从梦里来，岭云微步下阳台。
含情一向春风笑，羞杀凡花尽不开。

按：此首以巫山神女比红儿之美。前二句写巫山神女下阳台之美；后二句写红儿在春风中含情一笑，使百花为之羞涩。巫山神女故事见前，不述。

◆ 其二六比拟青娥

舍却青娥换玉鞍，古来公子苦无端。
莫言一匹追风马，天骥牵来也不看。

按：此首以青娥比红儿之美。青娥：泛指年轻美妙的女子。玉鞍：指代骏马。唐人李亢《独异志》卷中记载：三国时代的曹彰，性心倜傥，偶逢一骏马，甚爱之。可是其主人也非常珍惜。曹彰说：“予有美妾可换，惟君所选。”马主人手指一个美妾，曹彰就以美妾换之。追风马：骏马名。《古今注》云：秦始皇有七匹骏马，其一曰“追风”。天骥，即天马。

◆ 其二七比拟宫妃

槛外花低瑞露浓，梦魂惊觉晕春容。
凭君细看红儿貌，最称严妆待晓钟。

按：此首以宫妃比红儿之美。雕栏外的鲜花被浓浓的瑞露低低地压着，梦魂惊醒以后，已经四处都是炫目的春光。请君细心地看看红儿的美丽容貌，她是最称得上严妆待晓钟、接受朝觐的美人啊！瑞露：祥瑞的露珠。严妆：端庄整齐的装束打扮。

◆ 其二八比拟卓文君

薄罗轻剪越溪纹，鸦翅低垂两鬓分。
料得相如偷见面，不应琴里挑文君。

按：此首以卓文君比红儿之美。前二句以越溪美女西施纺织的轻纱服饰与黑发来突出卓文君之美。雅翅：乌鸦的翅膀，比喻黑发。后二句笔锋陡转，以司马相如写红儿之美，如果相如偷偷见到红儿，那么就不会以琴声挑逗卓文君了。

◆ 其二九比拟南国佳人与楚国宫女

南国东邻各一时，后来惟有杜红儿。
若教楚国宫人见，羞把腰身并柳枝。

按：此首以南国佳人与楚国宫女比红儿之美。曹植《杂诗》：“南国有佳人，容华若桃李。”《管子》：“夫楚王好小腰，美人省食。”《后汉书·马廖传》：“楚王好细腰，宫中多饿死。”

◆ 其三十比拟绿珠

照耀金钗簇腻鬟，见时直向画屏间。
黄姑阿母能判剖，十斛明珠也是闲。

按：此首以绿珠比红儿之美。前二句写其首饰之靓丽，如同画屏美女一样迷人。后二句写石崇以十斛明珠买得绿珠，如果是黄姑阿母能够评判，对于红儿来说，十斛明珠就不算什么了。黄姑：牵牛星，指牛郎织女。阿母：西王母。

◆ 其三一比拟赵飞燕

轻小休夸似燕身，生来占断紫宫春。
汉皇若遇红儿貌，掌上无因著别人。

按：此首以赵飞燕比红儿之美。前二句写赵飞燕之美色超人。紫宫：皇宫。占断紫宫春，言汉成帝封赵飞燕为皇后，美色占尽后宫春色。后二句以红儿比赵飞燕，说汉皇若是遇上杜红儿，那么能在掌上起舞的就是杜红儿，而不是赵飞燕了。

◆ 其三二比拟王鹦鹉

鹦鹉娥如裛露红，镜前眉样自深宫。
稍教得似红儿貌，不嫁南朝沈侍中。

按：此首以南朝宋东阳公主婢女王鹦鹉比红儿之美。前二句描写王鹦鹉的美貌如晨露沾湿的红花。娥：美女，美貌。裛：通“浥”，沾湿。后二句以之比红儿，认为王鹦鹉只要稍稍像红儿一样美貌，就不会嫁给南朝沈侍中了。沈侍中：沈怀远。据《宋书·二凶传》记载，东阳公主死，按照规矩，王鹦鹉应该出嫁。因为王鹦鹉参与太子刘劭、始兴王刘濬以巫蛊之术谋害宋文帝的活动，刘劭等生怕她泄露秘密，乃将她嫁给始兴王刘濬府佐沈怀远。刘劭等叛乱事败，王鹦鹉亦被诛。而沈怀远并未任侍中，是其兄沈怀文曾任侍中。所谓“不嫁南朝沈侍中”，纯系诗人误记，有《宋书·沈怀文怀远传》为证。

◆ 其三三比拟荷花

拟将心地学安禅，争奈红儿笑靥圆。
何物把来堪比并，野塘初绽一枝莲。

按：此首以野塘荷花比红儿之美。前二句描写自己的心态，以反衬红儿的魅力。我本来是想安心打坐，潜心学禅，以排除杂念，无奈杜红儿的笑脸太迷人了。安禅：参禅打坐，入于禅定。争：怎。后二句以荷花初绽比喻红儿之美。何物才堪与红儿的美丽相比并啊，我看只有那野塘初绽的一枝荷花。

◆ 其三四自抒痴情

浸草漂花绕槛香，最怜穿度乐营墙。
殷勤留滞缘何事，曾照红儿一面妆。

按：此首写自己对杜红儿的一片痴情。前二句描写红儿的住处，那是自己最爱去的地方。乐营：乐妓居住之所。后二句回答自己为何“最怜穿度”与“殷勤留滞”，原来是因为与杜红儿一面之缘以后的无穷思念。一个“殷勤留滞”，将他自己在乐营墙外徘徊流连的情景与心绪写得活灵活现。

◆ 其三五比拟火中莲花

雕阴旧俗骋婵娟，有个红儿赛洛川。
常笑世人语诳诞，今朝自见火中莲。

按：此首以火中莲花比红儿之美。前二句写雕阴选美旧俗，一个红儿竟然赛过洛水女神。后二句以火中莲花比红儿之美，诗人采用比衬手法，先写自己常笑世人出语荒诞，而今自己却亲眼见到如火中莲花一般美丽神奇的红儿。火中莲：比喻红儿身陷火坑，却洁身自好，不毁弃自身的洁净之美。《维摩诘经·佛道品》云：“火中生莲花，是可谓希有；在欲而行禅，希有亦如是。”

◆其三六比拟莫愁

渡口诸侬乐未休，竟陵西望路悠悠。
石城有个红儿貌，两桨无因迎莫愁。

按：此首以石城美女莫愁比红儿之美。前二句描写莫愁家乡百姓之快乐。侬：人。竟陵：郡名，治所在石城，今属湖北。后二句以莫愁比红儿，说如果石城有个红儿一样美貌的女子，那里的青年就不会划着小船去迎接莫愁姑娘了。

◆其三七比拟杨伯雍之妻

谁向深山识大仙，劝人山上引春泉。
定知不及红儿貌，枉却工夫溉玉田。

按：此首以杨伯雍之妻比红儿之美。据干宝《搜神记》卷十一记载：杨伯雍家乡无饮水，他到八十里高的无终山上去汲取泉水，供给行路者喝。这种善举感动了神仙，给他一斗石子，要他种在山里，说：“玉当生其中。”杨伯雍无妻，神仙说：“你以后一定会得到一个美丽的妻子。”数年后，果然玉石生于田中。时下，右北平望族徐氏有一女，甚有美行。时人求婚，都没有答应。杨伯雍试探着去求婚，徐父戏弄他说：“你能以白璧一双来，当听为婚。”杨伯雍立即回家，至所种玉田，得白璧五双，作为聘礼。徐父大惊，就将女儿许配给他为妻。前二句描写杨伯雍引春泉而结识仙人之事。后二句以徐氏女比红儿，说徐氏女之美貌一定不及红儿，杨伯雍是枉费工夫种玉田了。

◆其三八比拟燕赵佳人

倾国倾城总绝伦，红儿花下认真身。
十年东北看燕赵，眼冷何曾见一人？

按：此首以燕赵佳人比红儿之美。《古诗十九首》之十二首诗云：“燕赵多佳人，美者颜如玉。”燕赵：古代燕国与赵国所在地，今属北京与河北地区。

◆其三九比拟东家美女

今时自是不谙知，前代由来岂见遗。
一笑阳城人便惑，何堪教见杜红儿。

按：此首仍以宋玉《登徒子好色赋》描写的东家美女比红儿之美。谙(ān)：熟悉。宋玉《登徒子好色赋》称东家子“嫣然一笑，惑阳城，迷下蔡”。东家美女嫣然一笑，使整个阳城与下蔡的人都迷惑得神魂颠倒。阳城、下蔡：均为楚国地名。

◆其四十比拟杜皇后

京口喧喧百万人，竞传河鼓谢星津。
柰花似雪簪云髻，今日妖容是后身。

按：此首以晋成帝杜皇后比红儿之美。据《晋书·成恭杜皇后传》记载：晋成帝时，“三吴女子相与簪白花，望之如素柰。传言天公织女死，为之着服”。不久，杜皇后驾崩，验证了传言。京口：在今江苏镇江的长江南岸。喧喧：人声喧哗，盛传杜皇后辞世之事。柰花：茉莉花，呈白色。妖容：妖艳的容貌，称妖艳的杜红儿是杜皇后的后身。

◆ 其四一比拟齐王后

青史书时未是真，可能纤手却强秦。
再三为谢齐皇后，要解连环别与人。

按：此首以战国时期的齐国王后比红儿之美。据《战国策·齐策六》记载：战国时期，七雄争霸。秦始皇曾派遣使臣前往齐国，送给齐国国君一个玉连环，说：“齐多知（智），能解此环不?”齐王将玉连环公示群臣，群臣皆不知如何解。王后取来椎子，一捶将玉连环砸得粉碎，谢秦国使臣说：“谨以此解之矣。”齐国王后以纤纤玉手解玉连环，使强暴的秦国得以退却，因此在青史上传为佳话。

◆ 其四二写男女合欢之乐

绣帐鸳鸯对刺纹，博山微暖麝微曛。
诗成若有红儿貌，悔道当时月坠云。

按：此首以谢灵运、刘禹锡之诗写男女合欢之乐，寄托诗人对红儿的仰慕与追求之意。前二句描写红儿房中生活环境之美：锦绣罗帐，刺绣鸳鸯的被衿，博山香炉散发着麝香之芳香。后二句抒写自己当时没有与红儿合欢的后悔之情。月坠云，指男女合欢有如月坠云中。晋人谢灵运《东阳溪中赠答二首》云：“可怜谁家妇，缘流洗素足。明月在云间，迢迢不可得。”“可怜谁家郎，缘流乘素舸。但问情若为，月就云中坠。”唐人刘禹锡《泰娘歌》云：“自言买笑掷黄金，月坠云中从此始。”

◆ 其四三比拟半额眉

薄粉轻朱取次施，大都端正亦相宜。
只如花下红儿态，不藉城中半额眉。

按：此首以长安美女之“半额眉”比红儿之美。前二句描写长安美女“半额眉”的美色，无论是薄粉，无论是轻朱，大都端正亦相宜。后二句笔锋陡转，说长安美女之“半额眉”，也只如花下红儿之平常姿态。

◆ 其四四比拟金步摇

妆成浑欲认前朝，金凤双钗逐步摇。
未必慕容宫里伴，舞风歌月胜纤腰。

按：此首以晋朝盛行美女首饰“金步摇”写杜红儿之美。《释名·饰首饰》：“步摇，上有垂珠，步则摇动也。”步摇，始于汉代，而盛行于晋唐时代。据《晋书·慕容廆纪》记载：“时燕代多冠步摇冠，莫护跋见而好之，乃敛发袭冠。诸部因呼之为‘步摇’。其后音讹，逐为‘慕容’焉。”原来以“步摇”为“慕容”者，系语音之讹读也。而慕容氏，为鲜卑族一支。西晋太康十年（289），辽东地方首领慕容廆降晋后，部族迅速发展，西晋末年，五胡乱华之际，先后建立前燕、后燕、南燕等政权。故诗中有“慕容宫”之语。此诗前二句描写美女首饰金步摇之美态；后二句联系慕容氏写红儿未必需要慕容宫里的舞伴，其舞风歌月也能够胜过纤腰之美。

◆ 其四五再比潘妃

琥珀钗成恩正深，玉儿妖惑荡君心。
莫教回首看妆面，始觉曾虚掷万金。

按：此首仍以南齐东昏侯之潘妃比红儿之美，但前面是写潘妃步莲花之美，而此首着重写其服饰之美。据《南齐书·东昏侯纪》记载：玉儿，是潘妃的小名。东昏侯“拜爱姬潘氏为贵妃，乘卧舆，帝骑马从其后”，“潘氏服御，极选珍宝，主衣库旧物，不复周用，贵市民间金银宝物，价皆数倍。虎魄（琥珀）钏一只，直百七十万”。

◆ 其四六比拟孙寿

自有闲花一面春，脸檀眉黛一时新。
殷勤为报梁家妇，休把啼妆赚后人。

按：此首以东汉梁冀之妻孙寿比红儿之美。据《后汉书·梁冀传》记载：孙寿是大将军梁冀之妻，“色美而善为妖态，作愁眉、啼妆、堕马髻、折腰步、龋齿笑，以为媚惑”。赚：骗取。即休想用啼妆来骗取后人。

◆ 其四七比拟赵飞燕之妹赵合德

轻梳小髻号慵来，巧中君心不用媒。
可得红儿抛醉眼，汉皇恩泽一时回。

按：此首以西汉成帝皇后赵飞燕之妹赵合德比红儿之美。慵来：即慵来妆，赵合德的一种美女妆扮。据伶玄《飞燕外传》记载：赵合德特别注重美容，新沐以后，常以九曲沉水香膏为卷发，号“新髻”；又施薄眉，号“远山黛”；施小朱，号“慵来妆”。

◆ 其四八比拟小乔

千里长江旦暮潮，吴都风俗尚纤腰。
周郎若见红儿貌，料得无心念小乔。

按：此首以东吴美女小乔比红儿之美。周郎，即周瑜。《三国志·吴志·周瑜传》云：“孙策欲取荆州，以瑜为中护军，领江夏太守，从攻皖，拔之。时得桥公两女，皆国色也。策自纳大桥，瑜纳小桥。”桥：通“乔”。前二句描写东吴人的社会风俗与审美情趣。尚纤腰：崇尚女子苗条纤腰之美。

◆ 其四九比拟嫦娥

月落潜奔暗解携，本心谁道独单栖？
还缘交甫非良偶，不肯终身作羿妻。

按：此首以后羿之妻嫦娥比红儿之美。前二句写嫦娥偷吃灵药奔月，并非是出于人有孤独本性。后二句以郑交甫遇仙女的故事传说，说明嫦娥奔月是因为不肯终身做羿妻的缘故。暗喻红儿与自己没有缘分。交甫：郑交甫。相传郑交甫在汉皋台下遇见两个仙女，美丽绝伦。交甫请仙女赠送一玉佩，仙女给了他。交甫才行走了十步路，以手探怀中，玉佩已经失去；再回头一看，两个仙女已经消失得无影无踪。（见《文选·江赋》李善注）

◆ 其五十比拟许飞琼

汉皇曾识许飞琼，写向人间作画屏。
昨日红儿花下见，大都相似更娉婷。

按：此首以西王母侍女许飞琼比红儿之美。许飞琼是西王母的侍女，美丽善歌舞。据《汉武帝内传》记载：汉武帝在西王母瑶池做客，“王母乃命诸侍女王子登弹八琅之璈，又命侍女董双成吹云和之笙、石公子击昆庭之金、许飞琼鼓震灵之簧”。前二句描写汉武帝对许飞琼的仰慕，竟将她做成画屏在人间传播；后二句写红儿在花下的美貌与许飞琼相比更加美丽。

◆ 其五一比拟薛夜来

魏帝休夸薛夜来，雾绡云縠称身裁。
红儿秀发君知否，倚槛繁花带露开。

按：此首以魏文帝曹丕宠妃薛夜来比红儿之美。据王嘉《拾遗记》卷七与崔豹《古今注·杂注》记载：薛夜来，原名灵芸，常山人，美丽贤淑，心灵手巧。魏文帝选美，常山太守购之以献给魏文帝。灵芸入宫以后，改名为夜来，深受曹丕宠爱。夜来妙于针线功夫，虽处于深帷之内，亦不用借助灯烛之光，裁制衣服，顷刻即成。曹丕非常喜欢，甚至于非夜来缝制的衣服不穿。因此，宫中号夜来为“针神”。“雾绡云縠”句：形容薛夜来裁制的服饰质地轻柔之美与合身。縠（hú）：绉纱一类的丝织品。后二句以红儿的秀发与夜来缝制的衣服媲美，则更加迷人。

◆ 其五二红儿燕语

晓月雕梁燕语频，见花难可比他人。
年年媚景归何处，长作红儿面上春。

按：此首以晓月雕梁间的频频燕语来写杜红儿之美，以为年年岁岁的春色美景，全都映现在红儿的脸面上。

◆ 其五三比拟夜明苔

逗玉溅盆冬殿开，邀恩先赐夜明苔。
红儿若是三千数，多少芳心似死灰。

按：此首以夜明苔故事泛写历代帝王宠幸的宫妃都不如红儿之美。前二句描写帝王赏赐夜明苔。夜明苔：古代的一种夜明灯。据王嘉《拾遗记》卷九记载：“泰始十年（274），祖梁国献蔓金苔，色如黄金，若萤火之聚，大如鸡卵。投于水中，蔓延于波澜之上，光出照日，如火生水上也。”晋武帝将这些蔓金苔赏赐给自己最宠爱的妃子，又曰：“宫人有幸者，以金苔赐之，置漆盘中，照耀满室，名曰‘夜明苔’。”后二句以帝王后宫三千美女比红儿之美，如果红儿属于这三千佳丽之一，那么再漂亮的宫女在红儿面前也会感到自惭形秽，心似死灰。三千：言其宫女之多。白居易《长恨歌》："后宫佳丽三千人，三千宠爱在一身。"

◆ 其五四比拟七香车

画帘垂地紫金床，暗引羊车驻七香。
若见红儿此中住，不劳盐筱洒宫廊。

按：此首再以晋武帝七香车故事中的嫔妃比红儿之美。前二句描写晋武帝与宫中美女夜生活之豪华奢靡：画帘，紫金床，七香车。后二句以依靠盐筱洒宫廊而暗以帝王宠幸的嫔妃比红儿之魅力。七香车：是以七种珍贵香木制作的木车，专供帝王与嫔妃乘坐。据《晋书·胡贵嫔传》记载：晋武帝多内宠，后宫佳丽将近万人。然而并宠者又多，武帝往往莫知所适，常乘羊御七香车，随羊儿任意将自己带去哪里，到则宴寝其间。宫人乃取竹叶插户，以盐汁洒地，而暗引武帝羊车到来。筱：小竹子。

◆ 其五五比拟苏小小

苏小空匀一面妆，便留名字在钱塘。
藏鸦门外诸年少，不识红儿未是狂。

按：此首以南朝钱塘名妓苏小小比红儿之美。据《乐府诗集》所收录《苏小小歌》题解：苏小小，南齐钱塘著名歌妓。天生丽质，善歌舞，常坐油壁车。南齐以降，历代诗人歌咏其故事，苏小楼、苏小墓者甚众。其中《全唐诗》里涉及"苏小小"者，就出现58次之多，如李贺、权德舆、温庭筠、张祜等人的诗歌。最著名的是李贺《苏小小墓》，诗云：

幽兰露，如啼眼。
无物结同心，烟花不堪剪。

草如茵，松如盖。
风为裳，水为珮。
油壁车，夕相待。
冷翠烛，劳光彩。
西陵下，风吹雨。

苏小小墓，在杭州西湖西泠边；亦说在嘉兴县者，疑为误传。李贺此诗是对古乐府《苏小小歌》的生发，以散文笔法描写苏小小的日常歌妓生活及其墓地冷清的情景，颇能体现李贺“鬼才”及其“昌谷体”诗风具有的冷艳阴晦之美的艺术特色。油壁车：是以青油布蒙壁的人力车。冷翠烛：烛光冷绿色，指所谓“鬼火”。劳光彩：微泛着一丝光彩。古乐府《苏小小歌》云：

我乘油壁车，郎骑青骢马。
何处结同心，西陵松柏下。

藏鸦门：古城门，所指何处，说法不一。有指金陵西门者，正南门者。但以苏小小而言，应该是指钱塘（今杭州）西门，故有“西陵”者。西陵，地名，在钱塘之西。

◆ 其五六比拟歌妓崔徽

一首长歌万恨来，惹愁漂泊水难回。
崔徽有底多头面，费得微之尔许才。

按：此首以唐代著名歌妓崔徽比红儿之美。长歌：指元稹《崔徽歌》。底：何，什么。尔许：如许，如此。据元稹《崔徽歌序》记载：崔徽是河中府著名歌妓。裴敬中以兴元幕府使的身份出使蒲州，与崔徽相从累月，感情甚笃。裴返回时，崔徽因为不能跟随敬中走，而遗恨成疾。有叫丘夏善于摹写人像者，崔徽委托他画像，然后寄送给裴敬中，并有一信曰：“徽一旦不及画中人，且为郎死矣。”唐人元稹为之作《崔徽歌》云：

崔徽本不是娼家，教歌按舞娼家长。
使君知有不自由，坐在头时立在掌。
有客有客名丘夏，善写仪容得艳姿。
为徽持此谢敬中，以死报郎为终始。

此诗应该是歌行体，而《全唐诗》收录此诗，仅为八句，恐非全篇，而是其开篇之辞而已。

◆ 其五七比拟真珠

昔年黄阁识奇章，爱说真珠似窈娘。
若见红儿深夜态，便应休说绣衣裳。

按：此首以牛僧孺美妾真珠比红儿之美。真珠，自号“女宝”，原来是唐德宗时河中晋绛等州节度使李愿的爱姬，死后被宰相牛僧孺纳之为妾。牛僧孺妻子卢肇文引之中寝，会真珠沐发，以手捧其髻，插金钗于两发髻间。牛僧孺即命卢肇文咏诗。卢曰：“知道相公怜玉腕，故将纤手整金钗。”（《中国人名大辞典》民国十年版第 821 页）前二句写牛僧孺之说真珠之美。黄阁：宰相府。奇章：牛僧孺为宰相，封奇章郡公。窈娘：乔知之的爱妾，见前所述。据《唐摭（zhí）言》卷十记载：皇甫松本来是牛僧孺的表外甥，牛僧孺当宰相以后，就是不引荐皇甫。原因是襄阳发大水，皇甫松撰写《大水辨》，极言诽谤朝廷之辞，讽刺宰相有美妾真珠之意，称牛僧孺“夜入真珠室，朝游玳瑁宫”。

◆ 其五八比拟乐昌公主

凤折莺离恨转深，此身难负百年心。
红儿若向隋朝见，破镜无因更重寻。

按：此首以南朝陈后主之妹乐昌公主比红儿之美。前二句抒写自己怒杀红儿的负罪遗恨之心。凤折莺离：比喻红儿已经夭折而死。后二句以乐昌公主与丈夫破镜重圆的故事来寄托他怒杀红儿之后的忏悔与期望之意。据唐人孟棨《本事诗·情感》记载：陈朝末年，时局动乱，乐昌公主与其夫徐德言预感到将要离乱，就将一面铜镜破作两半，各执一半，作为日后相寻的凭据。陈朝灭亡，乐昌公主被隋朝大臣杨素所得。后徐德言流离至京，正月十五日访于都市，遇到苍头卖半镜者，徐德言出示半镜而合之，题诗曰：

镜与人俱去，镜归人不归。
无复嫦娥影，空留明月辉。

苍头将诗带回去，乐昌公主见之，涕泣不食。杨素得知，怆然改容，立即召见徐德言，退还其妻。乐昌公主与其夫终于破镜重圆，闻之者无不感叹。诗人罗虬借此以寄托怀念红儿之情，以为如果能与红儿在隋朝相见，我也要实现与她破镜重圆的梦想。

◆ 其五九比拟李势女

行绾秾云立暗轩，我来犹爱不成冤。
当时若见红儿貌，未必形相有此言。

按：此首以李势女比红儿之美。前二句描写李势女与南康公主妻妾之间的情感纠葛。李势，是成汉之帝李寿之子，字子仁。其父死，僭（jiàn）即帝位，号太和元年（344）。后降于东晋大将桓温，送建康，封归义侯。绾（wǎn）：头发盘绕打结。秾云：形容美发如云。据《世说新语·贤媛》注引《妒记》记载：桓温平定蜀川，以李势之女为妾。其妻南康公主得知此事，就怒气冲冲地拔刀前往，想杀死李势女。到达之后，见李势女在窗边梳头，姿貌端丽，徐徐结发，敛手向主，神色闲正，语言凄婉。南康公主同情怜悯之心油然而生，于是抛下刀刃，前去抱住李势女，动情地说："阿子，我见你亦怜，何况老奴！"

从此，两个妻妾，一老一少，相处甚好。后二句以李势女比红儿之美，说当时南康公主如果见李势女有红儿一样美丽多姿，结果恐怕就不是这样了。

◆ 其六十比拟吴宫美女

总似红儿媚态新，莫论千度笑争春。
任伊孙武心如铁，不辨军前杀此人。

按：此首以吴王阖庐宫美女比红儿之美。前二句描写阖庐宫美女如同杜红儿一样争春的千般媚态；后二句以孙武故事写杜红儿如果出现在阖庐宫美女之中，孙武整肃军纪时要杀的最佳美人一定是红儿。据《史记·孙子列传》记载：齐人孙武以兵法见于吴王阖庐，阖庐出宫中美女一百八十人，令孙武当场练武。孙武将美女分为两队，以吴王宠姬二人为队长，三令五申不准发笑。而美女依然不听，嬉笑不止。孙武怒不可遏，立即将两位美女队长斩首示众，然后再列队操练，宫女队列左右前后跪起，皆符合规矩绳墨，训练有素。日本著名汉诗作者小笠原午桥有《题宫娃肄兵图》一诗云：“一鼓美人笑，再鼓美人颦，三鼓声寂寂，千人如一人。”

◆ 其六一比拟谢安歌妓

暖塘争赴荡舟期，行唱菱歌著艳词。
为问东山谢丞相，可能诸妓胜红儿？

按：此首以晋朝谢安歌妓比红儿之美。据《世说新语·识鉴》注引宋明帝《文章志》记载：谢安为丞相，却纵心事外，疏略常节，在东山蓄妓，游玩山川，纵情歌舞，写作艳词。诗人自信地借问谢丞相：你那些歌妓能够胜过杜红儿吗？

◆ 其六二比拟孙坚夫人

吴兴皇后欲辞家，泽国重台展曙华。
今日红儿貌倾国，恐须真宰别开花。

按：此首以孙坚的夫人吴氏比红儿之美。据《三国志·吴书》本传记载：吴夫人，本是吴郡人，徙居钱塘（今杭州市）。父母双亡，孤独为生。孙坚闻其才貌品格，想娶之为妻。吴家亲戚嫌孙坚轻狡，一一反对。孙坚对自己的个性与恶习，向吴氏深表悔恨之意。于是吴氏对亲戚们说：“何爱一女以取祸乎？如有不遇，命也。”是说哪个爱自己的女儿而情愿让她去闯祸呢？各位亲戚长辈爱我之心，我是领会的。如果我遇人不淑，那就是命运了。于是亲戚们就许婚了。孙坚与吴氏夫妻恩爱，生有孙策、孙权。孙权在东吴称帝后，追尊母亲吴氏为“武烈皇后”。首句称“吴兴皇后”，是因为东吴宝鼎元年（266），分吴郡之阳羡、永安、余杭、临水等九县为“吴兴郡”，故名。又据《搜神记》卷十记载：吴夫人梦月入怀中而生孙策，梦日入怀中而生孙权。真宰：天也。

◆ 其六三比拟平原君爱姬

陌上行人歌黍离，三千门客欲何之？
若教粗及红儿貌，争取楼前斩爱姬？

按：此首以战国时期赵国公子平原君的爱姬比红儿之美。黍离：《诗经·王风》中的诗篇名。《诗序》云：“《黍离》，闵宗周也。周大夫行役至于宗周，过故宗庙宫室，尽为禾黍，闵周室之颠覆，彷徨不忍去，而作是诗也。”闵（mǐn）：亦作“悯”，怀念，忧思。三千门客：平原君，名赵胜，战国时期赵国人，赵惠文王之弟。他与齐国的孟尝君、楚国的春申君、魏国的信陵君，各自府中养有三千门客，因其爱士、养士、礼贤下士，而被《史记》奉为“战国四公子”。据《史记·平原君列传》记载：平原君家楼下是民家，有个跛足者外出汲水，平原君的美姬见之大笑。次日，跛足者上楼面见平原君，请求杀掉这个嘲笑残疾者的美人，以考验平原君礼贤下士的诚意。平原君口头应诺之，但并未实行。一年后，平原君的门客走了一半多。平原君感到奇怪，门客一人解释道："以君之不杀笑躄者，以君为爱色而贱士，士即去耳。"平原君这才恍然大悟。于是，斩美姬，亲自登门向跛足者道歉。此后，平原君门第又宾客临门。争：同"怎"。

◆ 其六四比拟贾大夫之妻

休话如皋一笑时，金髇中臆锦离披。
陋容枉把雕弓射，射尽春禽未展眉。

按：此首以春秋时代晋国贾大夫之妻比红儿之美。据《左传·昭公二十八年》记载：昔者，贾大夫面貌很丑，却娶了一个美女为妻。美女进门，三年不言不笑。一次贾大夫带她乘车去如皋狩猎，一箭射中一只野鸡，她才开始有说有笑。金髇（xiāo）：金属制成的响箭。中臆：中意。后二句以红儿比之，说要是杜红儿，你丑陋的贾大夫就是射尽春禽，也不会舒展眉头的。

◆ 其六五比拟织女

长恨西风送早秋，低眉深恨嫁牵牛。
若同人世长相对，争作夫妻得到头？

按：此首以织女比红儿之美。前二句描写织女年年劳作、织成云锦天衣后，天帝允许她嫁给牛郎的情景。后二句以人间夫妻长相厮守而牛郎织女却只能一年一度两相逢进行比较，一个"争"（怎）字予以反问，表达了诗人对红儿的无穷思念之情。

◆ 其六六比拟才女谢道韫

谢娘休漫逞风姿，未必娉婷胜柳枝。
闻道只因嘲落絮，何曾得似杜红儿。

按：此首以著名才女谢道韫比红儿之美。据《世说新语·言语》记载：谢道韫是西晋安西将军谢奕之女、尚书仆射谢安之从女，从小聪慧有才识。正直大雪纷飞，谢安问："大雪纷飞何所似"？谢安兄之子谢朗曰："撒盐空中差可拟。"谢道韫曰："未若柳絮因风起。"谢安听了谢道韫的比喻，非常喜悦。谢道韫嫁王羲之之大儿王凝之为妻，王羲之、王凝之、王献之父子兄弟三人当中，王凝之的才华与成就最差，故很不满意丈夫无为。回娘家时她风趣地说："一门叔父，则有阿大中郎；群从兄弟，则有封胡羯末。不意天壤之中，乃有王郎?"时同郡张玄之妹亦有才质，嫁于顾家。有济尼者，常游食于二家，曾经说："王夫人神情散朗，故有林下风；顾家妇清心玉映，自是闺房之秀。"

◆ 其六七比拟桃叶

总传桃叶渡江时，只为王家一首诗。
今日红儿自堪赋，不须重唱旧来词。

按：此首以王献之之妾桃叶比红儿之美。王献之是书圣王羲之的小儿子，也是著名书法家。桃叶与王献之之间的情缘，见于《玉台新咏》卷十所收录的王献之《情人桃叶歌》："桃叶复桃叶，渡江不用楫。但渡无所苦，我自迎接汝。"据说王献之常在渡口以歌声送之，后人因名其渡为"桃叶渡"。

◆ 其六八比拟神女

巫山洛浦本无情，总为佳人便得名。
今日雕阴有神艳，后来公子莫相轻。

按：此首仍以巫山神女与洛水女神比红儿之美。前二句写巫山与洛浦因佳人而名世；后二句写后来公子不要轻视当今雕阴（鄜州）有神奇艳丽的红儿。

◆ 其六九比拟杨芷

几抛云髻恨金墉，泪洗花颜百战中。
应有红儿些子貌，却言皇后长深宫。

按：此首以晋武帝皇后杨芷比红儿之美。据《晋书·后妃传上》记载：杨芷，字季兰，小号男胤，美貌异常，是太傅杨骏之女，元后杨艳之从妹。元后临终时，请求晋武帝立杨芷。咸宁二年（276），杨芷被立为皇后。晋武帝驾崩，杨芷被尊为皇太后。惠帝贾后，因妒忌杨骏执权，诬告杨骏为乱，欲诛杀之。杨芷为了救父，以帛书写"救太傅者有赏"几个字，用箭射于城外。贾后以皇太后杨芷为同逆，废皇太后为庶人，贬谪到金墉城（洛阳西北角）居住。贾后杀杨骏及其妻子庞氏，临刑时，杨芷抱着庞氏大声号叫，截发叩头，上表给贾后，以自己称妾来保全母亲性命，贾后不予理睬。永熙元年（290），杨芷愤然绝食而死。些子：少许，些许。

◆ 其七十比拟韩凭之妻

倚槛还应有所思，半开香阁见娇姿。
可中得似红儿貌，若遇韩朋好杀伊。

按：此首以战国时期韩凭之妻比红儿之美。前二句描写韩凭妻之娇姿与相思；后二句以韩凭妻比红儿之美。好杀伊：犹如口语"好了你"。杀：通"煞"。伊：你。这是一个悲怆而感人的爱情故事。据干宝《搜神记》卷十一记载：韩凭（或作韩朋），战国时期宋国大夫，其妻何氏姿色美艳，被康王抢夺而去，韩凭被捕，命其去修建青陵台。其妻决定以自杀相许，秘密寄书信于韩凭，书云："其雨淫淫，河大水深，日出当心。"韩凭如约，于青陵台自杀。何氏乃暗暗地将自己的衣服腐蚀，以便跳台时抓不住衣服。与宋康王登青陵台，何氏在台上吟诵一曲《乌鹊歌》云：

南山有乌，北山张罗。
乌自高飞，罗当奈何？
乌鹊双飞，不乐凤凰。
妾是庶人，不乐宋王。

罗：罗网。何氏歌罢，突然跃身一跳，自投高台而下。康王左右迅速牵住其衣服。然而衣服早被何氏暗中腐蚀了，衣不胜手，于是被撕裂，何氏坠死台下。康王一看衣带，大怒，原来上面有其遗书云：“愿以尸与（韩）凭合葬！”而后又得其写给丈夫韩凭的密信，王不得其解，询问苏贺，苏贺解释道：“雨淫淫，愁且思也；河水深，不得往来也；日当心，有死志也。”宋康王乃命左右将其夫妇分别埋葬，两座坟墓隔离相望。然而一天之后，忽有梓木生长于两墓，连根于下，枝叶连于上，有二鸟如鸳鸯者，常栖息于树上，旦暮悲鸣。时人听之，莫不泪下，以为是韩凭夫妇之精灵的化身。

◆ 其七—比拟张敞之妻

晓向妆台与画眉，镜中长欲助娇姿。
若教得似红儿貌，走马章台任道迟。

按：此首以汉人张敞之妻比红儿之美。据《汉书·张敞传》记载：张敞，字子高，西汉平阳人。汉宣帝时任京兆令，执法严明，市无偷盗。然而，他自己并无威仪，尝走马章台街，自以便面拊马。便面，是古代用以遮面的扇子状物品。在家，他是模范丈夫，常为妻子画眉毛。长安中流传着“张京兆眉怃”的谚语。宣帝问他是否当真，张敞对答说：“臣闻闺门之内，夫妇之私，有过于画眉者。”宣帝没有责备他。后来，因与杨恽关系好，杨恽被诛时，张敞亦被免职。数月后，京师警鼓四起，冀州盗贼纵横。宣帝思念其功，则召拜为冀州刺史，冀州盗贼顿时屏息。

◆ 其七二比拟弄玉

练得霜华助翠钿，相期朝谒玉皇前。

依稀有似红儿貌，方得吹箫引上天。

按：此首以秦穆公之女弄玉比红儿之美。弄玉的故事已见前述，此诗前二句写弄玉上天以后的生活情景；后二句以弄玉比红儿之美，认为弄玉如果像红儿一样美丽，就用不着依靠吹箫引凤凰上天了。依稀：仿佛。

◆ 其七三比拟王导美妾

重门深掩几枝花，未胜红儿莫大夸。

王相不能探物理，可能虚上短辕车。

按：此首以晋朝著名丞相王导的众多美妾比红儿之美。据《晋书·王导传》记载：王导之妻曹氏心性嫉妒，自我保护意识很强。王导收纳众多美妾，又生怕妻子知道，就秘密地营建豪华别馆，以安置美妾们生活起居。其实，哪有不透风的墙。曹氏得知消息，准备去别馆探究实情。王导害怕美妾们受曹氏辱骂，立即命驾前往，又惟恐赶不上，故以所执麈尾柄驱牛而去。司徒蔡谟闻之，戏弄王导说："朝廷欲加公九锡（赐）。"王导不明所以，不知道蔡谟话中的含义，只是谦退而已。蔡谟又说："不闻余物，惟有短辕犊车、长柄麈尾。"王导这才懂得其意，勃然大怒。物理：事物的原理与人事规范。

◆ 其七四比拟神人覆玉衣

前代休怜事可奇，后来还出有光辉。

争知昼卧纱窗里，不见神人覆玉衣？

按：此首以魏文帝曹丕的甄皇后幼年“神人覆玉衣”的故事比红儿之美。据《三国志·魏书·甄皇后传》注引《魏略》记载：甄皇后年幼时，每次寝寐，仿佛见有人持玉衣覆盖在自己的身上。父母询问术士刘良，刘良说：“此女乃贵不可言。”汉魏时期，方术盛行于世。“神人覆玉衣”的传说，似乎甄皇后的富贵生涯乃是命中注定。争知：怎知。这是诗人为美女杜红儿鸣不平，怎么红儿就不见有“神人覆玉衣”的富贵之命呢？

◆其七五比拟仙女下凡

羽化尝闻赴九天，只疑尘世是虚传。
自从一见红儿貌，始信人间有谪仙。

按：此首以下凡的仙女比红儿之美。前二句写天上的神仙境界，后二句以下凡之仙女比红儿之美。羽化：道教追求的一种凡人登仙的理想境界。九天：天之最高者；一说九为阳数，九天即天。尘世：红尘世界，指人间。谪仙：被天上神仙世界贬谪到尘世间的仙女。

◆其七六比拟修成君

从道长陵小市东，巧将花貌占春风。
红儿若是同时见，未必伊先入紫宫。

按：此首以汉武帝同母异父之姐修成君比红儿之美。据《汉书·孝景王皇后传》记载：汉武帝母王太后微时，原为金王孙之妻，生有一女名俗，寄居在民间。汉武帝即位后，韩嫣告诉汉武帝此事，武帝乃亲自前往迎接大姐。其姐家住在长陵小市，武帝直接到达门口，使左右进去求之。家人惊恐万状，其姐逃匿。而后左右将她扶将出拜，武帝下车而立，说：“大姐，何藏之深也！”武帝将其大姐载至长乐宫，一同去拜谒母亲王太后，并封大姐为修成君。伊：她，指武帝大姐。紫宫：皇宫。

◆ 其七七比拟莺莺

人间难免是深情，命断红儿向此生。
何似前时李丞相，枉抛才力为莺莺。

按：此首以唐朝诗人李绅《莺莺歌》中的莺莺比红儿之美。李丞相：诗人李绅（772—846），常州无锡人。会昌二年（842）充任丞相，故言。李绅《莺莺歌》描写莺莺的身世遭遇，是继元稹《莺莺传》传奇之后的第一篇写莺莺的诗歌。《全唐诗》仅收录其中首 1 节 8 句，今人陈贻焮主编之《增订注释全唐诗》卷四七二增补为 4 节 42 句，基本上是莺莺故事的诗化本，与元稹《莺莺传》传奇本相合，对《董解元西厢记》影响特别大。

◆ 其七八比拟赵昭仪

凤舞香飘绣幕风，暖穿驰道百花中。
还缘有似红儿貌，始道迎将入汉宫。

按：此首以赵飞燕之妹赵昭仪比红儿之美。据《西京杂记》卷一记载："赵飞燕女弟居昭阳殿，织珠为帘，风至则鸣，如珩佩之声。殿上设九金龙，皆衔九子金铃，五色流苏，带以绿文紫绶、金银花镊。每好风日，幡旄光影，照耀一殿，铃镊之声，惊动左右。"又云："赵后体轻腰弱，善行步进退；女弟昭仪不能及也。但昭仪弱骨丰肌，尤工笑语。二人并色如红玉，为当时第一，皆擅宠后宫。"

◆ 其七九比拟王敦诸美妓

休道将军出世才，尽驱诸妓下歌台。
都缘没个红儿貌，致使轻教后阁开。

按：此首以东晋王敦诸美妓比红儿之美。王敦，字处仲，晋元帝时官至大将军。王敦蓄妓，美女如云。《世说新语·豪爽》记载：王敦"尚荒恣于色，体为之弊。左右谏之，处仲曰：'吾乃不觉尔，如此者甚易耳。'"从此，王敦乃开设后阁，将数十婢妾驱赶出阁，任其所至。荒淫如此，时人感叹不已。

◆ 其八十比拟冯婕妤

冯媛须知住汉宫，将身只是解当熊。
不闻有貌倾人国，争得今朝更比红。

按：此首以汉元帝的冯婕妤比红儿之美。据《汉书·外戚传下》记载：建昭年间，汉元帝去虎圈观看斗兽，后宫美女都在座。熊逃逸出圈，攀栏欲上殿。左右贵人傅昭仪等，皆受惊吓而逃，唯有冯婕妤直前而立，挡住大熊上殿。左右武士乘机杀死大熊。元帝问道："人情惊惧，何故前当熊？"冯婕妤回答说："猛兽得人而止。妾恐熊至于御坐，故以身当之。"元帝对冯婕妤舍身救主的行动嗟叹不已，从此更加敬重冯婕妤，而傅昭仪等皆深感惭愧。争得：怎么能够。

◆ 其八一泛比神话传说

能将一笑使人迷，花艳何须上大堤。
疏属便同巫峡路，洛川真是武陵溪。

按：此首以楚地美女神话与民间传说泛比红儿之美。一笑使人迷：已见前诗之三九注。南朝乐府民歌《襄阳乐》云："朝发襄阳城，暮至大堤宿。大堤诸女儿，花艳惊郎目。"疏属：山名，即雕阴山，在杜红儿家乡鄜州西南。巫峡路：指巫山神女事。洛川：指洛水女神。武陵溪：指桃花源，在今之湖南省常德市之桃源县境内，因有东晋著名诗人陶渊明的《桃花源记》而名世。

◆ 其八二比拟班婕妤

辞辇当时意可知，宠深还恐宠先衰。
若教得似红儿貌，占却君恩自不疑。

按：此首以汉成帝之班婕妤比红儿之美。班婕妤，是西汉班况之女，贤才通辩，被汉成帝选入宫，备受恩宠，封婕妤。辇：皇帝的专车。据《汉书·班婕妤传》记载：成帝游于后庭，尝欲与班婕妤同乘帝车而行，班婕妤推辞，说："观古图画，贤圣之君皆有名臣在侧，三代末主乃有嬖（bì）女。今欲同辇，得无近似之乎？"意思是说：您看古代圣贤之君的身边都是名臣，只有夏商周三代末主旁边才是自己宠幸的美妃宠姬。您现在要我与皇上同坐帝车，不是近似三代末主了吗？成帝听其言有道理，就放弃了。皇太后听到班婕妤这番话，非常高兴，赞叹道："古有樊姬，今有班婕妤。"

◆ 其八三比拟名妓真娘

三吴时俗重风光，未见红儿一面妆。
好写妖娆与教看，便应休更话真娘。

按：此首以三吴名妓真娘比红儿之美。据《吴地记》记载：真娘，是唐代三吴佳丽，其墓在苏州虎丘剑池之西。往来文士，题咏甚多。白居易《真娘墓》诗云："真娘墓，虎丘道。不识真娘镜中面，惟见真娘墓头草。"

◆ 其八四比拟楚庄王美人

波平楚泽浸星辰，台上君王宴早春。
毕竟章华会中客，冠缨虚绝为何人？

按：此首以楚庄王美人比红儿之美。据《韩诗外传》卷七记载：楚庄王夜晚宴饮群臣将帅，忽然灯光全灭了，满座漆黑。有一人醉酒后，乘黑牵王美人的衣襟，美人气愤地将那人的冠缨扯了下来，并告诉楚庄王说：“有人牵扯妾的衣襟，我把他的冠缨扯下来了。”美人要楚庄王查办。楚庄王不肯，说：“饮人以酒，而责人以礼，吾不为也。”于是就诏令群臣全部将冠缨扯下来，说：“与寡人饮，不绝缨者，不为乐也。”再重新点上蜡烛，群臣官帽上带子全部光了，不知美人所绝缨者是谁。庄王与群臣尽情饮酒为乐。楚庄王在宴饮上的言行与宽厚待人，深深感动了绝缨者。后来，吴国攻打楚国，在战斗中，楚庄王看到一个特别勇敢奋战以护卫皇上的人。战斗胜利结束后，楚庄王欲嘉奖他，他坦诚地回答说：“臣，先殿上绝缨者也。”

◆ 其八五比拟董双成与麻姑

红儿不向汉宫生，便使双成谩得名。
疑是麻姑恼尘世，暂教微步下层城。

按：此首以西王母侍女董双成与麻姑比红儿之美。双成：西王母侍女董双成，善吹云和之笙。谩：徒然。麻姑：传说是汉桓帝时代的仙女，西王母生辰，有麻姑献寿。她与神仙王方平（远）降至蔡经家，变成一个美丽的女子，年纪十八九岁，头顶上作发髻，余发垂腰，衣服上有花纹，不是锦绣，但光彩耀目。事见葛洪《神仙传》卷七。尘世：凡人世界。层城：神仙居住之地，在昆仑山顶。一曰天庭，是天帝之所居。

◆ 其八六比拟汉皋仙女

天碧轻纱只六铢，宛如含露透肌肤。
便教汉曲争明媚，应没心情更弄珠。

按：此首以汉皋仙女比红儿之美。六铢：指六铢衣，是仙人所着之衣，极其轻薄。铢：重量单位，二十四铢为一两。汉曲：汉皋之曲。曲：江岸。弄珠：《文选·南都赋》云：“游女弄珠于汉皋之曲。”李善注引《韩诗外传》：“郑交甫将南适楚，遵彼汉皋台下，乃遇二女，佩两珠，大如鸡之卵。”

◆ 其八七比拟沈腰之美

共嗟含恨向衡阳，方寸花笺寄沈郎。
不似红儿些子貌，当时争得少年狂。

按：此首以“沈腰”比红儿之美，以“衡阳雁”寄托诗人对红儿的相思之苦。据《梁书·沈约传》记载：沈约与徐勉素来友善，给徐勉写信陈情说：“百日数旬，革带常应移孔，以手握臂，率计月小半分。以此推算，岂能支久?”从此，人们以“沈腰”比喻人因病或相思而消瘦。

◆ 其八八比拟桃花

浅色桃花亚短墙，不因风送也闻香。
凝情尽日君知否？还似红儿淡薄妆。

按：此首以桃花比红儿之美。前二句描写盛开的桃花。亚短墙：低垂在矮矮的墙角。亚：通“压”。后二句以凝结着深情的桃花来比拟红儿淡薄素妆之美。

◆ 其八九比拟樱桃

火色樱桃摘得初，仙宫只有世间无。
凝情尽日君知否，直似红儿口上朱。

按：此首以樱桃比红儿之美。樱桃：蔷薇科，果实小，圆形，鲜红色，长柄。多以樱桃比喻美女的嘴唇小而红润。

◆ 其九十比拟花气

宿雨初晴春日长，入帘花气静难忘。
凝情尽日君知否？真似红儿舞袖香。

按：此首以春日的花气比红儿之美。花气：鲜花有二气：一是草木之气，富有一种无穷的生命力；二是香气，沁人肺腑，具有一种迷人的魅力。诗人以花气比红儿之美，在于显示红儿的魅力让他一生难忘。

◆ 其九一比拟碧池初月

初月纤纤映碧池，池波不动独看时。
凝情尽日君知否？真似红儿罢舞眉。

按：此首以碧池初月比红儿之美。初月如钩，纤纤映碧池，令诗人独自欣赏不已；初月如红儿的舞眉，凝结着爱怜的深情。

◆ 其九二比拟梅花

浓艳浓香雪压枝，袅烟和露晓风吹。
红儿被掩妆成后，含笑无人独立时。

按：此首以雪中梅花比红儿之美。前二句描写雪中的梅花：浓艳的花瓣，浓郁的梅香，压枝的白雪，袅袅的轻烟，带露的形态，吹拂的晓风……这是梅花的世界，美艳的人生。后二句以雪中梅花比红儿之美，一个“掩妆”，一个“含笑”，显示出红儿的个性与人格魅力。

◆ 其九三比拟踏歌娘

楼上娇歌枭夜霜，近来休数踏歌娘。
红儿谩唱伊州遍，认取轻敲玉韵长。

按：此首以民间踏歌娘比红儿之美。踏歌：起源于西汉的一种民间歌舞形式。男女手牵手，按着鼓点踏歌，欢乐无极。伊州：流行于西凉的乐曲，唐朝引进后，演变成大曲。认取：记取，记得。

◆ 其九四比拟谢阿蛮

金粟妆成扼臂环，舞腰轻转瑞云间。
红儿生在开元末，羞杀新丰谢阿蛮。

按：此首以唐玄宗时代的舞伎谢阿蛮比红儿之美。据《明皇杂录》记载：谢阿蛮，新丰舞女，常入长安宫中，唐玄宗与杨贵妃遇之甚厚。前二句极写谢阿蛮舞蹈服饰装扮与舞姿之美：扼臂环上的金星，轻转着舞腰如在瑞云之间。后二句说红儿生不逢时，如果生在唐玄宗开元天宝年间，一定会羞煞了谢阿蛮。

◆ 其九五比拟武媚娘

君看红儿学醉妆，夸裁宫缬砑裙长。
谁能更把闲心力，比并当时武媚娘。

按：此首以武媚娘比红儿之美。醉妆：唐代女子醉酒后的一种装束打扮：脱冠，着道士服，施朱粉。宫缬（xié）：皇宫用的有花纹的丝织品。砑裙：用石碾磨制而成的布帛所制作的裙子。据《旧唐书·高宗皇后武氏传》记载：唐太宗李世民闻武士彟（yuē）之女美艳，即召为“才人”，赐号“媚娘”。这就是以后赫赫于中国历史上的第一个女皇帝武则天。

◆ 其九六比拟栀子同心

栀子同心裛露垂，折来深恐没人知。
花前醉客频相问，不赠红儿赠阿谁？

按：此首以栀子表示与红儿同心之意。栀（zhī）子：俗称“黄栀子”，茜草科，常绿灌木，叶片相对而生。裛：同“浥”，沾湿。阿谁：就是“谁”。

◆ 其九七比拟翡翠鸳鸯

云间翡翠一双飞，水上鸳鸯不暂离。
写向人间百般态，与君题作比红诗。

按：此首以翡翠与鸳鸯为比喻抒写诗人创作《比红儿诗》的动机：写尽红儿百般媚态，让人间共同分享红儿的美色，并表示自己愿与红儿比翼齐飞，永不分离。

◆ 其九八比拟息夫人

旧恨长怀不语中，几回偷泣向春风。
还缘不及红儿貌，却得生教入楚宫。

按：此首以楚国息夫人比红儿之美。据《左传·庄公十四年》记载：息夫人，春秋时期息国国君之夫人，姓妫（guī），美貌多姿，史称“息妫”。公元前680年，楚文王灭息国，强迫息夫人为妻。虽然楚王宠幸她，又生育了堵敖与成王二子，但息夫人在宫中常以泪洗面，少言寡语。楚文王问她是为何故。息夫人回答说：“吾一妇人，而事二夫，纵弗能死，其又奚言？”意思是：我作为一个妇道人家，却侍奉了两个丈夫，纵然不能去死，还有什么话可说呢？而后，息妫终于自杀身亡。奚：疑问代词，哪里，什么，怎么。王维《息夫人》一诗云：

莫以今时宠，能忘旧时恩。
看花满眼泪，不共楚王言。

息夫人“不共楚王言”的人格魅力，多为唐人所称赏。宋之问、汪遵、罗隐等唐代诗人都以诗吟咏之，歌颂之。

◆ 其九九比拟爱慕鄂君之越女

一舸春深指鄂君，好风从度水成纹。
越人若见红儿貌，绣被应羞彻夜薰。

按：此首以爱慕鄂君之越女比红儿之美，借以表达诗人自己对红儿爱恋之情之深。据西汉刘向《说苑·善说》记载：鄂君，春秋时期楚王之母弟，名子皙，官令尹。他驾舟于新波之中，乘清翰之舟，张翠绿色的帐篷，会钟鼓之音。越女亦泛舟而来，唱《越人之歌》云：

今夕兮何夕兮，搴（qiān）洲中流。
今日兮何日兮，得与王子同舟。
蒙羞被好兮，不訾垢耻。
心几烦而不绝兮，知得王子。
山有木兮木有枝，心说（悦）君兮君不要知。

听到越女大胆地表露自已对王子的爱恋，王子于是挥动着长袖，船行至越女舟边，将越女拉上船去，紧紧地拥抱着，然后拿起锦绣鸳鸯被，覆盖在越女身上……

◆ 其一百再比窈娘

花落尘中玉堕泥，香魂应上窈娘堤。
欲知此恨无穷处，长倩城乌夜夜啼。

按：此首再以窈娘比红儿之美，以表达诗人自己对红儿无尽的怀念之情。前二句写红儿之死如花落尘中、玉堕泥里，而现在她的香魂应该上了窈娘堤啊。后二句写诗人自己无穷的遗恨，就像长倩城乌夜夜啼哭一样。名为写窈娘，实际写红儿；名为写红儿，实际写自我。是悔恨，还是怀念？是爱恋，还是情殇？是自醒，还是痛惜？

作为诗人的罗虬与怒杀红儿的罗虬，判若二人：后者专横凶狠，前者痴情痴性，以诗笔写红儿，以千古美人比红儿，才情奔放，思致缠绵，宛如一个千古难觅的唐才子情种。

结语：

读着这一百首《比红儿诗》，笔者感慨良多。一个普通的地方官妓，死于暗恋自己的男人罗虬的刀下，而这个男人又以忏悔之意、诗化之笔，特地为她写作一百首七言绝句，以寄托自己的情意，忏悔之，钟情之，思念之，哭泣之，美化之，歌颂之。这是千古传奇，这是绝代佳话！中国历代美女何止千千万万，从西施到赵飞燕，从杨贵妃到陈圆圆，有谁享受过这种以一百首七言绝句歌颂之的超凡的历史待遇？没有！只有一个杜红儿！

杜红儿的在天之灵，是幸运之灵；杜红儿的地下之魂，是诗化之魂。百首《比红儿诗》，是祭奠红儿的悲歌，也是吟咏红儿的赞歌，是中国美女可歌可泣的颂歌！红儿可悲，红儿有幸！杜红儿地下有知，亦可聊以自慰矣！

秦淮四艳

秦淮四艳，是秦淮河的清波月影，是明清之交倾城倾国的绝代佳人，是久负盛名的四大美女、四大女明星。

柳如是、董小宛、李香君、顾横波，四个绝代佳人都身处改朝换代之际，其美色、才情、智慧、艺技，却改变不了时世动乱之中的悲剧命运。

1995年暑期，笔者与韩国教授作长江文化艺术考察，来到秦淮河畔，漫步乌衣巷里。李香君旧居大门紧锁，弯月如钩，蝉声凄厉，秦淮胭脂如烟……笔者不禁赋诗一首，题为《乌衣巷》曰：

断壁烟尘细柳斜，乌衣巷尾问琵琶。
几多脂粉霓霞去，今夕无人卖杏花。

秦淮四艳，如烟云飘忽，香艳何处？断壁细柳，乌衣琵琶，尘迹何在？感历史之倏忽，世道沧桑；叹美人之艳丽，红颜难驻。秦淮今昔，判若天壤矣！

◆柳如是

柳如是（1618—1664），原本杨爱，字蘼芜，后改名柳是，字如是，小字影怜，号我闻室主，人称“河东君”，是清初著名诗人钱谦益的爱妾。浙江嘉兴人。著有诗集《湖上草》与《河东君集》十二卷。

柳如是，是名妓徐佛弟子，其丰姿逸丽，翩翩若惊鸿，却性格狷（juàn）慧，不同流俗，非常仰慕钱谦益。时有陈卧子追求她，她声言“惟博学好古，旷代逸才，我乃从之”；而“天下惟虞山钱学士始可言才，我非才如学士者不嫁”。适逢钱学士丧偶，他闻之大喜，曰：“天下有怜才如此女子者耶？我亦非如是柳者不娶！”钱为柳如是修筑“我闻室”，柳如是时年二十四，崇祯十三年（1640）冬月归于钱谦益，时钱已58岁。清兵南下，南明弘光朝灭亡，礼部尚书钱谦益率先降清，被拘留于燕京。柳如是以金钱奔走于京城权贵之间，钱氏得以放还，继任清朝礼部右侍郎兼管秘书院事，充修《明史》副总裁。钱氏辞归后，专事著述，柳如是侍奉左右，与钱氏生有一女。康熙初，钱氏去世，钱氏宗族闹事，族孙钱曾等以讨还债务为名，聚集百余人内讧于公堂，要挟柳氏交出钱氏全部家产。柳氏以死殉之，时年 47 岁。朱以载《题柳如是小像》诗云：

> 蘼芜脉脉柳疏疏，想见文君放诞初。
> 谁识秋风摇落后，独将一死报尚书。

后人歌吟柳如是者不乏其人，连著名学者陈寅恪也撰有《柳如是别传》，胡文楷撰有《柳如是年谱》。

柳如是的魅力在哪里？除了她的美色之外，还在于一是她对才学的执着追求，二是她的才艺出众，三是她敢于以死忠贞于钱氏的爱情婚姻。

据易宗夔《新世说》记载：柳如是在章台之日，色艺冠绝一时，各方名流才俊奔走其门，写诗献技，她一一视为蔑如，而对大学士钱谦益却崇拜有加，称许“钱某即未敻（xiòng）绝古今，亦一代颠倒英雄手”，认为钱谦益的名声即使未能远绝古今，也是一代扭转乾坤的英雄手。当她归嫁钱谦益时，钱已黝颜弯背，双鬓斑白，而柳如是正是妙龄女郎。燕婉之夕，钱说“我爱卿发如云之黑，肤如玉之白也”，而柳则说“我亦爱君发如妾之肤，肤如妾之发也”。两人相顾大笑，传为美谈。

柳如是诗才横溢，与钱氏同游西湖，唱和度日，其心也甜甜，其乐也融融，其诗也涓涓。有七绝三首，其中一首诗云：

> 垂杨小苑绣帘东，莺阁残枝蝶经风。
> 最是西陵寒食路，桃花得气美人中。

此诗之写西湖，前二句描写西湖周边的美丽风景：垂杨，小苑，绣帘，莺阁，残枝，飞蝶，生机盎然，一派春意，美亦美矣。而后二句笔锋一转，着力描写西陵寒食路上的桃花与美人，以桃花比美人，而桃花之美却得气于美人之美，是美人艳丽的桃红气色辉映出桃花的艳丽之美。

◆ 董小宛

董小宛（1624—1651），原名董白，字小宛，号青莲，江苏江宁（今南京）人。她是明末四公子之一的冒辟疆之爱妾。居艳月楼，集古今闺帏逸事，著有《奁艳》一书。

据恽珠《国朝闺秀正始集·附录》记载："小宛本乐籍女，天姿巧慧，针神、曲圣、食谱、茶经，莫不精晓。少长慕吴门山水，徙居半塘，吟诗鼓琴，杜门谢客。寻归辟疆为侧室，居艳月楼中，鉴赏鼎彝，书画相处。九年而卒，辟疆作《影梅庵忆语》悼之。"清兵南下时，她与冒辟疆辗转流离，度过九年离乱生活，死时年仅 27 岁，葬于影梅庵旁。

董小宛之死，始终是个历史谜团。时人风传顺治皇帝出家是为董鄂妃之死，而董鄂妃就是董小宛。这传闻，冒辟疆《影梅庵忆语》与陈维崧《妇人集》均无记载。今人钱仲联《梦苕庵诗话》指出："梅村《清凉山赞佛诗》，相传为顺治妃董鄂氏而作，或谓董鄂妃即冒巢民之姬人董小宛。然考清世祖入主燕京，年甫七龄，平定南疆，在顺治二年，年未及冠。而是时小宛年近三十，断无以半老徐娘入充后宫之理。但世祖出家一事，流俗相承，言之凿凿，未必全无所因，特董鄂妃决非董小宛耳。"

董小宛之美，在于她与冒公子结姻，与书画结缘，在于董小宛之死的历史谜团让后人悬念莫解。其诗本不如柳如是之才气与飘逸，但也绝少俗气。如其《书闷》一诗云：

独坐红窗闷检书，双眉终日未能舒。
芳容销减何人觉，空费朝朝油壁车。

她以苏小小自比，抒写其内心郁闷与闺阁之思。然而她红颜薄命，英年早逝，又与顺治皇帝的董鄂妃之死相互讹传，无意之间提高了她的身价。人们猜测之，传诵之，探究之，歌咏之，向往之，生发出无限的情思与无穷的遐想。清初的文坛诗苑，似乎四处回荡着冒公子《影梅庵忆语》一千四百言的哭诉之声。于是乎，董小宛的名声，也似乎超越了一个烈女柳如是。

◆ 李香君

李香君，字香君，江南上元（今江苏南京市）人，明末秦淮著名歌妓。

据侯方域《壮悔堂文集·李姬传》，李香君是李贞丽之养女，13 岁跟随艺人周如松学歌《玉茗堂传奇》，能尽其音节，工于琵琶，而少风调，皎爽不群，为人侠义而聪慧，目光敏锐，能辨别士大夫之贤否，深受当时名士张溥、夏允彝赏识。后与南明四公子之一的侯方域相遇，两人情投意合，交谊甚笃。南明弘光朝定都南京，阮大铖当政，想罗致侯方域等名士为他效力。李香君力谏，侯方域听从她的劝告，不与阮大铖合作。不久，侯方域下第，李香君置酒于桃叶渡，歌《琵琶词》以送之，一再告诫侯方域不要与“董卓”之流同流合污，说：“公子豪迈不羁，又失意，此去相见未可期，愿终自爱，无忘妾所歌《琵琶词》也，妾亦不复歌矣。”这是李香君与侯方域的生死之约，契血之盟。侯方域走后，李香君独守贞洁。权贵田仰曾以三百金相邀她，李香君固辞不往。又强行威逼她，李香君就自毁其容，以全其身。这时，正碰上南明福王选美，大肆搜索美女入宫，李香君于是托病不起。直至南明王朝灭亡后，李香君才重新回到侯方域的身边。

著名戏剧家孔尚任根据李香君的事迹，创作传奇《桃花扇》，以李香君与侯方域的爱情悲剧，来反映南明王朝必然灭亡的历史悲剧，“借离合之情，写兴亡之感”。李香君的玉骨香魂，侠肝义胆，在剧中得到淋漓尽致的表现。李香君被孔尚任置身于南明王朝的时代风云与政治漩涡之中，其名声与身价，因此而流布四方，成为晚明时代一个美艳千秋的富有传奇色彩的绝代佳人，光彩之照人，远远胜过其他三艳。

清人查为仁《莲坡诗话》所说：“孔东塘学博，号云亭山人，用侯方域、李香君事作《桃花扇》传奇。其间朝政得失，文人聚散，皆确考时地，全无假借；与《长生殿》盛行于时。”接着，他在诗话中记录有铁岭（今属沈阳）陈于王的一首《题桃花扇传奇》，诗云：

玉树歌残迹已陈，南朝宫殿柳条新。
福王少小风流惯，不爱江山爱美人。

玉树歌，指南朝陈后主《玉树后庭花》；福王，指明藩王朱常洵，万历年间封于洛阳，得庄田两万顷。崇祯年间，河南蝗灾，百姓饿死，而他却广积家产，荒淫无度。李自成攻克洛阳，将他处死。其子朱由崧逃出，继承王位，后被拥为南明王朝的弘光帝。此诗名为题《桃花扇》，实际是讽刺南明王朝。

◆ 顾横波

顾横波，原名顾媚，字眉生、智珠、眉庄，江苏上元（今江苏南京市）人。合肥龚鼎孳的爱妾。著有《柳花阁集》。

顾横波是个才女，工于诗书画，以花卉画见长。时贤陈云伯非常喜爱顾横波绘的桃花，特意为之题诗云：

春雨秦淮水上舟，十分红影上眉楼。
东风不结相思子，画得桃花当写愁。

顾横波自绘桃花杨柳图，又书《自题桃花杨柳图》一诗云：

郎道花红如妾面，妾言柳绿似郎衣。
何时得化鹣鹣鸟，拂叶穿花一处飞。

诗语清新自然，情意缠绵婉转如珠玉，清爽可人。鹣鹣鸟：古代神话传说中的比翼鸟。《尔雅·释地》云：“南方有比翼鸟焉，不比不飞，其名谓之鹣鹣。”旧以此比喻夫妻关系和谐，相亲相爱。

金陵十二钗

这是《红楼梦》的美女王国，这是美女王国中的云霞仙花。

红楼梦，是红楼中的美女梦，也是红楼外男性世界追求的红楼之梦。

金陵十二钗，显示着红楼美女世界中风采神韵，展现着美女的柔美与恬静、忧郁与才情、智慧与险恶、情趣与梦幻，是红楼世界的仕女图卷。

钗者，裙钗也，美女也。

金陵十二钗，是《红楼梦》第五回贾宝玉发现的十二个美女的神秘图册，分别是红楼世界中的十二个如花似玉的美女：林黛玉、薛宝钗、贾元春、贾迎春、贾探春、贾惜春、李纨、史湘云、王熙凤、贾巧姐、秦可卿、妙玉。

◆ 林黛玉

林黛玉，是《红楼梦》美女王国的第一美人，也是红楼悲剧的第一花旦。

林黛玉之美，在于两弯似蹙非蹙的柳烟眉，一双似喜非喜的含情目，态生两靥之愁，娇袭一身之病，泪光闪烁，娇艳多情，娴静如姣花照水，飘逸如弱柳扶风。

黛玉葬花

在《红楼梦》作者曹雪芹的笔下，林黛玉也有个性缺陷：小心眼，刁钻古怪，耍性子。但是林黛玉之美，却在于她的才貌双全。

林黛玉的文笔诗才，在红楼姐妹中应该是一流的。她为“古史中有才色的女子”所写的几首七言绝句，咏西施、虞姬、明妃、绿珠与红拂等五位著名美女，以为她们的“终身遭际，令人可欣、可羡、可悲、可叹者甚多”，被贾宝玉发现，题写为《五美吟》。

在金陵十二钗中，林黛玉属于忧郁型的美女，以多愁善感、孤芳自赏而又脆弱多病为个性特征。

黛玉葬花，是其多愁善感的集中体现。

黛玉葬花

早春三月，桃花飘落，林黛玉可怜这些花瓣，拾之凄然，葬于花冢。小说第二十七回，她有感于惜春、惜花与美人迟暮的文化心态，再次来到花冢，而又以落红自况，叹息着，悲吟着，哭诉着，于是有了《葬花吟》这首脍炙人口的林黛玉“葬花辞”，云：

花谢花飞飞满天，红消香断有谁怜？
游丝软系飘春榭，落絮轻沾扑绣帘。
闺中女儿惜春暮，愁绪满怀无释处。
手把花锄出绣帘，忍踏落花来复去。
柳丝榆荚自芳菲，不管桃飘与李飞。
桃李明年能再发，明年闺中知有谁？
三月香巢已垒成，梁间燕子太无情。
明年花发虽有啄，却不道人去梁空巢也倾。
一年三百六十日，风刀霜剑严相逼。
明媚鲜妍能几时，一朝飘泊难寻觅。
花开易见落难寻，阶前闷煞葬花人。
独把花锄泪暗洒，洒上空枝见血痕。
杜鹃无语正黄昏，荷锄归去掩重门。
青灯照壁人初睡，冷雨敲窗被未温。
怪奴底事倍伤神，半为怜春半恼春。
怜春忽至恼忽去，至又无言去未闻。
昨宵庭外悲歌发，知是花魂与鸟魂。
花魂鸟魂总难留，鸟自无言花自羞。
愿奴胁下生双翼，随花飞到天尽头。
天尽头，何处有香丘？
未若锦囊收艳骨，一抔净土掩风流。
质本洁来还洁去，强于污淖陷渠沟。
尔今死去侬收葬，未卜侬身何日丧。
侬今葬花人笑痴，他年葬侬知是谁？

试看春残花渐落，便是红颜老死时。
一朝春尽红颜老，花落人亡两不知。

这是一首歌行体，颇有唐人气象。林黛玉以鲜花自比，如泣如诉，如梦如幻，如祭如诔。一声声悲叹，是花的祭奠，也是美女命运的哀怨。她哭诉花的命运，实际是自诉身世遭遇。其中一些佳句，如“愿奴胁下生双翼，随花飞到天尽头。天尽头，何处有香丘？未若锦囊收艳骨，一抔净土掩风流。质本洁来还洁去，强于污淖陷渠沟”，代表美人的一种人格力量，曾经为诸多女大学生们所钟爱，所记诵，以为自身为人处世之座右铭。奴、侬：吴地方言之自称，如“我”也。香丘：指花冢。污淖：被污染。

金陵十二钗的神秘图册中，林黛玉与薛宝钗的画像与判词是在一起的。

画：两株枯木，木上悬着一围玉带；又有一堆雪，雪下一股金簪。
判词：可叹停机德，堪怜咏絮才。玉带林中挂，金簪雪里埋。

判词描写林黛玉者，是“堪怜咏絮才”与“玉带林中挂”二句。前一句引用谢道韫以风吹柳絮比喻飘雪的典故（刘义庆《世说新语·言语》），说林黛玉的才华堪比谢道韫；后一句的“玉带林”是“林黛玉”姓名谐音的倒用，寓意着林黛玉泪“枯”而死。

《红楼梦曲》中的《枉凝眉》是描写与预示林黛玉与贾宝玉两人的爱情与婚姻悲剧的，文辞也相当优雅：

一个是阆苑仙葩，一个是美玉无瑕。
若说没奇缘，今生偏又遇着他；
若说有奇缘，如何心事尽虚化？
一个枉自嗟呀，一个空劳牵挂。
一个是水中月，一个是镜中花。
想眼中能有多少泪珠儿，
怎禁得秋流到冬，春流到夏！

这是《红楼梦》宝黛爱情悲剧的主题曲。林黛玉与贾宝玉两个青春儿女，如花似玉，情意相投，本是天生的一对鸳鸯。然而，家庭、时世却不容许两人结合，最后演绎出一曲红楼的千古悲剧。

◆ 薛宝钗

薛宝钗是与林黛玉截然不同性格的美女。

薛宝钗之美，贤淑，端庄，能干，大方，稳重平和，善解人意，属于中国传统的冷香型美女，如同她所常用的“冷香丸”一样，虽香却冷，虽艳丽却沉静，罕言寡语，随分从时，恪守礼教规范，又有几分世故与狡黠，表现出传统女性被封建礼教桎梏的个性特征与道德观念。

宝钗翠亭扑蝶，乃是这种冷香型美女个性与价值取向最集中的体现：

宝钗去潇湘馆叫林妹妹，不意看见宝玉进去了，便站住低头想了想：“宝玉和林黛玉是从小儿一块长大，他兄妹间多有不避嫌疑之处，嘲笑喜怒无常；况且林黛玉素性猜忌，好弄小性儿的。此刻自己也跟了进去，一则宝玉不便，二则黛玉嫌疑。罢了，倒是回来的妙。”想毕，宝钗抽身回来，忽见前面一双玉色蝴蝶，大如团扇，上下迎风翩跹。宝钗取出扇子，向草地扑去。蝴蝶忽起忽落，来来往往，穿花度柳，倒引得宝钗蹑手蹑脚地跟到翠亭，香汗淋漓，娇喘细细，还是没有扑着那一双蝴蝶……

薛宝钗心细，有心眼，亦有诗情，诗笔并不亚于林黛玉。小说《红楼梦》第三十七回写在大观园海棠诗社，依次以“门盆魂痕昏”为韵脚而咏白海棠，姐妹们赋诗，薛宝钗诗云：

珍重芳姿昼掩门，自携手瓮灌苔盆。
胭脂洗出秋阶影，冰雪招来露砌魂。
淡极始知花更艳，愁多焉得玉无痕？
欲偿白帝凭清洁，不语婷婷日又昏。

海棠诗社成立，首次吟咏，李纨被推为社长，负责评诗。诗成后，李纨评薛宝钗此诗“含蓄浑厚”，当为第一；探春表示赞同，而以林黛玉的诗“当居第二”。这次限韵次韵为诗，薛宝钗以拟人化手法，描绘白海棠之色、之魂，亦颇富诗意。首联描写“珍重芳姿昼掩门”闺阁美女自携手瓮浇灌海棠花，颔联描写海棠洗去胭脂的冰雪秋露倩影，颈联着力描写海棠花的淡雅玉姿与愁绪，尾联抒写海棠花欲以美丽姿色来报答秋天白帝的感恩之情。

“欲偿白帝凭清洁，不语婷婷日又昏。”一是以清白玉洁报答白帝的白海棠花，一个是黄昏时刻婷婷不语的女诗客，花与人相映，个中诗情画意，非常切合薛宝钗的人格、个性、气质与传统教养下的人生观念。白帝：西方之神，管辖秋事，故秋天尚白。婷婷：身姿美好。“不语婷婷”，正是薛宝钗自我形象与“罕言寡语”的冷香型个性的真实写照。

《红楼梦》第三十八回，大观园乘月赏菊吃蟹，贾宝玉乘兴赋诗，作《螃蟹咏》，接着林黛玉与薛宝钗亦赋诗一首，其中薛宝钗的写得最好，云：

桂霭桐阴坐举觞，长安涎口盼重阳。
眼前道路无经纬，皮里春秋空黑黄。
酒未敌腥还用菊，性防积冷定须姜。
于今落釜成何益？月浦空余禾黍香。

众人读此诗，不禁叫绝，都说“这是食螃蟹绝唱”。连一向不服气的林黛玉也自愧不如，赶紧把自己写的诗撕了。薛宝钗这首诗的寓意极其深邃，以螃蟹的“皮里春秋”来比喻那些心机诡秘而不动声色的阴险人物，非常贴切。

如上所引，金陵十二钗的神秘图册判词描写薛宝钗者，是“可叹停机德”与“金簪雪里埋”二句。前一句引用东汉乐羊子妻停止纺织、割断丝绢，奉劝乐羊子刻苦求学的典故（《后汉书·列女传·乐羊子妻》），说薛宝钗如同乐羊子妻一样，是一个家庭型的贤妻良母，符合伦理道德准则；后一句的“金簪雪”暗点“薛宝钗”名字，金簪本是美人头上的贵重首饰，而今埋在雪里，预示着薛宝钗的命运之凄苦。宝玉与宝钗完婚而出家后，薛宝钗独守空房，孤独而终。这个无意识卷入似乎与林黛玉争夺“宝二奶奶”宝座的冷香美人，最终的命运与林黛玉没有两样，都是两株孤零零的“枯木”。

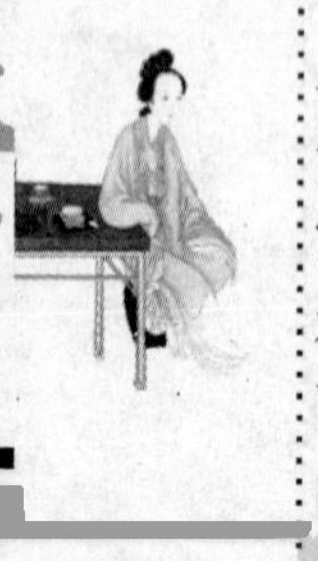

但是，评论者应该看到，每个人都有自己的人生目标、价值观念，都有追求理想与幸福的权利，薛宝钗的贤淑，“会做人”、“小惠全大体”，都是其行为准则。她劝进贾宝玉“立身扬名”没有错，她卷入与林黛玉争夺“宝二奶奶”宝座也是身不由己，她具有中国女性的传统美德，是古代美女的典型代表。有些人因喜爱林黛玉而贬低薛宝钗，因强调《红楼梦》的社会悲剧意义而否定薛宝钗，显然是不公正的。

宝钗扑蝶

◆ 贾元春

贾元春属兔，生就一副富贵相。

贾元春之美，在于她的贵妃身份，是金陵十二钗之中最富贵者。

二十岁时，适逢皇帝选美，贾元春被选入凤藻宫，册封为贤德妃。

这是贾家最荣耀的亲事。贾家其他三姐妹，如迎春、探春、惜春，都不及元春的命运如此富贵荣华。

然而，入宫对于美人贾元春而言，是福耶，还是祸耶？

金陵十二钗的神秘图册，关于贾元春的字画，是这样预测的：

画：一张弓，弓上拴着香橼。

判词：二十年来辨是非，榴花开处照宫闱。三春争及初春景，虎兔相逢大梦归。

判词的含义是：元春二十岁，能够辨别是非，通晓人情世事了，如同火红的石榴花开一样照亮了清宫后廷。贾家的其他三春怎么能够比得上元春的荣华富贵呢，可是兔虎相遇又意味着什么呢，也许如同一场大梦一样空归去！

《红楼梦》第十八回，描写贾妃元春于元宵节省亲，应该是荣国府最盛大的节日。正如贾政所言：“今贵人上锡天恩，下昭祖德，此山川日月之精奇、祖宗之远德钟于一人，幸及政夫妇。”贾府张灯结彩，赋诗题咏，唱戏游园，御酒华筵。然而，贾元春与家人相见以后，却悲喜交加。贾元春隔帘含泪对父亲贾政说：“田舍之家，虽齑盐布帛，终能聚天伦之乐；今虽富贵已极，骨肉各方。然终无意趣！”年仅 43 岁时，元妃暴病，死于“不得见人”的皇宫大院之中，谥曰“贤淑贵妃”。

红楼姐妹之中，贾元春不以文墨见长，然而其身份贵为皇妃，贾家乘贵妃省亲之际，修建园林，元妃书匾额、写对联，又题名为“大观园”，有《题大观园》一诗云：

衔山抱水建来精，多少工夫筑始成。
天上人间诸景备，芳园应锡大观名。

大观者，形形色色、包罗万象之谓也，如同历史的画卷一样。锡：通“赐”。这绝句写得并不好，却是贵妃身份尊贵的象征。

元春省亲

◆ 贾迎春

贾迎春，是婚姻的悲剧者。

贾迎春之为金陵十二钗，在于她被误嫁中山狼。金陵十二钗的神秘图册，关于贾迎春的字画是这样的：

画：一恶狼，追扑一美女——欲啖之意。

判词：子系中山狼，得志便猖狂。金闺花柳质，一载赴黄粱。

迎春诵经

中山狼，出自于明代马中锡的寓言故事《中山狼传》。赵简子在中山国境内打猎，射中一只恶狼。东郭先生遇见了，救了这只受伤的恶狼，并给狼疗伤。伤愈后的中山狼，最后忘恩负义地吃掉了东郭先生。

据《红楼梦》第七十九回，贾迎春是贾家的二闺女，性情娇弱，胆小怕事，老实无能，人称为“二木头”，却因父亲贾赦欠了孙家五千两银子，父母为了抵债，将她嫁给了曾蒙受贾家恩惠的孙家之子孙绍祖。孙绍祖后在京城袭职，因此发迹得志，胡作非为，百般虐待贾迎春。一年后，贾迎春在怨愤中死去。

贾迎春略通文墨，但留下者除了一二灯谜酒令，仅有大观园题咏中奉贾妃之命为《旷性怡情》匾额配作诗一首：

园成景备特精奇，奉命羞题额旷怡。
谁信世间有此境，游来宁不畅神思？

这首题咏，简直不用解说，写得也实在拙劣。旷怡：是“旷性怡情”匾额的缩写。宁不：怎么能不。

◆ 贾探春

探春，是贾家四姐妹中才气较足而又最能干的美女。

贾探春的命运如何？金陵十二钗的神秘图册上的字画是：

画：两人放风筝，一片大海，一只小船，船中有一美女，掩面而泣。

判词：才是精明志自高，生于末世运偏消。清明涕送江边望，千里东风一梦遥。

贾探春本来身世卑微，是赵姨娘所生，但她精明能干，敢于抗争，从来不认这个丫鬟出身的“赵姨娘”为生母，只认自己是贾家闺女。大观园被抄检，王善宝家的不懂规矩，动手动脚，被探春打了一巴掌。她曾当过贾家的理财人，曾试图改革以“兴利除弊”，但是整个大厦已经倾斜，难以支撑。最后被贾家远嫁出海，掩面而泣。

探春远嫁

探春的诗情，在贾家姐妹中也是比较突出的。海棠诗社成立，她自号“秋爽居士”，宝玉不同意，她说：“我最喜芭蕉，就称‘蕉下客’。”黛玉又以“蕉下覆鹿”的故事来嘲笑她，把她当做“鹿脯”；而探春也不示弱，以黛玉爱哭，似泪洒斑竹的娥皇、女英，又住潇湘馆，给黛玉取名为“潇湘妃子”，大家都拍手叫好。《红楼梦》第三十七回写姐妹们在大观园结海棠诗社，依次以“门盆魂痕昏”为韵脚而咏白海棠，探春诗云：

斜阳寒草带重门，苔翠盈铺雨后盆。
玉是精神难比洁，雪为肌骨易销魂。
芳心一点娇无力，倩影三更月有痕。
莫谓缟仙能羽化，多情伴我咏黄昏。

这首限韵诗吟咏白海棠，以宝玉与冰雪比喻，描写月下白海棠的花影与花魂，尾以白衣仙女多情伴我咏黄昏，将我与海棠花融为一体，展现出一种羽化登仙的境界。当场受到贾宝玉的赞赏，正是其诗心诗才的印证。

在贾元春主持的“大观园题咏”中，探春又奉姐姐贾妃之命为“万象争辉”匾额题词云：

名园筑出势巍巍，奉命何惭学浅微。
精妙一时言不出，果然万物生光辉。

探春为人谦逊厚道，此辞既写大观园的恢弘气势，又表达自己才学浅薄而又不得不奉命献丑的创作心态。月下赏菊时刻，探春又有《簪菊》、《残菊》二首菊花诗，放在当晚红楼美女的十二首《菊花诗》之中，也非下品之作。

◆ 贾惜春

贾惜春，是贾家最小的少女，聪明伶俐，才情别致。

惜春与佛陀结缘，也许是贾家四姑娘唯一的选择。金陵十二钗的神秘图册预测贾惜春的命运的字画是：

画：一所古庙，里面有一美人，正在独坐读经。

判词：堪破三春景不长，缁衣顿改昔年妆。可怜绣户侯门女，独卧青灯古佛旁。

惜春画园

贾惜春从三个姐姐等红楼美女的命运中，看破了悲剧人生，最后遁入空门。堪破：犹言看破。三春：本指春天，春有孟春、仲春、季春。此又借指惜春的贾家三个姐姐元春、迎春、探春。缁衣：黑色衣服，出家的僧尼、女冠所穿的黑色制服。青灯：禅院道观所点的油灯，灯火青荧如豆，故名。

《红楼梦》第四十二回叙述惜春作画，围绕着惜春画园子要不要将“母蝗虫”刘姥姥画进去，红楼姐妹们取笑着，惜春准备着。此时此刻的四姑娘，性情温和，朴实单纯，天真无邪，而众人拉拉杂杂，有说有笑，人物语言、人物个性，都相当生活化，充满浓厚的生活情趣。

然而，大姐元妃之宫禁生活，二姐迎春误嫁中山狼，三姐探春远嫁出海，特别是抄检大观园以后贾家年年岁岁发生的种种变迁，使这个自我意识相当强的四姑娘更加厌倦尘世。到《红楼梦》第八十二回，当惜春得知妙玉坐禅中了“邪魔”，惜春叹息妙玉“尘缘未断”，想着自己若出家，一定能够“一念不生，万缘俱寂”。于是她口占《悟禅偈》云：

> 大造本无方，云何是应住？
> 既从空中来，应向空中去。

前二句颂扬佛祖，认为佛法无边，能创造大千世界，故称大造。既然佛祖创造了万物，而神力无迹可求，那凡世还有什么值得你留恋呢？后二句写自己出家是顺应佛祖所崇尚的自然法则与人生规律。

◆ 史湘云

史湘云是《红楼梦》里最值得怜悯的一个美女。

金陵十二钗的神秘图册中预测史湘云命运的字画是美的荟萃，是自然与美人的结合，充满着诗情画意：

> 画：几缕飞云，一湾逝水。
> 判词：富贵又何为，襁褓之间父母违；展眼吊斜晖，湘江水逝楚云飞。

史湘云的命运，如同几缕飞云，一湾逝水。她从小父母双亡，由叔父抚养。孤苦伶仃的身世，与林黛玉有某些相似，但她没有娇骄二气，爱淘气，为人心直口快，性格憨直开朗，颇有一点桀骜不驯的豪爽之气，不像大家闺秀，倒像出身低微的知识女性，才情横溢，不失文采诗思。

“湘云醉卧”，是《红楼梦》第六十二回描写史湘云性格的精彩一幕。

史湘云醉卧芍药园

贾宝玉、宝琴等过生日，史湘云与姐妹们猜拳喝酒，酒宴上红飞翠舞，玉动珠颠，一个个喝得烂醉。史湘云醉酒后，提前退席，一个人在芍药园的青石板上呼呼地睡大觉。等到众姐妹找到她时，只见“湘云卧于山石僻处一个石凳子上，业经香梦沉酣，四面芍药花飞了一身，满头脸衣襟上皆是红香散乱，手中的扇子在地下，也半被落花埋了。一群蜂蝶闹嚷嚷的围着她，又用鲛帕包了一包芍药花瓣枕着”……

这是一幅极为生动优美的花美人图，是金陵十二钗生活当中最美的境界。

史湘云能诗，富有才气与灵气。

《红楼梦》第三十七回有《白海棠和韵二首》七律、第五十回里她以曲牌［点绛唇］出谜语，叫做《耍的猴儿谜》云：“谿壑分离，红尘游戏。真何趣？名利犹虚，后事终难继。”众人不解，有猜是和尚的，有猜是道士的，也有猜是木偶戏人的。只有贾宝玉猜中了。当时，她以“猴子剁尾”来解释谜底，说：“那一个耍的猴儿不是剁了尾巴去的？”引得众姐妹哈哈大笑。在海棠诗社里，史湘云见暮春柳絮飞舞，偶成小令［如梦令］：

> 岂是绣绒残吐？卷起半帘香雾。纤手自拈来，空使鹃啼燕妒。且住，且住！莫放春光别去！

绣绒：比喻柳絮。残吐：借绣女吐出的绣绒线头，比喻柳絮因残而分离。香雾：比喻柳絮蒙蒙。她以美人拈取柳絮比喻占得春光，因而引起杜鹃、春燕的嫉妒。作者希望留住春光，留住美丽的春色，留住人生的美好春天。

然而，命运之神并没有给史湘云带来多少好运。史湘云后来与贵族公子卫若兰成亲，婚后生活还比较美满，但好景不长，不久夫妻离散，寂寞憔悴的日子不知怎么过的，记载不详。

◆ 李纨

李纨，字宫裁，出身书香门第，是金陵名宦之女，父亲李守中曾是国子监祭酒。金陵十二钗的神秘图册中预测李纨命运的字画是：

画：一盆茂盛的兰花，旁边一位凤冠霞帔的美人。

判词：桃李春风结子完，到头谁似一盆兰？如冰水好空相妒，枉与他人作笑谈。

李纨课子

李纨是薄命美女，年纪与贾家姐妹不相上下，成为贾家的大媳妇后，生一子，丈夫贾珠死后，变成最年轻的寡妇，虽身居膏粱锦绣之中，竟心如“槁木死灰”。心系其子，情系其子，教育辅导儿子贾兰是她唯一的要务，像一盆茂盛生长的兰花，为他人默默地开放着。

李纨身为贾家大嫂子，与贾家姐妹们无利害冲突，无是非之争，关系融洽，姐妹们也很信任她，一致推选她为海棠诗社社长，自号“稻香老农”。

诗社首次吟咏，李纨负责评诗。宝玉说：“稻香老农虽不善作却善看，又最公道，你就评阅优劣，我们都服的。”诗成后，贾宝玉与众人都为林黛玉喝彩，而李纨评论说：“若论风流韵致，自是这首；若论含蓄浑厚，终让蘅稿。”探春表示赞同，说：“这评的有理，潇湘妃子当居第二。”贾宝玉不服，认为“蘅潇二诗还要斟酌”，李纨果断地说：“原是依我评论，不与你们相干，再有多说者必罚。”宝玉只得罢了。

◆王熙凤

王熙凤，是红楼梦里的关键人物。这个被红楼姐妹们尊称为“凤姐”的美女，以精明强干著称。是她，管理荣国府，协理宁国府，交通官府，左右逢源，支撑着红楼大厦。贬之者，谓之“玩弄权术”，“阴险狡诈”。

金陵十二钗的神秘图册中预测王熙凤命运的字画是：

画：一片冰山，山上有一只雌凤。

判词：凡鸟偏从末世来，都知爱慕此生才。一从二令三人木，哭向金陵事更哀。

金陵十二钗的神秘图册以“冰山”比喻王熙凤的生存环境。冰山：象征着无靠。一旦太阳出来，冰山就会融化。据《资治通鉴·唐玄宗天宝十一年》：杨国忠擅权，朝廷官员纷纷依附于他。有人劝陕西进士张彖（tuàn）去拜见杨国忠，说：“见之，富贵立可图！”张彖却说：“君辈倚杨右相若泰山，吾以为冰山耳；若皎日既出，君辈得无失所恃乎？”

凡鸟，合起来就是一个“凤”字的繁体，以此点其名。据刘义庆《世说新语·简傲》记载：晋人吕安去拜访嵇康，嵇康不在家。他哥哥请客人到屋里坐，吕安不入，在门上题写一个“凤”字，就走了。嵇康哥哥见了很高兴，以为客人称他为神鸟。嵇康回来告诉他，人家是讽刺我们是“凡鸟”。

《红楼梦》描述王熙凤着墨甚多，她的身影无处不在，她的声音到处可闻，专题的回目就有“见凤姐贾瑞起淫心”、“王熙凤毒设相思局”、“王熙凤协理宁国府”、“王凤姐弄权铁槛寺”、“王熙凤正言弹妒意”、“王熙凤效戏彩斑衣”、“闻秘事凤姐讯家童”、“酸凤姐大闹宁国府”、“王熙凤恃强羞说病”、“王熙凤致祸抱羞惭”、“王凤姐力拙失人心”、“王熙凤历幻返金陵”等。

王熙凤是贾琏的妻子，年轻美貌，令堂弟贾瑞一见，就神魂颠倒，起了淫心。《红楼梦》第十二回“王熙凤毒设相思局”，描写王熙凤的机智与作弄奸人的本事何等高超，也是凤姐作为金陵十二钗的主要依据之一。贾琏外出，贾瑞来到王熙凤身边，一味讨好嫂子。王熙凤因此设下相思局：第一次约他晚上来，挨了一夜冻，不见凤姐身影，凤姐反而指责贾瑞失约；第二次凤姐又约贾瑞，并且点兵遣将，设下圈套，让贾蓉去做替身。贾瑞急不可耐地抱着一个身影，亲着，爱着，等到贾瑞脱了裤子时，侄儿贾蔷灯光一闪，推门进来，贾瑞一见身下是侄儿贾蓉，羞臊得回身就跑，被贾蔷逮住。贾瑞吓得魂不附体，分别给贾蔷、贾蓉写下各 50 两银子的两张欠条后，方才罢休。贾瑞蹲在走廊边，一桶尿粪倒下，浇了他一身。事后，虽然想着凤嫂，又不敢再去，贾蓉与贾蔷三番五次来讨债，贾瑞一病不起。一个道人送给他风月宝鉴，正面一照是美女王熙凤在招呼他，而反面却是个骷髅。他反复照着正面，只觉得正与美人王熙凤云雨着。如此三四次地在风月宝镜中做爱，突然哎哟一声尖叫，销了魂，断了气。

王熙凤手里也有几条人命，她“弄权铁槛寺”，逼迫一对未婚夫妻自尽，而自己坐享三千两银子，最后获罪坐牢，又被丈夫休弃，“哭向金陵”娘家，短命而死。

王熙凤的悲剧命运，自然是她自己造成的，所谓“机关算尽太聪明，反算了卿卿性命”。然而，悲剧的根源，却不在美女凤姐，而在于时世，是时势使然。当整个红楼“忽喇喇似大厦倾，昏惨惨似灯将尽”之际，一个精明强悍的女人又有何回天之力？

凤姐设局

◆ 巧姐

巧姐，是王熙凤的女儿。金陵十二钗的神秘图册中测贾巧姐命运的字画是：

画：一座荒村野店，一个美人正在纺绩。
判词：势败休云贵，家亡莫论亲。偶因济刘氏，巧得遇恩人。

巧姐避祸

贾巧姐的悲剧命运，是其母亲王熙凤所连累而造成的。贾府事败，王熙凤获罪，如同树倒猢狲散一样。巧姐被贾环欺骗出卖，流落于烟花巷。幸遇刘姥姥，因王熙凤曾经救助过刘姥姥，临难之际又将女儿托付给刘姥姥，此时刘姥姥毅然救助巧姐出火坑，将她带回老家，据说是作为儿媳妇。

从此，巧姐变成一个自食其力的农村妇女，在荒村野店，过着艰苦而平静的农家纺绩生活。

◆ 秦可卿

秦可卿，是被抛弃于养生堂的孤儿，身世卑贱，后进入贾府，身虽下贱，却心比天高，竟与贾宝玉结下风月情缘。

金陵十二钗的神秘图册中预测秦可卿命运的字画是：

画：高楼大厦，一个美人悬梁自缢。

判词：情天情海幻情身，情既相逢必主淫。漫言不肖皆荣出，造衅开端实在宁。

太虚幻境宫门上有匾额“孽海情天”四个大字，幻化出一个象征风月的女儿之身。多情的秦可卿遇见多情的贾宝玉，必然制造出一个“主淫”的红楼梦来。休说不肖子孙都出自于荣国府，实际上始作俑者还是宁国府。

《红楼梦》第五回，秦氏引贾宝玉游太虚幻境，指迷十二钗，危难之际，竟情不自禁地呼喊着“可卿救我”。可卿，是秦氏的乳名。可以说，是秦可卿最先将贾宝玉引进风花雪月的女儿国的。

红楼人物大多恪守“好色而不淫”的儒家宗旨，以待人处世。人们一般认为：秦可卿是红楼风月情缘的罪魁祸首。然而，现代红楼梦研究者大多从性解放的立场出发，认为太虚幻境是一个“清净女儿之境”，是理想中的女性美的天地，预示着红楼梦的始终。其基本特征是两个字：一是“幻”字，二是“情”字。而这两个字即以“梦”来彰显，来运作，来实现。正如第四十八回脂评所说：“一部大书起是梦，宝玉情是梦，贾瑞淫是梦，秦氏家计长策又是梦，今作诗也是梦，一面风月鉴亦从梦中所有，故曰‘红楼梦’也。”

据稿本《红楼梦》“秦可卿淫丧天香楼”描写，秦可卿与其公公贾珍私通，丑事败露以后，秦可卿在天香楼悬梁自尽。而后秦可卿托梦王熙凤，劝凤姐早做准备，临别时送给凤姐两句话：“三春去后诸芳尽，各自须寻各自门。”王熙凤在朦胧中听到秦氏这两句赠言，“还欲问时，只听二门上传出云板，正是丧音”，预示着贾府的衰败与红楼的悲剧将不可避免。

秦可卿幻境

◆ 妙玉

妙玉是出家为尼的美女，金姿玉质，如同一块美玉，跌落在污泥之中。

《红楼梦》之描写妙玉，旨在说明美女出家后的世俗情缘与寺院人生。金陵十二钗的神秘图册中预测妙玉命运的字画是：

画：一块美玉，落在泥垢之中。

判词：欲洁何曾洁，云空未必空。可怜金玉质，终陷淖泥中。

佛教宣传“色空”，认为世界上一切有形质之物（色）都不存在，唯有我“心”，我佛即是我心。《大般若经》认为：“色不离空，空不离色；色即是空，空即是色。”

妙玉原来出身官宦之家，一向自命清高，在苏州带发修行，却未曾进入佛陀的“色空”境界。来到贾府，住在大观园的栊翠庵，寄食于贾府，与贾宝玉关系密切，连宝二爷的生日，也特地派人送来祝寿帖子。

妙玉爱好品茶，珍藏着晋代王恺的茶杯。她有洁癖，刘姥姥喝过一口的茶杯，即使是明代成化窑杯，她也要砸碎。而贾宝玉来了，她特意将“自己日常吃茶”的绿玉斗杯沏茶给宝玉喝。妙玉情缘未了，还为贾宝玉“害起相思病”，所以林黛玉称她是个“大俗人”。

《红楼梦》第四十一回主要是写大观园的日常饮食生活，酒、茶、菜肴，都涉及到了。饭后，贾母带着刘姥姥等来到栊翠庵，妙玉以茶相待。先是妙玉亲自手捧一个海棠花式雕漆填金云龙献寿的小茶盘，里面放着一个成化官窑出品的五彩小盖钟，奉献给贾母。贾母说：“我不吃六安茶。”妙玉笑着说：“知道，这是老君眉。”贾母又问是什么水，妙玉说是旧年雨水。贾母喝了半盏，笑着递给刘姥姥：“你尝尝这个茶。”刘姥姥便一口喝尽。后来，妙玉拉着宝钗、黛玉走进耳房，宝玉悄悄跟着进来。妙玉又特地给他们沏茶，用的是千年古董茶杯，烧的是陈年梅花雪水。妙玉故意嘲笑宝玉用一只九曲十环一百二十节蟠虬整雕竹根制作的大茶杯，说：“一杯为品，二杯即是解渴的蠢物，三杯便是饮牛饮驴了。”其实，这也并非品茶之道，是妙玉故意嘲笑宝玉而已。

妙玉品茶

美人千态诗

美人的媚态有千百种，似樱花之带笑，似海棠之绽放，如牡丹之盛开，若芍药之含苞，若梅花之迎雪。种种媚态让人如痴如醉，诗人们描写之，咏叹之，赞美之，心醉之，于是则有《美人千态诗》应运而生。

《美人千态诗》，将美人的种种媚态描绘得淋漓尽致，不啻是古代中日两国描写美人诗篇之集大成者。从审美鉴赏的角度而言，这是千载难觅的美女诗歌总集，是历代吟咏美人之诗的艺术奇观，由日本汉诗作者晚红园主人选编于明治二十五年（1892），日本吉冈宝文轩刻印，今有台北广文书局影印本，与雷瑨《青楼诗话》合为一册。

是编共收录中国与日本两国历代咏美人之诗403首，依诗体排列，五言绝句54首，七言绝句263首，五言律诗8首，七言律诗33首，五言古诗12首，七言古诗35首。前有大阪汉诗人山本宪梅崖氏叙，畅言披卷阅读《美人千态诗》的审美感受："披卷而阅之，美人之对花者、拜月者、抱琴者、翻书者，以有声画写出，香色各别，似入百花园焉。夫魏紫姚黄，偏擅国色者，艳妓也；玉骨冰魂，为百花魁者，宫嫔也；亭亭出水，不染污泥者，非嫁之女耶；高洁闲雅，孤芳傲霜者，非未亡之人耶。然美人之所以美者，不在容姿，而在德性，犹花之美，不唯在香色，而在气韵。"

这是中日两国诗人共同的审美观念，与我们这部《中国美女诗话》的审美情趣有异曲同工之妙。今择其善者、美者、妙者，而诠释之，赏析之，推崇之，其所遗漏之精美者，今亦补充之，完善之。

◆ 美人

何谓"美人"？

日本著名汉诗人三浦梅园笔下的美人，是青春年少的三五妙龄女郎，是穿针引线的素手绣女，是凭阑自绡双鹦鹉的大家闺秀。如其《美人》诗云：

美人年岁春三五，素手银针引金缕。
珠帘风暖百花香，凭阑自绡双鹦鹉。

美人的年岁正十五，如同春天刚刚降临大地；美人的功课是刺绣，素手银针引金缕；美人的生活环境很幽雅，珠帘风暖吹送着百花的芳香；美人的心绪倒也悠闲自适，依凭栏杆，自绡着双鹦鹉。

而日本另一汉诗人多久良造心目中的美人，却是另外一种仙女形象。其《美人图》诗云：

鬓上钿如花湿露，手中扇似月披云。
知君家在瑶池畔，折得芙蓉满袖薰。

鬓上钿，如花湿露；手中扇，似月披云；家住瑶池畔，折芙蓉，引来满袖芳香。瑶池，是神话传说中西王母居住的地方，在昆仑山上。

以上两位日本汉诗人笔下的美人，一是凡女，一是仙女，两种类型，一样美色，但各自的生活情趣完全不同：人间美女“素手银针引金缕”、“凭阑自绡双鹦鹉”，显得“俗”气；瑶池仙女“折得芙蓉满袖薰”，更加显示出高雅情趣与仙女风范。

◆豆蔻女郎

豆蔻，本是植物名，后用以比喻十三四岁的青春少女，称之为“豆蔻年华”。

豆蔻年华，是少女之美，是天真无邪的纯真之美。

晚唐诗人杜牧在扬州，常常沉浸在青春少女的温柔与天真之中，欣赏她们的豆蔻年华，特地写有《题赠美人二首》诗云：

娉娉袅袅十三余，豆蔻梢头二月初。
春风十里扬州路，卷上珠帘总不如。

多情却似总无情，但觉尊前笑不成。
蜡烛有心还惜别，替人垂泪到天明。

此诗之写豆蔻女郎，前一首描写豆蔻少女之美。十三四岁的青春少女，娉婷如玉树临风，袅袅如朝霞映空，就像二月初的豆蔻梢头，嫩绿饱满，含苞待放。在美丽的扬州古城，即使是春风十里扬州路，总不如卷上珠帘的豆蔻少女那样美丽动人。

后一首描述尊前美人冷漠的生活遭际与诗人的感叹。酒席间的豆蔻美人，多情却似总无情，只感觉到尊前笑不成的苦恼；美人怎么能这样呢，连蜡烛也不如啊。蜡烛有心还懂得依依惜别，替人垂泪到天明啊！

◆ 帘内美人

帘内美人，就是闺中美人，只是突出的是帘内。

闺阁美人，庭院深深，帘幕重重。其美色，其艳情，深不可测。日本汉诗人千贺鹤堂有《帘内美人》一诗，描写帘内美人的姿色。其诗云：

多情却爱绣帘遮，淡隔湘云翠袖斜。
仿佛春园残月底，模糊烟里认梅花。

首先描写帘内美人的形态特征，爱以绣帘遮掩自己“淡隔湘云翠袖斜”的美色与多情的羞涩，诗人认为帘内美人色泽含蓄，情色模糊，仿佛残月下的春园，犹如烟雾朦胧中的梅花。

◆ 东邻美女

东邻美女，非闺秀，是个大胆的乡村美女，敢于冲决罗网的民间美女。

东邻美女的故事，出自于宋玉《登徒子好色赋》，其中云：“天下之佳人莫若楚国，楚国之丽者莫若臣里，臣里之美者莫若臣东家之子。东家之子，增之一分则太长，减之一分则太短。着粉则太白，施朱则太赤。”而“此女登墙窥臣三年，至今未许也”。

日本汉诗人秋山玉山有《东邻美女歌》，云：

翩翩舞态楚云斜，人隔墙头桃李花。
一曲春风吹不尽，多情宋玉在西家。

此诗之描写东邻美女，前二句描写东邻美女的美丽姿色：翩翩舞态，黑发如楚云斜，人隔墙头一看，如同艳丽的桃李花。后二句嘲弄宋玉之自作多情，以为东邻美女爱慕着西家居住的好色之徒。

◆ 镜中美人

镜子，是古代中国人的一种发明，最早以铜器磨制而成。

铜镜磨制，原本在于正衣冠容貌，而后引申为镜诫。唐太宗时代，谏议大夫魏征是唐太宗的一面镜子。据《新唐书·魏征传》记载：魏征去世后，唐太宗临朝无限叹惜地说："以铜为鉴，可正衣冠；以古为鉴，可知兴替；以人为鉴，可明得失。朕尝保此三鉴，内防己过。今魏征逝，一鉴亡矣！"鉴：镜子。

美人对镜，心绪极为复杂。或正衣冠，整容貌；或睹泪眼，消愁绪；或看笑意，自我欣赏；或生妒忌，怀恨在心；或观世俗，自明得失。

明人高启（1336—1374）有《题美人对镜图》，描写美人对镜梳妆时美人迟暮的复杂心态，诗云：

晓院辘轳鸣露井，玉人梦断梨云冷。
起开妆盒笑窥奁，月里分明见蛾影。
自对犹怜况主家，春风一面断肠花。
何由铸入青铜内，不遣秋霜换不翠。

拂晓时分，美人被院内提水的辘轳声惊醒，打开妆盒准备梳妆，自己对镜微笑，何必要妆镜，有明月见蛾影啊。没有必要将面容铸入青铜镜里，不遣送秋霜，又岂能换回美丽的翠绿色呢？

日本汉诗人菅茶山描写美人对镜，有《美人对镜图》诗云：

花气侵妆阁，东风满院春。

谁知心里事，独有镜中人。

花气，妆阁，东风，满院春色。前二句描写美人对镜的自然地域环境之美，也同时暗示镜中美人已经春心萌发，春情荡漾。后二句，写得含蓄蕴藉，以一个问句来写美人的心事。这种心事是什么？春愁？相思？嫉妒？欣赏？怀念？盼望？期待？寂寞孤独？形影相吊？唯有镜中人自己知道。

郑宏的《美人对镜》诗，主要描写孤独的镜中美人，如同广寒宫里的嫦娥一样孤独寂寞。其诗云：

金屋凝妆媚态新，镜中形影独相亲。

菱花照处明如月，自是广寒宫里人。

金屋藏娇的美人，对镜梳妆，凝妆，媚态，一派新气。对着菱花镜，镜中的美人明媚如月，却形影孤独，如同广寒宫里的嫦娥一样。李商隐《嫦娥》诗描写的就是嫦娥的孤独寂寞，云："嫦娥应悔偷灵药，碧海青天夜夜心。"

◆ 病美人

病美人，病态美人，是美人生活中的一个情节。

病态美，是相对健康美而言的。有些美人，往往因病而美，因病而娇艳。娇滴滴，软绵绵，纤腰瘦骨，弱不禁风，如同《红楼梦》中的林黛玉，属于一种病态之美。

日本汉诗人藤兰斋有《美人病起》一诗，就是描写美人的一种病态之美。其诗云：

芳心徒负几回春，始对东风桃李新。

自怪起来衣带缓，瘦腰犹似楚宫人。

此中美人之病，实际上是相思病。北宋著名词人柳永有［蝶恋花］词所云“衣带渐宽终不悔，为伊消得人憔悴”，就是这种因相思而憔悴的思想境界。前二句写美人病起后的悔悟，几年相思，芳心徒负，而今始对一派东风桃李的崭新景象。后二句写美人病愈而起，发现自己衣带宽松了，腰肢瘦小了，如同楚国的宫女一样。楚王爱瘦腰，宫中美女都要节食瘦身，才能博取楚王的宠爱与欢心。

◆ 背面美人

背面美人，是从背面看美人之美。

背面美人，主要美在形态，如身段背影，资质气色，服饰发髻，有如玉树之临风，楚楚可人者。

宋人苏轼有《背立美人图》，楼钥有《背面美人图》，明人徐贲有《折花背立美人图》，日本僧六如有《背面美人》，他们别出心裁地描写背面美人。其中大诗人苏轼的《背立美人图》古诗云：

深宫无人春日长，沉香亭北百花香。
美人睡起薄梳洗，燕舞莺啼空断肠。
画工欲画无穷意，背立东风初破睡。
若教回首却嫣然，阳城下蔡俱风靡。
杜陵饥客眼常寒，蹇驴破帽随金鞍。
隔花临水时一见，只许腰肢背后看。
心醉归来茅屋底，方信人间有西子。
君不见，
孟光举案与眉齐，何曾背面伤春啼？

苏轼诗中的背立美人，属于深宫美女，生活环境如此优越，却依然充满着伤感情调。这种伤感，来自于伤春。诗人认为：如果人世间都能够像孟光夫妇那样举案齐眉，相敬如宾，美人又何曾背面伤春啼？

僧六如《背面美人》诗云：

花萼春朝花露香，杨妃残醉步微凉。
楼前忽报寿王到，背立东风看海棠。

僧六如笔下的背面美人，是以绝代佳人杨贵妃为模特儿来写作的。先写杨贵妃醉酒：花萼，春朝，花露香，杨贵妃残醉，步履微凉；然后写醉酒后听说寿王到达时的神态：楼前忽报寿王到，杨贵妃生怕寿王见到她醉酒脸红的醉态，故作姿态地背立东风，假装自己正在观赏海棠。寿王：李瑁，唐玄宗之子。杨玉环原为李瑁的妃子。

宋人楼钥的《背面美人图》诗云：

睡起昭阳淡淡妆，不知缘底背斜阳。
若教转盼一回首，三十六宫无粉光。

楼钥这首诗也是写杨贵妃的背面颜色。前二句描写杨贵妃睡起后的淡妆与背面斜阳的心态。不知缘底：不知什么缘故。后二句由白居易《长恨歌》中的“回眸一笑百媚生，六宫粉黛无颜色”生发而出，写杨贵妃回眸一笑的无穷魅力。如果教杨贵妃转过脸灿然一微笑，三十六宫就会立即变得无颜色。

明人徐贲的《折花背立美人图》，描写一个闺阁美女的背立图景，只是在以上二诗描写杨贵妃背面的基础上，题上增添了“折花”一个细节，而诗中并未描写其折花。

绣罢春衫出阁迟，辛夷花下立多时。
内园自是无人到，不省含羞怕见谁。

美人刺绣完春衫，慢慢地走出闺阁，久久地站立在木兰花下。这是内园，自然没有人到来，为什么美人这样含羞，是怕见到谁呢？辛夷花：明朝兼指木兰与玉兰两种花。今多指木兰花。比较前面两首，此诗写得差劲多了。全诗并不切合题意，既无背立之影，又无折花之景，

◆ 半身西子

西子，就是美女西施。

西施的半身像，如同西方的美女雕塑《断臂的维纳斯》吗？非也。

李渔（1611—1680），号笠翁，浙江兰溪人。他是清代著名的戏剧家，著有《笠翁十种曲》与戏剧理论著作《闲情偶寄》六卷。

日本编辑的《美人千态诗》，收录有李渔的《西子半身像》一诗，描述西子美女残破的半身像，云：

半纸天香满幅温，捧心余态尚堪扪。
丹青不是无完笔，写到纤腰已断魂。

这首诗题为《西子半身像》，实际并未描写西施半身像的形态之美，而是抒写诗人此时此刻面对西施残破的半身像而写诗的深刻感受。诗人提笔就说：这半纸天香满幅都是脉脉温情，这西施捧心的残态余姿，还是可以抚摸怜爱，让人倾倒的。这丹青不是无完笔啊，画师画到纤腰之美时，已经黯然断魂，伤心到了极点。堪扪：可以抚摸怜爱。

◆ 美人退宴

宴会上的美人，是最风光的女人。

觥筹交错的酒宴，也最能检验美人的文化教养与人格魅力。

那么，退宴后的美人，是何种情态？请看日本汉诗人渡边精所的《美人退宴图》一诗：

宴罢歌残已二更，红楼面面下帘声。
满阶风露凉如水，茉莉香中看月行。

前二句写宴会结束：二更时分，宴会罢席，红楼下传来面面下帘声。后二句描写退宴后的美人：满台阶的风露，天气凉如水，美人来到茉莉花香之中，两眼痴情地看着行移的月亮。

◆ 画美人

画美人，在于传美人之神。

从西方蒙娜丽莎的微笑，到中国古代《画论》之注重描绘人物的眼睛，都讲究人物画的传神，要求气韵生动，神形皆备。

日本汉诗人篆崎小竹有一首《画美人》的诗歌，主要是描写画中的美人，而不是怎样画美人。其诗云：

> 秋千有约妆先就，待伴春园立永昼。
> 蛱蝶怜他错认花，追香来点红罗袖。

前二句描写画中美人的约会：美人与郎君有约，一同去荡秋千，美人化妆以后，在春园等待着伴侣到来，然而一等就是一个白天。后二句描写美人在春园等待伴侣到来的情景：美人站立着，蝴蝶错认了美人头上的花髻，爱怜似的追逐着花香，飞来轻点美人的红罗翠袖。

日本另一位诗人梁川星岩又有一首《谷文一画美人》的诗歌，谷文一是个画家，梁川此诗实际上是为谷文一的画美人题诗，云：

> 粉毫三寸巧传神，浅淡桃霞满面春。
> 若是偶然通一笑，敢辞百日唤真真。

诗人看到谷文一画美人，称赞他的三寸画笔巧妙传神，以致美人满面春风，浅淡的脸颊如桃花朝霞一般美丽。诗人想象着，如果画中美人偶然扑哧一笑，人们一定会百日呼唤着“真真”。真真，歌妓名，此指画中美女，后泛指美女（见杜荀鹤《松窗杂记》）。

◆ 美人梳头

梳头，是闺阁女子非常普遍的日常生活。

唐代诗人咏美人梳头者，有李贺的《美人梳头歌》，张碧的《美人梳头》等。美人梳头，又有什么值得诗人们为之歌咏呢？

中唐诗人李贺《美人梳头歌》以西施比喻美人，精细地观察美人梳头的细小情节，特地为美人梳头而歌唱，诗云：

西施晓梦绡帐寒，香鬟堕髻半沉檀。
辘轳咿哑转鸣玉，惊起芙蓉睡新足。
双鸾开镜秋水光，解鬟临镜立象床。
一编香丝云撒地，玉钗落地无声腻。
织手却盘老鸦色，翠滑宝钗簪不得。
春风烂漫恼娇慵，十八鬟多无气力。
妆成鬌鬌欹不斜，云裾数步踏雁沙。
背人不语向何处，下阶自折樱桃花。

这是中国诗人心目中最典型的美女情结。这种美女情结流之于笔端，诗人即以诗化之笔，以细腻的观察，通过每一个细节来描写心目中的美人梳头。李贺这首诗歌之描写美人梳头，主要突出三点：一是镜子，二是发髻首饰，三是美人的娇慵之态。诗人以西施、芙蓉比喻梳头美人，前四句写沉睡中的美人被咿呀辘轳声惊起；中间六句描写美人站立在牙床上对镜梳头的情景：镜子上张贴的双鸾，美人站立在牙床上，面对着秋水般明亮的镜子，解开发鬟，如云一般而又芳香的发丝撒落一地，织手盘结着老鸦一般乌黑色的头发，油光溜滑，连宝钗也簪不得；后六句集中写美人的娇艳慵懒的心理状态：春风烂漫，她却有气无力，梳妆完成后，漫不经心地走着轻巧的步履，默默无语地来到背人处，走下台阶，自己去摘樱桃花。象床：指牙床。鬌鬌（wǒtuǒ）：倭堕髻。云裾（jū）：轻盈如云彩的衣袖。踏雁沙：形容美人的步履如雁足踏沙一样轻巧。

◆ 美人宫棋

宫棋，是古代的一种棋艺。

清人翟灏《通俗编·俳优》云：宫棋，“今人先以棋子黑白杂布局中，各认一子为标，左右巡拾。拾竟，以所得多寡较胜负。”

宫棋有挨三、顶四、擦七、驮八等罚例，故又称“逼棋”。白居易《北亭招客》诗曰：“能来尽日宫棋否？太守知慵放晚衙。”太守为了招引宫棋者，竟然取消了傍晚的排衙参见。这就说明，宫棋这项棋艺游戏活动，男女皆宜。

美人宫棋，是名媛闺秀一种休闲性的棋类活动。

美人宫棋，盛行于唐宋时期。大诗人张籍撰写有《美人宫棋》一诗，描写美人在沙滩上宫棋的生活情趣，诗云：

红烛台前出翠娥，海沙铺局巧相和。
趁行移手巡收尽，数数看谁得最多。

红烛台前，两个美女出现在海滩上，巧妙地以海沙铺设棋局，相互乘势行棋，几巡收尽，数数棋子，看谁赢得最多。翠娥：指美女。

美人宫棋，海沙铺局。从这种棋艺活动，我们可以看到大唐文化娱乐的一种审美情趣，大气，豪放，充满着李唐时期崇尚弘丽的生活情调与文化精神。

◆ 美人双陆

双陆，是古代的一种博戏。相传由天竺（印度）传入，盛行于晋唐两宋时期，因其局有棋盘，左右各有六路，故名“双陆”。

宋人洪遵《谱双》五卷，详细记载历代各地的双陆，有所谓“北双陆”、“广州双陆板”、“大食双陆毯”、“真腊阇婆双陆板”、“回回双陆”、“平双陆”、“七梁双陆”等。一般流行的双陆，马作椎形，黑白各15枚。两人对博，骰子掷采行马，白马自右至左，黑马自左至右最先出完者为胜。

唐宋以来，男女博双陆者蔚为风尚。吴伟业有《美人双陆》诗，描写美人与其郎君互博双陆之趣。其诗云：

香销宝鸭月如霜，欲罢樗蒲故拙行。
倦起局边佯数子，暗抬星眼掷儿郎。

前二句描写美人与其郎君博双陆的情景：夜已深，宝鸭香炉香销了，月色如霜。美人想早点结束这场博戏，故作拙劣地行走棋路。樗（chū）蒲：古代的博戏，即双陆。后二句具体写美人在困倦之中佯装数棋子的样子，暗地里一边抬眼偷看着郎君，一边又想甩掉郎君的棋子。

◆ 美人骑马

美人骑马，也算有几分英姿，几分豪放，几分潇洒。

唐代仕女骑马者，屡见不鲜，有《仕女图》为证。晚唐诗人卢纶《美人骑马》一诗，描写唐代美女骑马春游的情景。诗云：

骏马娇仍稳，春风灞岸晴。
促来金蹬短，扶上玉人轻。
帽束云鬟乱，鞭笼翠袖明。
不知从此去，何处更倾城。

这是一首五言律诗，首联写美人乘着春风骑骏马到灞陵去春游，颔联写美人被扶上马的情景，颈联写美人骑在马上的美丽形态，尾联抒写诗人的感受与赞美。

◆ 美人独坐

“娘家作女，莫出闺门；笑莫露齿，话莫高声。”这是古代闺女必须遵循的行为准则。

因此，孤独，寂寞，乃是古代美女共同的心理状态。这种生活方式与心理状态，在男女交往中，一则容易一见钟情，月下私奔；二则容易产生单相思，春愁、闺怨经常笼罩美女心头；三则听凭父母之命与媒妁之言，容易造成婚姻悲剧。宋代美女词人朱淑真有一阕［减字木兰花］云：

独行独坐，独倡独酬还独卧。伫立伤神，无奈轻寒着摸人。
此情谁见，泪洗残妆无一半。愁病相仍，剔尽寒灯梦不成。

这首词抒写闺阁孤独之愁，劈头就连用五个“独”字：独行，独坐，独倡（唱），独酬（饮酒），独卧，突出美人闺阁生活之孤独寂寞与愁病交加之苦。

那么，美人独坐的态势如何？美在何处？请看日本汉诗人赖山阳一首描写美人独坐的七言绝句，名《美人独坐图》，云：

独倚银屏钗影横，酒醒灯冷此时情。
芳心一片向谁语，附与邻楼弦索声。

独坐者，相思也。这首描写美人独坐的诗歌，并未描写美人独坐的姿态，而是着力揭示独坐美人情结。美人独坐，独倚银屏，钗影横斜，酒醒灯冷；此时此情，芳心一片，对谁诉说，唯有托付给邻楼上传来的弦索之声。

日本汉诗人穴仓敬又有一首《美人独坐图》，描写美人闲来叉手独坐，而后低声弹奏春雨词，以寄托美人如春雨般缠绵的脉脉相思之情。其诗云：

若喜如愁嚬画眉，闲来叉手坐多时。
相思脉脉向谁语，一曲低弹春雨词。

比较以上两首写美人独坐的日本汉诗，有着惊人的相似之处：诗歌题目相同，主题相同，情趣相同，句式如第三句“向谁语”也基本相同，寄托美人情思的方式也相同，都是乐曲之声。然而二者的诗歌境界却有所不同：前者并未写独坐，而写酒醒灯冷，独倚银屏钗影横，情景凄凉；后者若喜如愁嚬画眉，闲来叉手独坐，而后低声弹奏春雨词，境界比较开朗洒脱。

◆ 美人摘菜

摘菜，是女人的日常饮食生活课目之一。

美人摘菜，又有何种差异？日本汉诗人鹫津毅堂撰有《美人摘菜图》，我们来看看诗人笔下的美人摘菜：

春园月落晓沈沈，一片尖寒逼绣襟。
又为笼莺朝饷急，玉纤和露摘蔓心。

初春的菜园，拂晓时分，月亮刚落山，晨霭沉沉，一片尖寒，浸透了美人锦绣的衣襟。原来美人急着摘菜，不是为着准备早餐，而是为笼子里面的莺寻找早晨的粮饷。美人的纤纤玉手，沾着晨露，在菜园里摘取菜蔓心。

◆ 美人垂钓

垂钓，是人们水边钓鱼的闲适生活方式之一。

古代的垂钓者，有隐士，有渔父，也有志在江山社稷者。

当年，姜太公垂钓于渭水而遇周文王，严子陵垂钓于富春江而遇汉光武帝刘秀，孟浩然垂钓于洞庭湖而呈张九龄丞相，不希望“徒有羡鱼情”。

古往今来，坐观垂钓者，大多是男性，很少有美人。日本汉诗人赖阿万描写美人垂钓，有《赋得美人垂钓》一诗云：

荷花争发绿池浔，钩向并头枝下沉。
一缕柔情羡鱼切，金钗落在水波心。

赋得：是表明摘取古人成句为题的诗歌之体。试帖诗、科举诗、应制诗等，一般用以“赋得”。赖阿万此诗之描写美人垂钓，钓什么？不是功名，不是江山社稷，而是一缕柔情。你看：在荷花争发的绿池边，美人的鱼钩向并头枝下沉去，一缕柔情生起，羡鱼情切，不由得美人头发上的金钗落在水波心中。

◆ 美人弹琴

古代美人重视艺术修养，吹拉弹唱，样样擅长。这也是古代美人富有无限魅力之所在。

美人月下弹琴，更是富有情调的艺术境界。日本汉诗人别役春田写有《美人月下弹琴》一诗云：

风神如恨又如争，人有娇姿月有情。
欲把冰弦诉所思，弦弦却作断肠声。

此诗将美人、月色与琴声三者融合在一起，描写美人月下弹琴的姿态。前二句直接写美人的风采神韵，如怨恨，又如抗争，置身于月色之中，美人富有娇媚的姿色，月亮也显示出一片柔情。后二句写美人的琴声，美人以冰弦诉说自己的心思，一丝一弦变成了摧人肠断的音乐之声。

◆ 美人调筝

筝，是古代一种拨弦乐器。

古筝的历史极为悠久，战国时期流行于秦国，故称之为“秦筝”。唐宋时期教坊流行的古筝为十三弦，唯有清乐用十二弦。近代为十六弦，现代增至十八弦、二十一弦、二十五弦等。古筝演奏，有独奏、伴奏与合奏，音乐表现力丰富，用途很广。

美人调筝，是一种艺术享受。日本汉诗人成岛柳北有《美人调筝图》，描写美人调筝的情景，诗云：

凉台向晚卷湘帘，情与冰丝线线添。
偷眼迷离金雁影，暮云遏在玉纤纤。

前二句描写美人调筝时的情景：凉台上，晚风吹拂着，卷起湘帘，美人正在调筝。你看她情丝缠绵，琴丝一线线。后二句描写美人调筝给人的审美感受：偷眼迷离，如金雁过影，日暮的云彩被遏止在调筝美人如玉的纤纤手指之间。

◆ 美人吹笛

笛，管吹乐器，以竹管制作而成。因其由汉代兴起的横吹管乐器发展而来，故俗称横笛，与直吹的洞箫相区别。

笛，曲情清丽，音色嘹亮，如黄鹂之鸣，如草原放歌。唐代善笛者是长安少年乐曲家李谟，元稹《连昌宫词》云："李谟压笛傍宫墙，偷得新翻数般曲。"日本汉诗人摩岛松南有《美人吹笛图》诗一首，描写美人吹笛时的音乐艺术图景。其诗云：

曾学阿郎吹玉笛，每吹玉笛便思郎。
春光易老人难见，落尽梅花更断肠。

这首诗写美人吹笛，寄托美人相思与美人迟暮之感。其中化用大诗人李白《与史郎中钦听黄鹤楼上吹笛》诗句："黄鹤楼上吹玉笛，江城五月落梅花。"按：笛曲中有《梅花落》。

◆ 美人持扇

扇子，最初为翟（dí）扇，即雉尾扇，《古今注》卷一称其起源于殷朝，殷高宗时服章多用翟羽。汉朝有合欢扇，见班婕妤《怨歌行》："裁为合欢扇，团团似明月。"晋朝盛行蒲葵扇、同心扇。

美人持扇，是扑萤？驱蚊？乘凉扇风？还是妆饰？日本汉诗人菅茶山有《美人持扇图》诗云：

秋风一夕入罗帷，恐怕齐纨之见遗。

忆扑流萤随女伴，人间愁恨不曾知。

齐纨（wán）：齐地丝绢品。《汉书·地理志下》称：齐地风“俗弥侈，织作冰纨绮绣纯丽之物，号为冠带衣履天下”。之见遗：被动句式，即被遗弃之。

这首诗表面上描写美人持扇图景，实际是美人以“齐纨”自比。前二句描写美人的艰难处境：秋风一夕入罗帐，美人恐怕自己像“齐纨”一样被人遗弃。后二句是美人的回忆：回想起当年随着女伴用扇子去扑萤的情景，天真无邪的少女，哪里知道人间还有愁恨呢？

◆ 月下美人

月亮是美的象征，是阴柔之美与朦胧之美的典型代表。

皎洁的明月，是艳丽明媚的美人；

云中的月亮，是柔媚迷人的美人；

朦胧的月色，是含蓄多情的美人；

中秋之夜的一轮圆月，是寄托无限情思、渴望亲人团圆的美人。

日本汉诗人加部琴堂的《月下美人》一诗，描写的月下美人属于何种类型的美人？请读原诗：

重门闲锁画堂深，愁坐帘前抚玉琴。
最是海棠花际月，多情移影照珠簪。

重门闲锁，画堂深深，海棠花际月下，美人愁坐帘前，抚玉琴而弹奏，寄托诸多情思。夜色深沉，月光移影，照射在美人发髻上，珠簪时而闪现出一缕缕冷漠的光芒。

◆ 美人拜月

月亮是神，是月神，月亮女神。

这月神，就是中国神话中奔月的嫦娥。

美人拜月，既是民间宗教风俗的延伸与传播，又是美人对月亮女神的景仰与崇拜。

日本“诗佛”大窪天民写有《美人拜月》一诗，大沼枕山又有《宫人拜月图》，皆描写美人拜月。前者诗云：

淡扫双蛾浓绾鸦，香烟轻袅一钗花。
广寒宫里不归去，却在人间拜月华。

美人描绘着淡淡的双眉，盘结着乌黑的头发，香烟轻盈袅绕着，发髻上的金钗如同鲜花一样靓丽。你是广寒宫里的嫦娥，为何今夜不归去，却在人间朝拜月华？

大沼枕山的《宫人拜月图》，描写宫女拜月时的图景：

玉砌雨晴秋气新，焚香悄地拜冰轮。
深宫一夜无穷恨，只诉仙娥不诉人。

前二句描写宫女拜月时的情景：玉砌的宫殿，雨后初晴，秋气新爽。宫女焚香，悄悄地拜祭月亮之神。冰轮：指月亮。后二句说明宫女悄然祭拜月神，原因出自宫怨：“深宫一夜无穷恨，只诉仙娥不诉人。”仙娥：指嫦娥。

◆ 美人读书

书籍是智慧的宝库，是人类进步的阶梯。

读书在于充实知识，增强自我修养，提高文化品位。

美人读书，是美人千态美姿中最高雅、最迷人的姿色。美人的涵养、美人的品位，美人的魅力，全体现在这高雅文静的读书生活之中。

美人读书之美态，日本汉诗人篆崎小竹的《美人读书图》、僧六如的《美人读书图》、鹫津毅堂的《双美读书图》、菅茶山的《美人敛书图》等，都有精彩的描写。其中篆崎小竹的《美人读书图》诗云：

柔荑翻卷意幽闲，昼永深窗香尚残。
博览何须助长舌，歌书宜作二南看。

前二句描写美人在闺阁深窗读书的情景。柔荑（tí）：比喻美人的玉指如同茅草的嫩芽一样柔软。后二句是诗人对美人读书的议论，认为博览群书无须借助妇人的长舌。长舌：多言，好说闲话，爱拨弄是非。《诗·大雅·瞻卬》："妇有长舌，维厉之阶。"瞻卬（āng）：瞻仰。卬：通"仰"。二南：指《诗经》中的《周南》与《召南》二诗篇。

鹫津毅堂的《双美读书图》，则洋溢着两个美女对历史上的英雄人物的无限崇拜心理，诗云：

玉轴红笺压绣帷，书窗春静漏声迟。
举将青史善相谑，卷里英雄当嫁谁？

此诗描写双美春夜读书的图景：玉轴红笺，积压在锦绣闺房里，书窗春静夜深，两个美女还在读书。两人以历史人物的英雄事迹相互戏谑，一个问道：书卷里的历史英雄，你当嫁给谁呢？天真，善良，纯朴，向往、崇拜英雄人物的少女之心跃然于纸上。

僧六如身居寺院，审美情趣截然有别。其《美人读书图》所写之所谓"美人"，自然是信奉佛教的女施主，所读之书不是圣贤之书，而是宣扬女训的《女诫》之类，宗教色彩相当浓厚。诗云：

柳亸花娇春正深，可怜岁月暗侵寻。
朝来且谢秋千伴，别院烧香读女箴。

此诗蕴涵着禅意。柳条垂绿，鲜花娇艳，又是一派春色满园的大好时光。早晨谢别了少年时代荡秋千的伴侣，美人走出家门，来到禅院烧香敬佛，静心阅读

《女箴》之类书籍。亸（duǒ）：即“軃”（duǒ），下垂。秋千伴：指少年时代荡秋千的伴侣。女箴：指《女诫》，是班昭训女书，以“三从四德”为古代妇女的道德准则。

◆ 美人临书

美女书法，是中国书法艺术中的精品。

从中国古代书法艺术中的第一美女“卫夫人”卫铄，到中国词坛第一佳人李清照，凡富有文化教养的闺秀名媛，大多精通诗书艺术，历代书评著作虽然多有点评，但是付之于诗者却寥若晨星。

美女临池作书，是显示美人千态的魅力之举。

日本汉诗人菊池三溪作有《美人临书图》一首诗，描写美女临池作书的才气与功力，诗云：

日上红窗花影堆，满宫眉黛尽仙才。
换鹅昨日摹能熟，更把戏鸿临几回？

眉黛：指美人。换鹅：借用王羲之以书换鹅故事写美人作书。《晋书·王羲之传》记载：王羲之爱鹅，山阴道士喜欢养鹅，王羲之前去观赏，非常喜欢，执意要买道士养的鹅。道士说：“你为我手写《道德经》，我就将这些鹅全部送给你。”王羲之一口答应，立即书写《道德经》，写完后，就以笼子将鹅带回去。宋人洪迈《容斋四笔》记录有“黄庭换鹅”一则，引用李白诗云：“山阴道士如相见，应写黄庭换白鹅。”

◆ 美人刺绣

刺绣，是一种手工艺品。

中国刺绣，历史悠久，估计有近三千年的历史。中国优秀的刺绣品主要有四大家，即苏州的苏绣、长沙的湘绣、成都的蜀绣、广东的粤绣，号称“中国

四大刺绣”。

刺绣之美，在于华贵富艳。主要用于华贵的服饰品、床上用品、装饰品、陈设品，风格富丽豪侈，雍容华贵，如同穿着华丽的美人，是古今馈赠珍品。

中国传统的刺绣技术，主要有错针绣、乱针绣、网绣、满地绣、锁丝、纳丝、纳锦、平金、影金、盘金、铺绒、刮绒、戳纱、洒线、挑花等，多彩多样，各有特色。

美人刺绣，是对刺绣女的赞美。一般而言，刺绣女文静典雅，锦心绣口，诗画俱工，手艺精湛，具有较高的艺术修养。明人杨基《美人刺绣》诗云：

风送杨花满绣床，飞来紫燕亦成双。
闲情正在停针处，笑嚼残线唾碧窗。

此诗描写的刺绣美人，不是专业化的刺绣女，而是掌握刺绣工艺的闺阁美女。其刺绣目的在于刺绣嫁妆。前二句描写美人刺绣的美好环境：春风吹拂着，杨花洒满绣床，成双成对的紫燕翩翩飞来。后二句写刺绣美女此时此刻独自欣喜的心境：想象着成婚的喜气，她时而停针思索，情不自禁地微笑着，嘴里含嚼着残余的绒线，将它吐在碧绿的花窗上。结句描写美女心理活动，诗笔细腻，诗心入微，一个“笑”、“嚼”、“唾”字，将刺绣女的暗喜之情表现得淋漓尽致。

日本汉诗人池永寿散写有一首《美人倦绣》诗，则恰恰相反，描写的不是刺绣美女之喜悦，而是美人对刺绣鸳鸯的厌倦，诗云：

绣线鸳成未及鸯，深窗昼昼惹眠长。
如何难结情郎梦，雨滴垂丝红海棠。

这首写绣女难结情郎梦。美人将自己婚事的不如意，寄情于刺绣。因为不情愿这桩婚事，厌倦刺绣鸳鸯，绣成鸳而不及鸯，成天在深窗里睡大觉，心事难了，如同外边的雨滴垂丝红海棠一样。红色的海棠花开，却被如垂丝的漫天雨水无情地吹打着。这雨水是令人厌倦的婚姻，这红海棠是忧心忡忡的美女。

以上两首美女刺绣诗，都是代言体。然而一笑一倦，一喜一厌，情感对比如此鲜明，这都与美人刺绣时的心理意愿紧密相关。

◆ 美人扑蝶

蝶飞，蝶舞，是春天的气息；
逐蝶，扑蝶，是生活的情趣。
儿童扑蝶，充满着童趣；
美女扑蝶，洋溢着乐趣。

也许是日本岛国的蝴蝶众多，也许是日本诗人特别关注美人扑蝶的生活情节，《美人千态诗》里收录了不少日本汉诗诗人吟咏美人扑蝶的诗歌。如竹腰豫堂、中井敬所、名和又吉、村山拙轩等，皆有《美人扑蝶图》，如图如画。其中村山拙轩的《美人扑蝶二首》写得比较好，诗云：

玉栏干外夕阳斜，结伴春园笑语哗。
纤手争追飞蝶影，金钗拂落海棠花。

镇日纱窗倦绣时，东风吹上绿杨枝。
春愁一片消难得，也伴丫鬟扑蝶儿。

前一首描写美人结伴春园扑蝶的欢乐景象：玉雕栏杆之外，夕阳斜下时分，美人结伴春园，阵阵笑语喧哗。纤纤玉手，争相追逐着飞舞的蝴蝶，美人头发上的金钗，也被拂落在海棠花丛之中，谁也不去顾惜。镇日：整日。

后一首描写刺绣美人独自与丫鬟扑蝶的情景：整日在纱窗里刺绣，美人深感厌倦之时，不知不觉春风已经吹绿了杨柳枝头。深闺春愁难以消除，美人随伴着丫鬟走出闺房，来到室外，去追扑那翩翩飞舞的蝴蝶儿。这自由飞舞的蝴蝶啊，不正象征着闺阁刺绣美人追逐自由的美好心灵？

两首美人扑蝶诗，都是七言绝句，都显示出美人扑蝶的动态之美。然而主体不同，情景不同，目的不同：一是美人群体，一是美人个体；一是闹景，一是静景；一是结伴春园追蝶影以取其乐，一是单伴丫鬟扑蝶以消春愁。

◆ 美人扑萤

萤，是夜幕中的灯影，是心灵上的投影。

人人怜爱萤火虫，追逐着，扑捉着，囊装着，闪现着荧荧光亮，如幻如梦，如万花筒一般绚丽多姿。

唐代诗人吟咏萤火虫者，有11首诗歌。中国人忘不了古代晋人车胤因家境贫困而囊萤读书的动人故事。此时的荧荧萤光，是读书人进步的希望之光，是闪烁着人类智慧的理想之光。

然而，日本汉诗人之于萤火虫的荧荧萤光，关注的不是“囊萤读书”的发愤有为，而是美人扑萤的生活情趣。石野云岭与米泽雪江等汉诗人，撰写有《美人扑萤图》与《美人扑萤》的诗篇。其中石野云岭的《美人扑萤图》云：

> 贪逐飞萤绕柳塘，罗衣消受水风凉。
> 多情却拟囊盛去，偷照相思书数行。

前二句描写美人扑萤的情景：柳塘夜色，美人环绕着柳塘，贪婪地追逐着飞萤，罗衣浸透着夜露，感到一丝风凉。后二句揭示美人扑萤的动机：多情的美人囊盛飞萤而去，目的在于偷照书写相思的情书。

与此囊萤写情书完全不同者，米泽雪江《美人扑萤》中的美人扑萤，却表现出一种复杂的心绪，诗云：

> 纤月多情静碧空，新萤几点散凉风。
> 谁家淑女瓢轻扇，一二三光投水中。

纤纤的一弯新月，静静地悬挂在碧空，自作多情地将月光洒在美人的身上，几点新萤，稀散地在凉风中闪现着。是谁家的淑女，独坐在水池边上，每当新萤飞过，她则以轻扇扑打着，一二三萤光被无情地投入水中……

这首诗描写的美人扑萤，呈现出一种复杂的心态：是莫名的懊恼，还是无绪的任性？是无心的游戏，还是烦心的发泄？从诗中“多情”二字来看，应该是“多情却被无情恼”，多情的新月，多情的新萤，多情的美人，却被无情抛弃，无心囊萤写情书，唯有将恼人的新萤一一用蒲扇轻轻地打到水面上去。

◆ 美人卷帘

美女词人李清照有［如梦令］一词云：“昨夜雨疏风骤，浓睡不消残酒。试问卷帘人，却道海棠依旧。知否？知否？应是绿肥红瘦。”这个“卷帘人”，就是侍女或曰丫鬟。

也许这丫鬟、侍女，也是美女。

清晨，美人卷帘，自是一番气象。

日本汉诗诗人南条文雄为此创作有《美人卷帘图》一首古诗，描写美人卷帘的种种媚态与情思，诗云：

愁泪潜然心恨谁，意中有人恐他知。
一双燕子声相和，卷尽珠帘思别离。
屋后青山春如笑，楼前绿水更涟漪。
休怪妾身本无主，朝朝妆出昔时姿。
屈指惟待郎归日，难奈深坐嚬娥眉。
几条杨柳尘堪拂，烂漫红桃千万枝。
不知复关何处是，忽然别后已多时。
君不见，
微风淡荡落花晚，赏春之客问来迟。

此诗主要写卷帘美人的心态：一面卷帘，一行忧愁的泪水暗暗地流下，生怕意中人知道。一双燕子欢叫着掠过窗前，勾起卷帘美女离别后的相思。青山春如笑，楼前绿水泛起阵阵涟漪，桃红柳绿，春色无限。别后已经多时，屈指待郎归日，我每天都是过去的妆扮与姿态。然而，何处是复关？何时是归程？君不见微风淡荡，落花已晚，赏春的客人啊，你来得太迟了。

◆ 美人吹烟

美人吹烟，以银筒吹作一缕烟。

这是闲雅，还是无聊？其中之“烟”是何物？是一缕轻烟，还是烟筒吹出的烟草之烟？诗人刘冷窗为何写作《美人吹烟图》？我们带着这一连串的疑团来读这首诗，依然不得其解。其诗云：

花拥红栏晓霭然，斜裹出帐始醒眠。
雨思云想宵宵梦，吹作银筒一缕烟。

这“银筒”是烟筒吗？我们从下文所引平田虚舟《美人喫烟图》诗而言，方才得知这“银筒”就是吸烟的烟筒，这“一缕烟”就是美人吸烟时吐出的一缕缕烟雾。花团锦簇的红栏，晓雾晨露，云气霭然。美人睡眠初醒，金钗银鬟斜插在散乱的头发上。春宵的梦呓，让人雨思云想，她以银筒吹出一缕轻烟……

◆ 美人喫烟

烟草，来自热带南美洲，元明时期传入中国。中国人吸烟，起始于明朝，而盛行于清朝。

关于烟草的著作，主要是清人陈琮的《烟草谱》八卷，还有陆耀的《烟谱》、蔡家琬的《烟谱》、赵古农的《烟经》、王沂（xīn）的《青烟录》等。其内容主要是辑录前人著作中有关烟草资料而成，涉及烟草的来历、种类、栽培技术、加工方法、功用、烟具、吸烟的弊害以及禁烟运动与烟草诗赋词曲等。

美人喫烟，自有一种风味。日本汉诗人平田虚舟写有《美人喫烟图》诗一首，特意描写美人吸烟的姿态。喫者，吸也。其诗云：

懒写相思织锦文，银筒嘘出气氤氲。
人间无复襄王梦，空学巫山一片云。

织锦文：指《织锦回文》，也称《璇玑图》，是晋代美人苏蕙创作的一首回文诗，以五色丝织锦而成。据《晋书·窦滔妻苏氏传》记载：“窦滔妻苏氏，始平人也。名蕙，字若兰，善属文。（窦）滔，苻坚时为秦州刺史，被徙流沙。苏氏思之，织锦为回文旋图诗，以赠（窦）滔，宛转循环以读之，词甚凄惋，凡八百四十字。”

此诗前二句写美人吸烟。美人出于气恼，懒得去写那些表达相思之情的织锦回文，只手拿银筒去吸烟，嘴里嘘出一缕缕氤氲之气。后二句以襄王梦写美人的人生感悟，说人世间不可能再有襄王之梦了，人人空学那多情的巫山一片云。

◆ 美人赏菊

秋菊傲霜，中秋赏菊，既是一种民间习俗，又是一种审美享受，是高雅的审美情趣与人格理想的完美追求。

美人赏菊，司空见惯，然而赋之于诗歌者，则比较少见。日本汉诗人高阶春帆有《晓看美人赏菊》一诗，描写美人赏菊的姿色与情景。诗云：

一篱幽菊有余香，背面佳人尚宿妆。
欲折寒枝还敛手，玉纤不惯触新霜。

清晨，一篱幽菊散发着余香。美人睡起，带着宿妆，来到篱笆墙下，背面佳人正在观赏一篱幽菊。我看见她，欲折寒枝还敛手，纤纤玉指轻微小心地接触那新的傲霜枝。观察细腻，描写入微。宿妆：过夜的妆束。敛手：收敛住手。不惯：不娇纵、不放纵。

◆ 花下美人

鲜花之美，美在自然；美人之美，美在心灵。

花下美人，是人与自然的结合，是自然之美与人的心灵之美的融合为一。且看日本汉诗人大原乐山笔下的《花下美人》，又是怎样一种姿色情态？其诗云：

> 花掠金钗钗拂花，无情花妒有情花。
> 一枝占得三春色，花下恨花人似花。

恰恰相反，花下美人并不处于一种和谐的境界之中。你看：鲜花掠着金钗，金钗拂着鲜花，难道是无情鲜花嫉妒有情的金钗花？一枝鲜花占得三春之色，花下美人嫉恨这占得三春色的鲜花，而鲜花却憎恨美人似鲜花。

◆ 美人聚落花作情字

“情”为何物？

元好问早就说过：“恨人间、情为何物，直教生死相许。”（《摸鱼儿·雁丘词》）作者题下序云：“乙丑岁赴试并州，道逢扑雁者云：‘今旦获一雁，杀之矣。其脱网者悲鸣不能去，竟自投于地而死。’予因买得之，葬之汾水之上，累石为识，号曰‘雁丘’。”其词云：

> 恨人间、情为何物，直教生死相许。天南地北双飞客，老翅几回寒暑。欢乐趣，离别苦。是中更有痴儿女，君应有语。渺万里层云，千山暮景，只影为谁去。
>
> 横汾路，寂寞当年箫鼓，荒烟依旧平楚。招魂楚些何嗟及，山鬼自啼风雨。天也妒，未信与、莺儿燕子俱黄土，千秋万古。为留待骚人，狂歌痛饮，来访雁丘处。

元好问因雁事而发，而世间则认为，男女之间以生死相许者，则谓之“爱情”。故元好问《雁丘词》，是对人世间最真挚的爱情所作的一种最真切的阐释。事实上，元好问笔下的这种生死爱情，是古往今来中国钟情的青年男女所共同追求的。

在日本，美女同样向往与追求美好的爱情。汉诗人大窪天民与谷嘤斋见到一个美人聚集落花而作“情”字，被风吹散而没有成功。大窪天民与谷嘤斋因此而各自赋诗一首，大窪天民题为《美人集落叶作情字风吹不成》，而谷嘤斋题为《美人聚落花作情字风吹不成》，一落叶，一落花；一古诗，一七绝，皆作“情”字，皆因风吹而未成，这是一个非常有趣的文化现象。

请看大窪天民的《美人集落叶作情字风吹不成》诗：

青女费尽几日工，浓淡染成满林红。
巽二无情为恶剧，万点飞落夜来风。
美人晓起不堪情，莲步自试下阶行。
戏集落红作情字，忽被风吹字不成。
心事欲写写难得，娇嗔无端发颜色。
不如多情苏若兰，紫经红纬纵横织。

大窪天民毕竟是汉诗大家，这首七言古诗分为两个层次：前八句描写美人集落叶作情字风吹不成：霜雪女神费尽心机使层林尽染，而风神却搞恶作剧似的将红叶无情地吹落。美人晓起漫步，收集落红而拼作“情”字。忽然一阵风来，将已经拼成的“情”字吹得稀散。后四句是写美人发怒了，触景生情，大发感慨，以为自己还不如像苏若兰那样给夫君作紫经红纬纵横的织锦回文。青女：是古代神话传说中的霜雪之神。《淮南子·天文训》：“青女乃出，以降霜雪。”高诱注云：“青女，天神，青霜玉女，主霜雪也。”巽二：是古代传说中的风神。巽（xùn）：八卦之一，卦形为☴。《易·说卦》：“巽为木，为风。”故借此为风神，人称“巽二郎”。莲步：形容美女的脚步轻巧，如脚踩莲花。嗔（chēn）：发怒。紫经红纬纵横织：指苏若兰给夫君的织锦回文。

谷嘤斋的《美人聚落花作情字风吹不成》诗曰：

欲写相思情一字，阶前细捡落花尘。
随圆随散红狼藉，无赖风如无赖人。

前二句描写美人在阶前细心地聚集散落的花瓣而作“情”字，以表达自己的相思之情；后二句写收集的花瓣被风吹散着，花瓣随圆随散，一片狼藉。结句写美人此时此刻的心理活动：无赖的风如同无赖的人一样，可恼！可恨！

◆ 美人簪花

美人簪花，是古今中外美人共同的爱好，共同的审美追求。

日本汉诗人片山远平有《美人簪花图》一诗，描写美人簪花这一普遍的生活情景。其诗云：

纤手折来花不知，参差簪影翳蛾眉。
春愁毕竟多情绪，偏向香鬟细细吹。

翳（yì）：遮蔽。蛾眉：指美人。前二句描写美人纤手折花，参差不齐的簪花之影将美人的脸面也遮蔽了。后二句抒写美人折花引起的无限春愁，反而被春风在美人的香鬟上细细吹拂着，久久难以散去。

◆ 美人折花

闺阁美女，或刺绣，或读书，或折花。

这是一种天性，一种本能，一种生活情趣。

美人折花，也是美人闺阁生活中最常见的现象。所以日本汉诗人中描写美人折花者比较多，写《美人折花图》者，就有嵩古春、近藤牛五、上句梅轩，还有大沼枕山的《美人折牡丹图》、千野松窗的《美人弄蔷薇花图》、日下部鸣鹤的《题美人折樱花图》，以及中国熊人霖的《咏美人折梅花图》等。

日本汉诗人嵩古春的《美人折花图》，乃是颇富庄子“物化”美学思想的一首哲理诗，写得相当好。诗云：

绣窗午倦暖逾加，窗下抛针弃物华。

懊恼枝头蝴蝶梦，如花人折似人花。

美人整日在闺房内抛针刺绣，丢弃了窗外许多美好的景物没有去观赏。中午时分，刺绣美人实在感到疲倦了，就躺下午睡。美人作起了蝴蝶梦，梦见自己变成了一只美丽的蝴蝶，懊恼地栖在花枝头。此时此刻，美人是花，花似美人；美人如花被人折，花似美人，美人与花融为一体，物我两忘，达到了人与自然同化的理想境界。物华：美好的景物，美好的时光。庄子梦蝶，注重人与自然的“物化”。《庄子·齐物论》云：“昔者，庄周梦为胡蝶，栩栩然胡蝶也，自喻适其志与，不知周也。俄然觉，则蘧蘧然周也。不知周之梦为胡蝶与？胡蝶之梦为周与？周与胡蝶，则必有分矣。此之谓物化。”所谓“物化”，是指一种泯灭事物之别而彼此同化的境界。庄子以蝴蝶之梦为喻，说明人与自然之同化，追求物我一体，主张人的自然化与自然的人化之统一。

近藤牛五与上句梅轩的两首《美人折花图》，描写的则是另外一种风味。近藤牛五的《美人折花图》诗云：

二八倾城颜如琼，仙姿翠黛太多情。

轻轻折取两三朵，红袖触花珊作声。

十六岁的妙龄美女倾城，美丽的颜色如同琼玉，仙女般的身姿，翠黛色的头发，多情善感的心绪。她轻轻地折取两三朵鲜花，红裙翠袖触及鲜花，发出一声声动听的玉佩之声。珊珊：形容美人的衣裙玉佩发出的声音。宋玉《神女赋》：“动雾縠以徐步兮，拂墀声之珊珊。”雾縠（hú）：像云雾一样的丝绸衣服。徐步：漫步。墀（chí）：台阶。

上句梅轩的《美人折花图》诗云：

小立远瞻天一涯，楚云秦树几重遮。

佳枝折得还添忆，郎在河边看此花。

相思中的美人小立着，远望天涯，眼前却被几重重楚天的云、秦川的树所遮蔽着，令人惆怅无限。美人情不自禁地折得一枝美艳的花枝，却更增添了许多美好的回忆。此时此刻，我的郎君也许正在河边看此花！一样佳枝，两地相思，美妙无比！

◆ 美人折牡丹

牡丹，是富贵荣华的象征，是大唐盛世辉煌的标志，曾被李唐王朝奉为“国色天香”。中国历代诗人歌咏之，历代画家描绘之，历代美人崇尚之，理应奉为中国的国花。

唐朝美人，如仕女，如贵妃，如牡丹，富贵艳丽，落落大方。

日本汉诗人大沼枕山有《美人折牡丹图》一诗，为牡丹与美人而歌，却带有几分戏谑。其诗云：

> 名苑留春簇绛霞，丽姬和醉出香车。
> 骄心不省十家赋，恶戏折残深色花。

名苑留春，一簇簇盛开的牡丹花，如同绛红色的朝霞。美丽的宫妃艳姬，带着几分醉意，乘坐香车出来观赏牡丹花开。美人骄矜的心灵，哪里领悟到司马相如的《长门赋》呢？恶作剧似的攀折着深红色的牡丹花，任意摧残它。她们哪里意识到，被她们攀折着、摧残着的牡丹花，正象征着她们自己的悲剧命运。

◆ 美人弄蔷薇花

蔷薇花，是野客，花红，而柔中带刺，只可观赏，而不可玩弄。

日本汉诗人千野松窗笔下的美人，却要玩弄蔷薇花。那么，诗人描写美人弄蔷薇花，用意何在？请看原诗《美人弄蔷薇花图》：

此花柔有刺，爱弄果如何？
天生妖美物，毕竟害人多。

诗人写得很直白：蔷薇花的特征，是温柔之中带有刺，爱好玩弄蔷薇花的人，结果又如何？诗人回答说：蔷薇花天生是妖美之物，毕竟害人太多。诗人以蔷薇花比喻美人，美人也是柔中带刺，也是天生的妖美之物。玩弄美女的人，如同美人玩弄带刺的蔷薇花一样，最终被美女所害。

这是唯一指斥美人是害人精的一首诗。日本诗人千野松窗的所思所述，也许至今仍具有某种借鉴意义。

◆ 美人折樱花

樱花，红如桃花，白如梨花，花序如伞，萼筒如钟。

樱花盛产于中国、日本与朝鲜半岛，是名贵观赏花木。

日本是樱花的国度，以樱花为国花。日本汉诗人日下部鸣鹤有《题美人折樱花图》一诗，诗艺一般，但亦有趣味，是美人千态姿色之一种。其诗云：

为爱名花色，下阶折一枝。
春心含蕾密，不许蝶蜂知。

前二句写美人折樱花：因为喜爱名花之美色，美人走下台阶去折一枝观赏。后二句以樱花比喻美人的春心萌动：美人的春心春情，如同这含苞待放的樱花一样细密奇妙；不许让蝴蝶与蜜蜂知道这个秘密，否则，我就不得安宁了。

◆ 美人折梅花

梅花，是贞士，是烈女，是君子，是笑傲风雪严冬的花中之雄。

梅花，有梅姿、梅香、梅韵、梅影、梅魂、梅格，玉肌冰骨，是君子人格之美的象征。赵宋王朝，崇尚儒雅，以梅花为其国花。

中国历代诗人追求理想完美人格，咏梅诗词多如牛毛。毛泽东这样歌颂梅

花："待到山花烂漫时，她在丛中笑。"（《卜算子·咏梅》）

日本汉诗人赖支峰却注意美人折梅花之景，创作有《美人折梅花图》一诗，其梅花形象迥异于中国诗词中的梅花神韵：

裙影摇风月满身，轻轻攀折一枝春。
玉肌冰骨争清艳，孰是梅花孰美人。

月色中，美人的裙影摇风，轻轻攀折着报春的一枝梅花。梅花那玉肌冰骨，正争放着清香与艳丽，究竟谁是梅花，谁是美人？梅花并不争春，唯有美人如此争香斗艳。

◆ 美人洗杯

酒店美女，当垆卖酒，如同与司马相如私奔的卓文君一样。

日本汉诗人蒲生聚亭《美人洗杯图》中的美人与卓文君差不多，她洗的杯就是酒杯。且看诗：

银烛照筵宵欲中，微醺潮面海棠红。
洗杯未属惟含笑，座上青年孰意中。

筵席上，银烛高照，已到夜半时分，微微的醉醺，脸颊泛起海棠红般的波涛。洗杯并未专注，只是含笑着，这座上青年谁是我的意中人呢？属：专注。原来美人洗杯，关注的是席座上青年中的意中人。

◆ 浴美人

浴者，沐浴也。

浴美人，是指沐浴中的美女之美。

浴美人者，无过于华清池温泉浴后的杨贵妃。白居易《长恨歌》云："春寒赐浴华清池，温泉水滑洗凝脂。侍儿扶起娇无力，始是新承恩泽时。”

美人出浴之美，如同出水芙蓉，如雨后海棠，美艳娇柔，清新可人。

美人之浴，展现的是美女的裸体之美。2007 年 8 月，笔者偕夫人作泰国之游，在暹逻湾海滨的芭堤雅观看浴女秀表演，展现的是美女的玉体之美，令人赏心悦目，叹为观止。我想起了唐代诗人韩偓有《咏浴》一首七言律诗，描写美人之浴，诗云：

再整鱼犀拢翠簪，解衣先觉冷森森。
教移兰烛频羞影，自试香汤更怕深。
初似洗花难抑按，终忧沃雪不胜任。
岂知侍女帘帷外，剩取君王几饼金。

美人再次整理以鱼犀（水犀）制作的首饰，以纤纤玉手拢一拢翠绿的发簪，然后解开衣服，感觉身上一股森冷的寒意。教侍女移动着香烛，频频观赏着自我羞涩的身影。她试一试拌和着香料的热水，更怕水深了。起初，她就像洗涤花瓣一样，难以按压，最终还担心嫩白如雪的肌肤不胜热水。她哪里知道，帘外的侍女正收取君王的几块金饼，允许君王偷看美女洗浴的情景。据《飞燕外传》记载：赵飞燕夜间洗浴，汉成帝从帷帘中偷看。侍女告诉赵飞燕，赵则用浴巾遮体，命侍女撤去香烛。此后，赵飞燕每次沐浴，成帝多以袖金贿赂侍女，夜夜得以偷看飞燕沐浴之美。剩：多。饼金：饼状金块。

除了韩偓之外，中国历代描写美女的诗词，很少有专门描写美女之浴者；而日本汉诗人却十分关注这个题材，高阶春帆有《题美人出浴图》，穴仓敬有《美人浴后图》。其中高阶春帆的《题美人出浴图》诗云：

帨巾拭颊尚潮红，夜宴余醒一浴空。
仿佛芙蓉初出水，芳姿娇瘦不胜风。

帨（shuì）巾：佩巾，浴巾。美人出浴，用浴巾擦拭着还泛着红晕的脸颊，夜宴上余醉被沐浴冲洗得一干二净了。出浴中的美人仿佛是刚刚出水的芙蓉花，娇艳瘦小而芬芳的美姿，显得弱不禁风似的。

穴仓敬的《美人浴后图》诗，不像高阶春帆的《题美人出浴图》之着力描写出浴美人的形态艳姿，而是描写她的亭亭玉立与脉脉含情。诗云：

> 浴罢佳人未镜妆，含情斜立玉栏傍。
> 娇柔此样于何比，雨后红沾秋海棠。

出浴美人，并未对镜梳妆，而是含情脉脉地斜立在玉砌栏杆旁，若有所思，若有所待。美人这种娇艳温柔的情态，用什么来比拟呢？就如同雨后红沾的秋海棠一样。

◆ 睡美人

睡美人，是指睡眠状态中的美人。

美人之睡态，属于一种相对性的静态之美。一般注重描写的，一是睡美人的环境，如深闺、纱橱、香炉、鸾凤衿、绣花枕；二是睡美人的面容，如面颊、眼睛、睫毛、头发、金钗等；三是睡美人的梦境与心态，如闺愁、春怨、相思、泪痕，以揭示美人的精神境界与文化心态。

日本汉诗诗人特别喜欢描写睡美人的各种姿色情态：如菅耻庵的《睡美人》，嵩古春的《美人春睡图》，竹内青柯的《题美人春睡图》，吉田松阴的《美人春睡》，长尾江村的《美人春睡图》，市川宽斋的《美人假寐图》，蒲生聚亭的《美人睡起图》，中井二洲的《美人睡起图》，菊池溪琴的《题美人睡起图》，明石景文的《美人昼寐》，平祐光的七言律诗《美人昼眠》，庄原篁村的七言古诗《美人醉眠》等；而中国则比较少见，此本《美人千态诗》仅收录唐人韩偓的七律《昼寝》、清人赵翼的七律《题美人春睡图》。也许日本汉诗人的美人春睡之类诗，正是受到中国诗人的启迪而创作的。

睡美人，这是一个别致而富有生活情趣的名词。睡者，垂目也，就是闭上眼睛休息。是谁注意美人睡觉时的形态姿色之美，而又寄情于诗？日本汉诗人菅耻庵的《睡美人》诗云：

落钗挂鬓鬓如烟，兰枕安安美满眠。
狂蝶飞花春色遍，不知娇梦落谁边。

金钗掉下了，挂在鬓发上，鬓发如云烟；兰花枕头，安安稳稳地让美人睡眠美美满满。窗外是无边的春色，蝴蝶狂飞，杨花飞舞，梦随风万里，不知美人的娇梦落在谁边？

美人春睡图（嵩古春）

紫牡丹开傍翠帏，香侵枕上午风微。
梦魂且勿为蝴蝶，个小鸟圆分寝衣。

寝衣：睡衣。

题美人春睡图（竹内青柯）

娇懒抱情云鬓垂，香风缬缬透帘帷。
连环解倦凭床睡，狂蝶簪边触不知。

缬缬（xié）：本指彩结，引申为花草的香气使人迷离仿佛。

美人春睡（吉田松阴）

深闺独卧户长扃，每想边尘暗泪零。
连夜狂风花落尽，相思枕上睡难醒。

扃（jiōng）：门窗上的插栓。

美人春睡图（长尾江村）

风送御香薰绣帷，海棠春睡养清羸。
汉宫昨夜插花宴，一梦芳魂与蝶随。

清羸（léi）：清瘦。羸：体弱形瘦。

美人假寐图（市川宽斋）

一树棠花御爱香，春园日暖眠引长。
多情梦被东风诱，还上君王白玉床。

美人睡起图（蒲生聚亭）

一场春梦晚方醒，攲枕宝钗斜且横。
最是风姿动人处，鬓垂香颈两三茎。

题美人睡起图（菊池溪琴）

春院沈沈雨若丝，萤萤香篆半消时。
近来不得萧郎信，一点春愁上翠眉。

萤萤香篆：指香烛蚊烟如篆书一般萦绕。

美人睡起图（中井二洲）

玉炉香烬篆烟微，梦觉金钗横翠帏。
窗外猫儿睡方熟，风薰一架白蔷薇。

美人昼寐（明石景文）

宝鸭烟消画漏长，佳人梦熟郁金堂。
满庭花树春风暖，云髻斜垂玉凤凰。

宝鸭：指香炉如鸭状。

美人昼眠（平祐光）

辞宴春园日未曛，绮琴当枕不堪醺。
睡浓微汗桃花湿，笑敛修眉山色分。
恐晷斜遮红锦帐，厌风才袭紫罗裙。
彩笼鹦鹉且无唤，梦作阳台一片云。

以上这些描写美人春睡的诗歌，无论是写其睡或昼寐，还是假寐或睡起，其基本特点只有一个，就是将其诗笔下的女主人公描绘成“睡美人”，描绘美人的娇懒睡态、抒写美人的春梦情思、追逐美人的粉蝶芳魂，诗歌境界显得闲适幽雅，富有生活气息。唯有吉田松阴的《美人春睡》，展示出一种与众不同的精神境界与审美情趣：美人在深闺里独卧，门窗长期禁闭着，每每想到边境上的战争风尘，她不禁暗暗地泪水零落。连夜的狂风，吹落尽了残花零叶，相思枕上的美人啊睡难醒。这一缕缕边塞风烟，超越了闺阁的狭窄天地，让美人诗与边塞烽烟紧密相连，提升了美人春睡诗歌的艺术格调与审美情趣。

◆ 茶与美人

美人与茶结缘，这是中国茶文化史上一种特殊的文化现象。

第一，茶似佳人。自从苏轼以佳人比喻茶以后，历代咏茶者多比喻茶为佳人。“若把西湖比西子，从来佳茗似佳人。”这是中国茶文化史上的千古绝对，出自于杨慎的《香雾髓歌》。清人汪琬咏茶亦秉承苏轼的茶文化传统，其《与武会玩月因取东坡句赋此歌》云：

有月如佳人，娟娟眉妩长。
有茗如佳人，澹澹肌理香。
与君歠茗佳对月，深秋风味两奇绝。
君不见筵前桦烛摇帘栊，
凤槽龙拨弹春风，蒲陶之酒马脑钟。
遗簪坠珥纷无数，我非其人终不顾。
拂衣出门酒未阑，儿曹大笑儒生酸。

诗人题下注云：东坡句“新月如佳人”，又“从来佳茗似佳人”。歠（chuò）：饮。《礼记·曲礼上》：“毋流歠。”孔颖达疏云：“谓开口大歠，汁入口如水流。”此诗咏茶与美人，是对苏轼诗歌佳句“新月如佳人”与“从来佳茗似佳人”之生发与升华，写得潇洒美妙，富有一种蓄势待发的爱恋之情和豪迈之气。清人薛时雨［一剪梅］词云：

何处思量不可怜。清影娟娟，瘦影翩翩。一瓯香茗一炉烟，淡到无言，浓到无言。

万斛闲愁载上船。灯暗离筵，筝咽离弦。酒阑人散奈何天，话又连绵，泪又连绵。

此词之咏茶，以美人为喻，情真意切，是茶词中的凤毛麟角之作。其上片写叶之清瘦，有如美人之身影，清影娟娟，瘦影翩翩，一样可爱；茶味之浓淡，有如美人之无言，淡到无言，浓到无言。下片以茶写万斛闲愁，如灯之暗，如筝之咽；酒阑人散，奈何离别，话又连绵，泪又连绵。

第二，美人捧茶。品茶中的美人情结，是中国茶文化的一种审美追求，是文人士大夫的一种生活情趣。明代王世贞兄弟对此尤为关注。其中王世贞有《解语花·题美人捧茶》词云：

中冷乍汲，谷雨初收，宝鼎松声细。柳腰娇倚，熏笼畔，斗把碧旗碾试。兰芽玉芯，勾引出清风一缕。颦翠蛾斜捧金瓯，暗送春山意。

微袅露鬟云髻，瑞龙涎尤自沾恋纤指。流莺新脆低低道，卯酒可醒还起。双鬟小婢，越显得那人清丽。临饮时须索先尝，添取樱桃味。

此词之题美人捧茶图，上片写斗茶之景，下片写美人捧茶，表现文人士大夫品茶斗茶的审美情趣。王世懋又有《解语花·题美人捧茶》词云："春光欲醉，午睡难醒，金鸭沉烟细。画屏斜倚，销魂处，漫把凤团剖试。云翻露蕊，早碾破愁肠万缕，倾玉瓯徐上闲阶，有个人如意。// 堪爱素鬟小髻，向琼芽相映寒透纤指。柔莺声脆香飘动，唤却玉山扶起。银瓶小婢，偏点缀几般佳丽。凭陆生空说《茶经》，何似侬家味。"此词之咏茶，上片写春日煮茶之景，下片写美女捧茶之色。此词与其兄王世贞《解语花·题美人捧茶》之作同题同韵同旨，似乎比其兄写得更好，更富有诗情画意。

第三，茶与酒比较，分别代表着两种不同的审美形态。

茶如宋词，似宋代佳人；茶之饮者，如骚雅之士，其美学形态和审美风格，如清风晴岚，晨雾云霞，惠风流水，杨柳堆烟，蓝天白云，幽林曲涧，烛影摇红，月印千江，优美，飘逸，淡雅，柔和，文静，含蓄，细腻，清新，自然，秀丽，蕴涵着一种阴柔之美。

酒如唐诗，似唐季才子；酒之饮者，如大丈夫，其美学形态和审美风格，如雪雨雷电，风飞河奔，崇山峻岭，松涛海啸，日出东方，万马奔腾，逐鹿中原，雄伟，豪迈，奔放，激越，热情，直露，刚烈，壮美，博大，充满着一种阳刚之气。

◆醉美人

醉美人，是指醉酒后的美人。

美人醉酒，最是一种难得的妩媚姿色。

中国历史上的美人醉酒，以杨贵妃为最。白居易《长恨歌》：“金屋妆成娇侍夜，玉楼宴罢醉和春。”贵妃醉酒，更加娇媚可爱，故中国戏剧史上有《贵妃醉酒》一折。

美女醉酒之美，美在红颜醉态：红晕，率性，随意，癫狂，喃喃自语，脚踩浮云，东倒西歪，不能自主，给人一种春色无边之感。

清代诗人王韬，供职京城，在酒席上赠角松校书诗二首，描写酒席上的女校书角松的醉酒媚态之美。其《席上赠角松校书二首》诗云：

姊妹花开擅并名，风流才调果倾城。
秋波无限销魂处，媚眼天生百种情。

雪作肌肤玉作容，艳名早已噪京东。
新桥春色惟卿擅，万绿丛中一点红。

诗人以赞美的笔调，描写女校书姊妹擅名京城：前者写其风流才调之倾城，媚眼无限，秋波销魂；后者描写女校书肌肤容貌之艳丽，在新桥春色中，犹如“万绿丛中一点红”。

宿醉，是隔夜的余醉，是醉酒中似是而非的境界。美人宿醉，情景如何？日本汉诗人大窪天民《美人宿醉》诗云：

潮红半退含情立，自是窈窕醉海棠。
将向花前求露饮，侍儿时送蛤蜊汤。

美人醉酒，隔夜以后，余醉未消，潮红半退，站在海棠边，含情而立，窈窕多姿。她想向花前乞求花露而饮，此时，侍女正好送来了蛤蜊汤。

◆ 美人红指甲

唐代诗人韩偓有《咏手》一首七律，描写美女纤纤玉手，而诗词中专门描写美女指甲者，却为数甚少，连徐陵编辑的《玉台新咏》亦无。明人瞿佑有一首《红指甲》的七言律诗，着力描写美女的红指甲，诗云：

金盘和露捣仙葩，解使纤纤玉有瑕。
一点愁凝鹦鹉啄，十分春上牡丹芽。
娇弹粉泪抛红豆，戏掬花枝镂锋霞。
女伴相逢频借问，几回错认守宫砂。

首联描写美人以金盘和露捣碎红色仙葩而成胭脂，以涂抹有瑕的纤纤玉指的情景；颔联描写涂抹后的红指甲，如鹦鹉之啄，如牡丹之芽；颈联描写美女的宫闱之泣，娇弹的盈盈粉泪如同抛撒红豆一样；尾联描写女伴相逢时因几次错认为守宫砂而相互之间的借问。

名媛闺秀诗话

◆ 名媛闺秀

名媛闺秀，是中国美女的突出代表。媛：美女也。闺秀：闺阁之秀，就是指闺阁之中有才德的美女。

名媛闺秀是一个特殊的知识女性阶层，而美女只是泛称所有美丽的女子，包括帝王宫女、名媛闺秀与青楼歌妓、民间美女等。名媛闺秀与一般美女是有区别的，这种差异性主要表现在以下几个方面：

第一，名媛闺秀一般出身于名门望族或官宦之家，是大家闺秀，而非青楼美女；是金枝玉叶，而非街巷艺女与山村野花。其家境条件、生活环境相当宽裕而优越，庭宇楼阁，台榭花池，如宋代著名文学家欧阳修［蝶恋花］词所描写的那样："庭院深深深几许，杨柳堆烟，帘幕无重数。"

第二，名媛闺秀一般受过比较好的家庭教育，富有一定的文化艺术素养，精于文艺之道，读书，工诗，琴棋书画，礼仪规范，无不精通，待人接物，含蓄蕴藉，所谓"笑不露齿，话不高声"，个性文静而不粗野，举止文雅而不狂放，行为规范而不越礼教，才华横溢而不显露，自尊心强而不气傲。

第三，名媛闺秀一般深居闺阁大院，与社会缺乏交往，不曾经历人生风雨的洗礼，意志力比较脆弱，犹如温室里的鲜花。这种生活环境，造成了她们独特的文化心理：在闺房这个优美而又狭窄的女人小天地里，她们才情横溢，却孤独寂寞，心胸狭隘，弱不禁风，易生闺阁之思，多愁善感，难经风雨，多作无病呻吟，如《红楼梦》中的林黛玉一样，而她们的爱情婚姻，要么是父母之命的门当户对，要么是一见钟情的才子配佳人，要么是媒妁之言所制造的婚姻悲剧。

第四，闺阁诗人词人的古代诗词创作，具有一个共同的审美特征：以我手写我心，以愁为基调，以婉约为风格，以细腻纤巧的女性之笔写女性之愁——闺愁、闲愁、离愁、相思之愁以及家国之愁。其中宋代女词人如魏夫人、李清照、吴淑姬、朱淑真等是其代表者。如李清照［一剪梅］所描述的那样："一种相思，两处闲愁。此情无计可消除，才下眉头，却上心头。"李清照的《漱玉词》，以"愁"为主调，"这次第，怎一个愁字了得！"李清照的词以靖康之变为分界线：南渡之前是闺愁，是离愁；南渡之后是乡思之愁，是家愁，是国破家亡和个人身世遭际相互交织的忧愁、悲愁。她的愁是一种人生失落的深悲，是对恶的控诉，是对美的追求。这种愁，是词人心灵的展示、人生真情的喷涌，也是对艰难时世与悲惨命运的诅咒。

◆ 名媛闺秀诗话

名媛闺秀诗话，就是出身名门闺阁的美女诗话，是中国美女诗话的先驱者。

名媛闺秀诗话，以名媛闺秀及其诗歌创作为研究对象，是中国诗话趋于专门化的产物。

名媛闺秀诗话之崛起，经历了一个漫长的演变过程。它滥觞于《诗经》《楚辞》诠释之学，演义于唐人诗格、宋人诗话之论女性诗词的只言片语，而最终成立于明人江盈科的《闺秀诗评》，繁荣发展于清代诗坛。

名媛闺秀诗话，其诗学文化特征大致有三：

第一，以其作者而论，名媛闺秀诗话可以分为两大类：一类是男性作者以历代女性诗人为写作评论对象的名媛闺秀诗话，如江盈科的《闺秀诗评》、袁枚的《随园闺秀诗话》、雷瑨的《青楼诗话》等；另一类是女性作者自己以历代女性诗人为写作评论对象的名媛闺秀诗话，如清人沈善宝的《名媛诗话》、雪平女士的《红梅花馆诗话》、杨芸的《古今闺阁诗话》等。

第二，以其内容而论，名媛闺秀诗话基本上是记述历代名媛闺秀之诗，以论诗及事为主，记叙其人其诗其事，以人存诗，或以诗论人，较少有大段论述评骘者，沿袭北宋欧阳修《六一诗话》"记事"的诗学传统，女性诗论之作甚少。如果将词话视为诗话之裔，那么李清照的《论词》一篇，可以算作名媛闺秀诗话系列中唯一的论词之文。这种现象，是诗话以"记事"为宗的传统体制与女性的特殊个性特征与审美情趣所决定的。

第三，以其文化内涵而论，名媛闺秀诗话是中国历代女性诗人及其诗歌艺术的主要载体与女性文化的传播媒介，是中国女性文学研究的重要资料。女性文化与男性文化是构成人类文化的两翼，缺一不可。中国历代严实的男权社会，有意张扬男性而贬斥不可或缺的女性，使名媛闺秀诗话承担着记录女性诗歌、弘扬女性文化的历史责任。其中一些名媛闺秀诗话，更以翔实的史料、诗化的笔调，广泛而深刻地展现出一部中国古代女性诗歌史。

名媛闺秀诗话崛起于中国诗坛，其社会价值与文学史意义是不可低估的：一则它结束了男性诗人诗歌主宰中国古代诗坛的历史，填补了中国诗话史的一大空白；二则女性诗人及其诗话的出现，如同升起在诗歌王国的一缕霞光，代表着中国诗坛女性意识的觉醒与女性文学的崛起，是中国古代文坛诗苑开始从封建礼教的桎梏中走向思想解放的一个重要标志。正是如此，笔者在20年前撰写第一部《中国诗话史》之际，特意设立章节，专门论述“名媛闺秀诗话”。这是中国诗话研究的一个重大突破。

◆ 比红儿诗话

《比红儿诗话》，一卷，宋人冯曾撰。清人吴兆宜《玉台新咏注》著录。明人稽留山樵《古今诗话》卷八题为《比红儿诗话》，摘录其中11个简单条目，多简略记述女人之诗事，而无一条涉及红儿者，有其名而无其实。今有台北广文书局《古今诗话续编》影印稽留山樵《古今诗话》本。

◆ 闺秀诗评

《闺秀诗评》，一卷，明人江盈科撰。江盈科（1553—1605），字进之，号渌萝山人，明朝湖广桃源县人。明万历二十年（1592）进士及第后，历官于长洲、滇黔、四川等地，与袁宏道兄弟创立了著名的“公安派”，是明朝著名文学理论家。著有《雪涛阁集》。论诗主性灵，有诗话《雪涛斋诗话》（一名《雪涛诗评》）与《闺秀诗评》存世，今有台北广文书局《古今诗话丛编》影印《雪涛小书》本，又有北京图书馆出版社2004年出版蔡镇楚编《中国诗话珍本丛书》第十二册精装影印本。

前有作者自序云：“余生平喜读闺秀诗，然苦易忘。近摘取佳者数首，各为品题，以见女子自摅胸臆，尚能为不朽之论，况丈夫乎？”其写作动机，是因为有感于“女子自摅胸臆，尚能为不朽之论”。闺秀诗，就是美女诗。江盈科喜读闺秀诗，又能够看到其文学史价值，这是明人女性意识已经觉醒的象征。

《闺秀诗评》采用以人存诗的传统方法，以人为纲，以诗为目，选录了历代闺秀26位女诗人的37首诗，人名下有简要生平介绍，诗篇后有作者简明点评。一般收录一首，多则八首（郑奎妻），选录之“闺秀”者，有宫妃，有名媛，有女冠，有节妇，有商妇，也有歌妓，说明作者心目中的“闺秀”，没有身份、地位、等级之分，凡女子之美诗皆可谓之“闺秀诗”。

闺秀诗，表现的是名媛闺秀的文化心理与情感纠葛，内容丰富多彩，主要是描写闺思、闺怨、闺愁，展示女性的闲情逸致，也有涉于家国人事之思者。

江盈科在其开篇之首，收录唐代诗人卢象妻崔氏的一首七言绝句，诗云：

不怨卢郎年纪大，不怨卢郎官职卑。
自怨妾身生较晚，不及卢郎年少时。

卢郎，就是卢象，字纬卿，汶水人，后寓居江东。曾仕校书郎、左拾遗、膳部员外郎。安史之乱时接受安禄山伪职，被贬为永州司户参军，后为主客员外郎。其妻崔氏，年轻美貌，有词翰之才，结缡之后，因微嫌卢象年暮，卢象请其赋诗一绝。崔氏以退为进，以抱怨自身来表达心中不快。江盈科点评此诗云：“心中不惬事，徐以一语自解。其妙入神，归于无怨。”结缡：出嫁。缡（lí）：女子出嫁时所系的佩巾。

第二收录陈玉兰诗。陈玉兰，是晚唐诗人王驾之妻。王驾，字大用，自号“守素先生”，蒲中人。登第后被授予校书郎，官至礼部员外郎。曾从军戍边，其妻思念甚笃，寄诗给王驾云：

夫戍边关妾在吴，西风吹妾妾忧夫。
一行书寄千行泪，寒到君边衣到无？

此诗写得真挚感人，于如泣如诉之中见相思关切之意。江盈科在诗后评点曰：“凄恻之怀，盘于胸臆。二十八字，曲尽其苦，转读转难为情。”

◆ 秋波六艺

《秋波六艺》，不分卷，明末清初湘人黄周星撰。

黄周星（1611—1680），据《九烟先生传略》，原姓周名星，字景虞，号九烟，别号圃庵，湖南湘潭人。从父宦游金陵，育于黄氏，父死后而从黄姓。崇祯十三年（1640）进士，授户部未就。入清，以教经为业。著有《周九烟集》六卷，清道光年间刻本。

黄周星有《秋波六艺》，专门写西厢美女莺莺秋波之迷人。前有小引，说明“秋波六艺”之由来，后分六则论述“怎当他临去秋波那一转”，以禅论曲，颇具特色，是借《西厢》莺莺秋波之目，以传奇语参禅的典范之作。

黄周星撰《秋波六艺》一长篇论文，前有《小引》称：“以传奇语参禅，自古未有也；以传奇语为时义，尤自古未有也。闻昔有老僧，所居四壁，皆画《西厢》。或问：‘僧家安取此？’僧曰：‘吾正于此参禅耳！’请问禅机安在？曰：吾最喜其‘怎当他临去秋波那一转’。此语真禅机也。”

以禅论戏曲，是黄周星戏曲美学的独特之处。

禅为何物？禅，佛教名词，是梵文“禅那”的略称。禅家的诸多解说，起源于释慧皎的《高僧传》卷十一：“禅也者，妙万物而为言，故能无法不缘，无境不察。然缘法察境，惟寂乃明。其犹渊池息浪，则彻见鱼石；心水既澄，则凝照无隐。”这种“禅”，是以“妙万物”为内核、以“寂”为途径的思维方法。其基本特征在于“缘法察境，惟寂乃明”，如渊池鱼石，心澄而悟，则可凝照一切，妙观万物。

禅宗主“悟”，无论是北宗的“渐悟”，还是南宗的“顿悟”，皆以“寂”为心境，以“妙悟”为基本方式。“妙悟”者，悟之高妙也，故能“无法不缘，无境不察”，达到“妙万物”的高妙境界。

此文凡六则。其一“总写大意”，以“怎当他临去秋波那一转”写张生莺莺临别之情，又以才士之言情引申而“禅宗悟道”之理。他说：“想美人之目送，知才士之魂销矣。甚矣，秋波之目不易转也，而兹何幸于临去得之，非张生谁复能当此哉？今夫宇宙一无情之区耳。然宇宙之情寄于人，而人之情寄于目，故犹是人也；而有情之目则独异，犹是有情之目也；而美人之目则尤异。何以知之？于张生之咏莺莺者知之。彼当莺莺既去之后，追忆其临去之情，而一则曰‘怎当他’，再则曰‘秋波那一转’。”作者以此抒写怀才不遇、美人迟暮之叹，认为：莺莺“此一转，为五百年来之一转可也，且天壤之中有莺即有我，莺目能转，岂吾目独不能转？然而有仙凡之别焉。夫吾虽能转，安能及彼一转之灵？即咫尺之内，有莺复有红，莺目解转，岂红目不能解转？然而有天人之隔焉。彼红虽千转，又安敢拟此一转之尊哉？莺乎！秋波乎！吾何福以当之，抑此语本才士之言情耳？”

其二论“怎当”二字，云：“尝闻相如鼓琴，文君心悦而好之，恐不得当彼女之于士，且然况士之于女乎？彼美女之于才士，且然况士之才不逮相如，而女之美且远过于文君者乎？如吾今日之遇双文，盖几几乎有欲当而难为当者：始而睹其春风之面，以为绝代之仙姿也，其冶容难当也；既而聆其红樱之语，以为是啭花之莺声也，其逸韵难当也；已而窥其香尘之步，以为是传心之芳迹也，其密意难当也。迄今，仙姿往矣，莺声歇矣，芳迹隐矣，而亦惟有付之长叹已耳！”

其三论“一”字，其四论“转”字，其五论“他”字，其六论“那”字。

黄周星以禅论戏曲《西厢记》，从人物、情感、心态、传播方式、方言诸方面论述“怎当他临去秋波那一转”的深邃内涵与禅意，不啻是《西厢记》一剧人物分析之专论。

◆ 随园闺秀诗话

《随园闺秀诗话》，一卷，清人袁枚撰。清乾隆年间抄本，《贩书偶记·续编》著录。存佚未知。

袁枚（1716—1798），字子才，号简斋，浙江钱塘（今杭州）人。乾隆进士，曾任江宁知县等，后辞官寓居江宁，修筑园林于小仓山，号“随园”，自号随园老人、仓山居士。他是清代著名诗人，论诗主性灵，与赵翼、蒋士铨等开创性灵诗派，著有《小仓山房集》与《随园诗话》等。

袁枚是清朝中叶一代诗宗，实行孔子“有教无类”之旨，一反礼教旧矩，

大胆招收女弟子为诗，故有“随园女弟子”风行天下，编辑有《随园女弟子诗选》六卷，分录其女弟子席佩兰、孙云凤、金逸等28位美女之诗（含词），以人为目，以诗存人，每人名下，简要其身世，而后收录其诗，间或略有注释，不作臧否评点。今有民国年间上海广益书局印行之精校圈点本，前有嘉庆丙辰（1796）夏五月新安汪穀心农氏之序，简述选编与出版之原委。

诗选通于诗话。清人吴琇在《龙性堂诗话·序》中论及诗话之源时指出：“予夺可否，次第高下，诗于是乎有选；平章风雅，推敲字句，诗于是乎有话。话者，诗选之功臣也。”元人方回《瀛奎律髓·自序》云：“所选，诗格也；所注，诗话也。”诗选与诗歌评论，其审美标准本来就有某些相通之处，诗话也因此而通于诗选。清人沈德潜所编选的《别裁集》，有唐诗、国朝诗等，一一附以“诗话”，而各书称引时，则往往直接称之为《别裁集诗话》，是诗选通于诗话之明证。因此，袁枚选编的《随园女弟子诗选》，亦可视为诗话之别体，属于《随园闺秀诗话》之列。

◆ 闽川闺秀诗话

《闽川闺秀诗话》，四卷，清人梁章钜撰。道光二十九年（1849）福州梅氏师古斋刊本。前有堂妹梁韵书序，称其“将闺秀一门按先后次成四卷”。

梁章钜这部闺秀诗话，主要记录清代福建104位闺秀诗人及其诗作，简述其各自生平事迹，摘录其诗歌名篇佳句。梁氏所本大多以《闺秀正始集》、《莆风清籁集》与《国朝诗别裁集》等诗歌总集与地方方志为依据，也有摘抄于稿本与零笺断简者。

梁章钜（1775—1849），字闳中，晚年自号退庵，福建福州人。嘉庆七年（1802）进士，入翰林院，授礼部主事，后历任广西、江苏巡抚，与林则徐、龚自珍、魏源交往甚笃。他是著名诗话家，著有《长乐诗话》六卷、《南浦诗话》八卷、《三管诗话》三卷、《雁荡诗话》二卷、《闽川诗话》不分卷、《闽川闺秀诗话》四卷、《东南峤外诗话》十卷，等，是中国诗话著述之冠。

《闽川闺秀诗话》之论闽川闺秀诗，以人为目，先于人名之下立闺秀诗人小传，而后选录其诗若干，间或予以诗话评点。其基本特点是注重福建清代文学家庭及其家族文化的研究。全书4卷，合之不过76页，而以大量篇幅去记载闽中黄任、郑方坤、梁章钜三门文学家庭中的闺秀之诗，其中又以梁氏家族之闺秀为最，如卷二选录黄氏与郑氏二门女子诗事，而卷三专门记述梁氏家族闺秀之诗事，故难免多溢美之辞，如称其堂妹梁韵书之诗“深得《风》《雅》之遗”，“独出冠时之作，实足以旗鼓中原也”。

◆ 闽川闺秀诗话续编

《闽川闺秀诗话续编》四卷，丁芸撰。清光绪年间杨蕴辉抄本，仅一卷，中央党校藏本；民国三年（1914）侯官丁震京师刻本，四卷，二册。

丁芸（1859—1894），字耕邻，一字晴芗，福建侯官人。就读于致用书院，受业于著名学者谢章铤。光绪十六年（1890）中举人，授儒学训导。他是福建著名文史学家、地方文献学家，著作颇丰，主要有《都门笔记》、《柏衙诗话》、《有可观斋遗诗》、《闽文选》等。

丁芸《闽川闺秀诗话续编》，因续梁章钜《闽川闺秀诗话》而作，既是对前贤的尊重，又是对梁章钜《闽川闺秀诗话》的补充。是编依照梁章钜《闽川闺秀诗话》体制，收录福建清代闺秀135人，虽然偶有重复者，但多为丁氏自作，搜罗广博，又注明文献引用出处。

据蒋寅《清诗话考》记载，丁芸又有《历代闽川闺秀诗话》五卷，补遗一卷，稿本，中国社会科学院文学研究所藏；又有民国二十九年（1940）有可观斋铅印本。

◆ 名媛诗话

《名媛诗话》，十二卷，沈善宝撰。《历代妇女著作考》著录。清朝道光二十六年（1846）鸿雪楼刊本，首有宗康、俞德秀、完颜佛芸保校字，后有陈光亨跋。据蒋寅《清诗话考》说十二卷本“首都图书馆有藏本”。今有台北杜松柏《清诗话访佚初编》根据鸿雪楼刊之影印本，蔡镇楚编《中国诗话珍本丛书》2004年北京图书馆出版社影印本，皆为四卷。此外，又有续集三卷、补遗

四卷。

沈善宝（1808—1862），字湘佩，钱塘（今杭州）人。她是清代著名的才女。据施淑仪《国朝闺阁诗人征略》卷八记载，其父沈学琳，官义宁州通判，她随父游，师从陈权，12岁能诗，工书画。父亲官金陵，因失意，郁郁而死，滞留四年后，奉母亲吴氏归故里。未已，母亲弃养，她以买画自给，后出嫁于吏部郎中武凌云为继室，随其夫宦于京曹。此部《名媛诗话》写作于道光二十三年间，三年乃成十二卷。起自明朝末年的商景兰、顾若璞，迄于同时的顾太清，凡数百闺秀诗人之生平事迹、名篇佳句，一一记存，是研究清代闺秀诗人的重要资料。

据沈善宝的开篇之语，我们知道其写作《名媛诗话》之动机目的，在于张扬“闺秀之学”，云：

> 自南宋以来，各家诗话中多载闺秀诗，然蒐采简略备体而已。昔见如皋熊淡仙女史所著《淡仙诗话》，内载闺秀诗亦少。窃思闺秀之学与文士不同，而闺秀之传又较文士不易。盖文士自幼皆肄习经史，旁及诗赋，有父兄教诲，师友讨论；闺秀则既无文士之师承，又不能专习诗文，故非聪慧绝伦者，万不能诗。生于名门巨族，遇父兄师友知诗者，传扬尚易；倘生于蓬荜，嫁于村俗，则淹没无闻者不知凡几。余有深感焉，故不辞摭拾，蒐辑而为是编。惟余拙于语言，见闻未广，意在存其断句零章，语之工拙，不复计也。

这是《名媛诗话》作者的内心自白，也是闺秀诗人发自心灵深处的呼喊，是不平之鸣，是抗争之声。

沈善宝《名媛诗话》4卷本，凡148个论诗条目，其中卷一为38则，卷二为32则，卷三为36则，卷四为42则，主要记述清代160多位闺秀诗人之生平事迹、诗集、诗歌名篇佳句，间有评点，不啻是一部清代闺秀诗史之作。

其中卷一记录吴三桂叛军在湖南掠取湘女，而湘女不屈而死，沅陵杜小英与耒阳郑启秀各自写的绝笔诗，真切动人。云：

沅陵杜小英，遇吴逆乱，为营兵所掠，立志坚贞，众莫敢犯。舟至小孤山，投江死。其尸逆流三日，浮至故居水滨，梦诉于父母，惊起迹之，获其尸，并得其怀间绝句云："少小伶俜画阁时，诗书曾奉母为师。波涛向夜悲何急，犹记灯前读《楚辞》。""狂帆惨说过双孤，掩袖潸潸（shān）泪欲枯。葬入江鱼浮海去，不留羞冢在姑苏。"又有耒阳郑启秀，年二十未字。顺治甲午遭兵乱，为游卒所掠，投湘江死。七日后，尸始浮出，颜色如生，臂系红绫一幅，书《辞世诗》云：

当年画阁重如珍，谁道离群向水滨。
寄语双亲休眷念，入江犹是女儿身。

杜小英与郑启秀两位湘女以及广州李氏与广西阳朔秦玉梅等闺秀在吴三桂反清作乱中的悲惨遭遇与传奇性的绝笔诗，能够在沈善宝的《名媛诗话》中得以记载，反映出清代名媛闺秀诗话不同于青楼诗话着重写歌妓的审美情趣与价值观念，不仅仅注重传统意义上的闺思、闺愁、闺怨，而开始关注社会民生。这是沈善宝《名媛诗话》的独特价值之所在。王蕴章《燃脂余韵》指出：

钱塘沈湘佩女史善宝著有《名媛诗话》，其论诗曰："诗犹花也。牡丹芍药，具国色天香，一望知其富贵；他如梅品孤高，水仙清洁，杏桃秾艳，兰菊幽贞。此外则或以香胜，或以色著，但具一致，皆足赏心，何必泥定一格也？然最怕如剪彩为之，毫无神韵，令人见之生倦。"

沈善宝这种注重神韵而不拘一格的诗学观念与审美标准，给人以清新自然之感，值得我们借鉴。

◆ 妇人诗话

《妇人诗话》，一卷，苏慕亚撰。苏慕亚，江苏常熟人。生平不详。雷瑨兄弟的《闺秀诗话》摘录其二则诗话。

◆ 红梅花馆诗话

《红梅花馆诗话》，卷数未详，雪平女士撰。《闺秀诗话》称引，胡文楷《历代妇女著作考》著录，称其为甘肃兰州人。

◆ 绾春楼诗词话

《绾春楼诗词话》，一卷，杨全荫撰。王蕴章《燃脂余韵》卷三著录。杨全荫，字芬若，江苏常熟人，仪征毕几庵之妻。她擅长词作，著作有《绾春词》、《绿窗红泪词》等。

◆ 古今闺阁诗话

《古今闺阁诗话》，一名《金箱荟说》，一名《婵娟录》，清杨芸撰，八卷，稿本。恽珠《国朝闺秀正始集》卷十九等著录。

杨芸，字蕊渊，一字蓉裳（恽珠《国朝闺秀正始集》、《燃脂余韵》卷六称其为“蓉裳先生女”），诗人杨方灿之女，同知秦承霈之妻，江苏无锡人。博学善文，长于诗词，著有《琴清阁集》。王蕴章《燃脂余韵》卷六称许其《题返生香集》古风一章“雅有长庆神韵”。长庆是中唐年号，著名诗人元稹有《元氏长庆集》、白居易有《白氏长庆集》。所谓“长庆神韵”，就是“长庆体”所代表的诗歌精神与艺术风格。

《金箱荟说》所集录的古今闺阁诗话，厘为八卷，是历代闺秀诗话之集大成者，因《无锡图书馆目录》称其为未刊稿，藏于西溪余氏，流传不广，影响不大。而胡文楷《历代妇女著作考》又称其于1946年于上海秀州书店见到其传抄本，前有陈文述序，书中所录诗话，亦各自注明出处。查陈文述《颐道堂文钞》卷四确有《金箱荟说序言》，《颐道堂诗》外集卷六亦有《题婵娟录》一诗。可知其稿本先藏于陈文述处，后归杨子山。今存何方，不得而知。

◆ 闺秀诗评

《闺秀诗评》初集，四卷，清淮山棣华园主人撰。抄本，今存安徽省图书馆。清咸丰二年（1852）棣华园自刊本。前有咸丰元年（1851）十二月其兄静岚序言，上有“山阳黄氏”印章。胡文楷《历代妇女著作考》附录著录。又有清光绪三年丁丑（1877）申报馆排印本，收入《申报馆丛书》，不分卷。

淮山棣华园主人，为何许人也？张寅彭《新订清人诗学书目》谓棣华园乃汪宗忻（xīn）斋号，而蒋寅《清诗话考》以其兄之印章称其“姓黄氏”。

据《皖人书录》卷四考：汪宗忻，字仲伊，号弢庐，晚清安徽歙（shè）县人。光绪庚辰（1880）进士（距咸丰二年自刊其书，时差近三十年）。精于《礼经》，洞悉律吕，嗜好兵法剑术，善于隶书。于诗法则少述。由此可知，张寅彭之谓即无据矣。蒋寅称其“姓黄氏”，尚无确切依据，待考。

是书之为闺秀诗话，乃针对时风而发。作者自述其创作宗旨在于倡导性灵，云：“近人言诗，往往尚风格而不取性灵，甚至阅女子诗，亦持此论，尤为迂阔。深闺弱质，大率性灵多，学问少，焉得以风格律之？故余所录诸作，取其温柔袅娜、不失女子之态者居多。”

是书所论闺秀诗，以为论闺秀诗必须以性灵为尚，注重其“女子之态”，“选闺秀诗必确是闺秀口吻方妙”。他针对古人写闺思、闺怨者多代言体之作曰：“古人宫怨、闺情、春词诸作，皆身为丈夫，不惜设身处地探女子心事而代为言之，其间清风亮节，表人耳目间者，且可藉女子之美色贞操，自为写照。”是为一家之言，皆有别于时论者。代言体与闺秀诗之别，在于抒情主体之异。前者抒情主体是男人，而后者是女性自我。这种差别，如花间词与宋代闺秀词的天壤之别一样，二者艺术风格与思想境界的差异是显而易见的。

◆ 碧城仙馆摘句图

《碧城仙馆摘句图》，三卷，清管筠撰。是编系管筠、薛纤阿、文湘霞三女史摘录其主人陈文述的诗句编辑而成，卷一为五言诗，分十八目；卷二为七言诗，分二十四目；卷三为七言诗，分二十四品，每品前各有小序。《苏州府志》、《杭州府志》与胡文楷《历代妇女著作考》等著录。有清道光二年（1822）刊本，前有李晨兰、管筠、薛纤阿、文湘霞序。

◆ 闺阁诗话

《闺阁诗话》，二卷，石林凤撰。蒋寅《清诗话考》称其有《历代诗话》稿本附录本，东北师范大学藏。

◆ 名媛诗话

《名媛诗话》，一卷，张倩撰。蒋寅《清诗话考》称其有清道光十二年（1832）《留香集》附录本。

◆ 闺秀录

《闺秀录》，一卷，清人孙兆溎撰。清朝光绪十一年（1885）俞筠仙刊本。

根据蒋寅《清诗话考》，孙兆溎，字子香，江苏昆山人。道光年间曾入林则徐幕府。工诗，著有《片玉山房花笺录》十二卷，咸丰二年（1852）景福堂藏版本，其中第九、第十两卷为《片玉山房诗话》，第十二卷为《闺秀录》，专门辑录清朝乾隆嘉庆以来名媛闺秀之诗事，如林则徐夫人、袁枚三妹、龚自珍夫人等，又记载自家三姐妹与侄女之诗。

◆ 名媛韵事

《名媛韵事》，五卷，清人王偁撰。有道光十三年（1833）瓶花阁刊本。

王偁，生平事迹不详。以是书杜玉贞序言，即是一个感人的故事。其妻杜玉贞称其创作缘起，是在道光十二年（1832）秋暮，“一家儿女病卧牛衣，与夫子相持以勤，继劝以勉。夫子偶选名媛旧句，杂缀以事，长夜残灯，半予校录。凡诗之见于他集者，不俱载，得七十七人，分为五卷”。

牛衣：亦称“牛被”，如同蓑衣之类，以草编织而成，严冬腊月被盖于牛身，以之御寒。《汉书·王章传》记载：起初，王章为诸生，求学于长安，独与妻居。王章疾病，无被子，卧牛衣之中；与妻子诀别，涕泣着。后人即以“牛衣对泣”，比拟夫妻恩爱，共守贫穷生活。王偁与杜玉贞夫妇，在一家儿女贫穷度日时，相持以勤，继劝以勉，共同创作《名媛韵事》，这是怎样一种精神境界啊！

王偁是书按照闺阁诗人的身份分类编写，卷一为闺秀上，收录宋代女词人李清照、管道升等与清初女诗人诗事；卷二为闺秀下，收录其妻杜玉贞等本朝女诗人诗事；卷三为侍姬，收录苏轼侍姬王朝云以及“秦淮八艳”之董小宛、柳如是、顾横波等诗事；卷四为名妓，收录薛涛、马湘兰等著名歌妓诗姬之诗事；卷五为附录，记录历代题壁与求神降乩之类诗事，这与其作者“一家儿女病卧牛衣”的贫穷艰难处境有关。乩（jī）：古代一种求神降福祉、消灾祸、保安康的民间宗教方式。

◆ 香奁诗话

《香奁诗话》，三卷，清末金燕撰。民国四年（1915）上海广益书局刊本，民国十年（1921）上海广益书局重刊本。

香奁（lián）者，女人之化妆盒也，引申为香艳之意。晚唐诗人韩偓以美女为描写对象，富有浓郁的脂粉气，词多侧艳，有《香奁集》一卷。故南宋严羽《沧浪诗话·诗体》云：“香奁体：韩偓之诗，皆裾裙脂粉之语，有《香奁集》。”

金燕，字翼谋，江苏太仓人。南社成员。他出于解放思想、解放妇女之政治需要，集录清朝至民国初60余则闺秀诗话，而编辑《香奁诗话》，厘为三卷。据蒋寅《清诗话考》，是书前有民国三年四月许颂瑚序言、焦玉森题词。卷一为闺秀，收录闺秀诗人三十三人之诗事；卷二为青楼，收录青楼妓女十八人之诗，多以嘲弄讽喻口吻，如郭若芳自称“诗妓”者；卷三为方外，收录诗尼、女冠之诗，其中诗尼七人，女冠一人。

◆ 宫闱诗话

《宫闱诗话》，四卷，清人林焜熿撰。刘声木《桐城文学撰述考》卷三著录，称其有《浯洲见闻录》四卷、《宫闱诗话》四卷、《竹畦笔麈》四卷（按：《桐城文学撰述考》卷三著录原题为《竹畦笔尘》。笔尘，拟为“笔麈”之误，故而改之）。

据《桐城文学渊源考》卷五记载：林焜熿，字巽甫，福建同安人，清朝诸生，师事周凯、高澍然，受古文法。撰有《竹溪诗文钞》十卷。

宫闱者，帝王后妃居住之地也。故林焜熿《宫闱诗话》，以历代帝王后宫嫔妃及其宫词闱诗为论述对象，是诗话通于宫闱的第一部专门之作。惜其未见。

◆ 竹净轩诗话

《竹净轩诗话》，不分卷，清末王廼德撰。王廼德与王廼容是两姐妹。是书有《竹净轩集》本，胡文楷《历代妇女著作考》卷七著录。

◆ 浣桐阁诗话

《浣桐阁诗话》，不分卷，清末王廼容撰。是书《浣桐阁集》本，胡文楷《历代妇女著作考》卷七著录。

◆ 凝香楼奁艳丛话

《凝香楼奁艳丛话》，四卷，胡无闷女士撰。蒋寅《清诗话考》称其有民国元年（1911）中华图书馆石印本。

◆ 闺秀诗话

《闺秀诗话》，十六卷，雷瑨、雷瑊兄弟合撰。胡文楷《历代妇女著作考》著录。

《闺秀诗话》“大旨以有侵害一代闺秀为断，元明间闺媛名著，偶亦附入焉”，共计集录闺秀一千三百余人之诗事，卷帙之富，堪称历代名媛闺秀诗话之冠。有民国五年（1916）上海扫叶山房刊印本，八册；民国十七年（1928）上海扫叶山房重刊本，八册；今有台湾广文书局 1982 年影印本。

◆ 青楼诗话

《青楼诗话》，二卷，雷瑨撰。雷瑨（1871—1941），字君曜，清松江县人。光绪十四年（1888）举人。先后任扫叶山房、《申报》编辑，著述等身。主要有《清人说荟》初集、二集各 20 种，《娱萱室小品》60 种，《老话》4 册、《砚话》、《印话》、《弈话》、《谜话》、《茶话》、《酒话》、《医话》各 1 册，等。

《青楼诗话》编辑历代青楼妓女 125 人的诗事，起自唐代诗妓薛涛，终于杨翠喜，上卷 79 则，下卷 48 则，凡 127 则诗话条目。有民国十四年（1925）上海扫叶山房石印本，今有台湾广文书局 1982 年影印本。

◆ 小黛轩论诗诗

《小黛轩论诗诗》，二卷，清陈芸撰，陈荭注。清宣统三年（1911）刊本，附录其母亲薛绍徽女史《黛韵楼诗词集》之后，前有陈芸自序与陈荭序。《昆山胡氏书目》与胡文楷《历代妇女著作考》著录。

◆ 燃脂余韵

《燃脂余韵》，六卷，王蕴章撰。民国七年（1918）商务印书馆排印本；民国九年（1920）上海商务印书馆第三版铅印本，三册，北京图书馆藏；又一部，民国十四年（1925）商务版，三册，湖南图书馆藏。今有蔡镇楚编《中国诗话珍本丛书》北京图书馆出版社2004年影印本。

王蕴章（1884—1942），字蓴（pò）农，号西神残客，江苏无锡人。年十六则中举，官直隶州州判。后出游南洋，精通英语，清末民初任英语教师。又受聘担任商务印书馆编辑，曾被北京大学聘为词曲教授，未就，继续编辑《小说月报》与《妇女杂志》。主要著作有《梁溪词徵》、《女艺文志》、《云外朱楼集》、《西神樵唱》等。

其《燃脂余韵》，是名媛闺秀诗话的集大成之作。前有邵瑞彭、白曾然二序、王蕴章自序，还有凡例。从此三序，得知《燃脂余韵》乃是继其先祖西樵《燃脂集》而作者之意。其选录历代名媛闺秀诗人诗作的标准，如其自序所言：

> 尝谓诗词之作，本乎性情，忽然而来，神与古会，空山无人，水流花放。臻斯境者，厥云上乘。女子之作，于金戈铁马之风、豪肉哀丝之奏，或稍稍漓矣！至若幽花媚春，子规叫血，赋景独绝，言愁已芜，班之香耶，宋之艳耶，美人香草，要为天地间，必不可少之一境。梅月画窗，兰风入座，迷迭濯魄，银蒜约魂，鶗鴂怨其不芳，桐丝抚而寡韵。试展是编读之，余怀渺渺，其犹成连海上时乎？

王蕴章论诗主性情，认为女子之作于金戈铁马、豪肉哀丝之外，令开一种天地间不可少的境界。名媛闺秀诗词，宛如香草美人，以含蓄蕴藉、富于阴柔之美而著称。因此，我们读一读《燃脂余韵》，得到的审美享受，如同渺渺情怀连接着茫茫海涛一样。故书后徐彦宽称赞是编曰："缜密粹美，卓然集清三百年闺秀诗词话之大成；骊珠同得，而君实远过之。"

◆ 燃脂新话

《燃脂新话》，三卷，清末萧道管撰。《福建通志》与胡文楷《历代妇女著作考》著录。蒋寅《清诗话考》称其有清朝光绪年间刊本，后收入《石遗室丛书》。

萧道管，字君佩，一字道安，著名诗人陈衍之妻，福建侯官人。

◆ 闺秀诗话

《闺秀诗话》，四卷，苕溪生撰。民国四年（1915）上海广益书局排印本，民国二十三年（1934）上海新民书局排印本，今有香港艺美图书公司1960年影印本。

苕溪生者是谁？难以确认。以其取名，当系浙江人。苕溪，水名，浙江吴兴县的别称。南宋胡仔寓居于此，自号“苕溪渔隐”，因作大型诗话丛编《苕溪渔隐丛话》。苕溪生生于斯，长于斯，自慕之，仰之矣。依蒋寅《清诗话考》，仅知其为明末清初人，他自称为“情奴”，卷一云：“自古佳人才子，赋命多薄，况才美两擅，落迹风尘，蹈山涉水，饱历星霜？偶一念至，能不悲哉？余情奴也，情之所钟，正在我辈。”他的女性文学观念比较别致，特别强调女子之才，与封建主义“女子无才便是德”之论者相左，认为女子有才气是其魅力之所在，说“长以才者必有情，深于情者必有德，故才实不可少”。

◆ 清代闺阁诗人徵略

《清代闺阁诗人徵略》，十卷，补遗一卷，清末民初施淑仪撰。民国十一年（1922）上海崇明女子师范讲习所铅印本，今有上海书店1987年影印本。

施淑仪（1887—？），字学诗，江苏崇明人。从小受过良好教养，锦心绣口，久负诗名，后为蔡南平之妻，早寡。曾出任崇明尚志女校校长，民国初改任学监，开崇明女学之风气。湘人易顺鼎与其关系甚笃，为其《清代闺阁诗人徵略》作序。施淑仪著述颇丰，有《湘痕吟草》、《冰魂阁集》、《随园女弟子佚闻》二卷。

《清代闺阁诗人徵略》，是为清代闺阁诗人立传之作。前有湘人易顺鼎庚申（1920）二月序言，称颂施淑仪“前身（谢）道韫，当代班昭，本谢庭之世家，传孔门之诗学”。是编易顺鼎序言谓为八卷，而陈崇之《传》与孙景谢之《附录》均称为十二卷，与今本不同。可知易氏序本为初稿本，而十二卷本为增补本。

是编诚如易顺鼎序言所谓："广收一代，胜蒋泾西之《名媛诗钞》；不录全篇，仿张南山之《诗人徵略》。零章断句，采枫落于吴江；逸事遗闻，搜竹书于汲冢。成书八卷，用力十年。香草灵均之思，写斑竹湘妃之泪。"辑录清代闺阁诗人从顺治朝到光绪朝，起自沈云英，而迄于秋瑾，凡1200余人，几乎涵盖整个清代中国所有的闺阁诗人，以人为目，以徵略为宗，各列其小传、生平事迹，摘录其诗歌佳句，并注明出处，不啻是一部完备的清代闺阁诗史。

◆ 清代闺秀诗话

《清代闺秀诗话》，卷数未详，俞陛云撰。钱仲联主编《清诗纪事·列女卷》引用数则，分别论述商景兰、李因、柳是、顾媚、恽冰、钟令嘉、王采薇、宋素梅、孔璐华、谢雪、沈彩、席佩兰、归懋仪、骆绮兰、孙云凤、金逸、吴静、熊琏、秀水举人王昙之妾金礼嬴、漕运总督松椿之妻多敏席塔腊氏、江苏之恽珠、恽毓秀、多罗贝勒奕绘之妾顾太清、钱塘才女吴藻、陈文述之妾文静玉、吉安知府曾泳之妾左锡嘉、陈裴之之妻汪端、体仁阁大学士翁心存之次女翁端恩、浙江巡抚任道镕之妻吴兰畹等闺秀诗人。

◆ 琅玕馆诗话

《琅玕馆诗话》，一卷，冼玉清撰。稿本，广东省文史馆藏。胡文楷《历代妇女著作考》卷十九著录。

冼玉清（1895—1965），号琅玕馆主，广东南海人。蒋寅《清诗话考》称其家居西樵山下，自号西樵山人。冼藻扬之女，事秦不嫁，工于诗词。民国十三年（1924）毕业于岭南大学，留校任教，后为中山大学教授。著作有《闺秀艺文志》、《广东女子艺文考》、《琅玕馆文钞》二卷、《随笔》四卷、《联话》一卷、《粤东掌故录》四卷等。

附录

日本美女

日本美女，具有东方美人的基本特征：贤惠端庄，勤劳善良，温柔贤淑，举止文静，富有教养，艳丽多姿，而又多愁善感。

日本汉诗人宫本氏苹香有《题本朝美人图》诗，总体上描绘日本美女的性格特征与审美情趣，诗云：

> 桃花为面玉为肌，仙骨惊看绝世姿。
> 如使当年生汉土，贵妃之美有谁知。

前二句描写日本美女的容貌与风骨之美，称她们以桃花为面色，以珠玉为肌肤，一副道风仙骨，让人惊看其绝世美人之姿。后二句以假设口吻，写日本美女如果当年生长在中国，其知名度一定会远远超过杨贵妃之美。

清末著名诗人黄遵宪（1848—1905），字公度，广东省梅州人。著作有《人境庐诗草》、《日本国志》、《日本杂事诗》等。

黄遵宪旅日多年，对日本美女情有独钟，《日本杂事诗》里有《咏日本女子》、《咏日本新嫁女子》、《咏日本艺妓》、《咏日本女仆》等歌咏日本美女的著名诗篇。其中《咏日本艺妓》诗云：

> 手抱三弦上画楼，低声拜手谢缠头。
> 朝朝歌舞春风里，只说欢娱不说愁。

日本艺妓手抱三弦琴上画楼，低声拜手谢过缠头。这些艺妓每天都在春风里唱歌跳舞，从来是只说欢娱不说愁，给人们带来的是欢娱快乐。缠头：此指观众当场赏赐给艺妓的钱物。

沈园之恋

在杨柳垂荫、荷花飘香的时候，我与韩国朋友来到了绍兴。沈园是南宋伟大的爱国诗人陆游的爱情婚姻悲剧的见证，我提议去参观久负盛名的沈园。

这是一个园林式的江南庭院，门口悬挂着“沈氏园”横匾。沈园，本沈氏旧业，位于绍兴城东南洋河弄。宋时池台繁盛，为越中名园。陆游一生，与沈园结下的不解之缘，早就成为了中国古代文学史的一段千古佳话。陆游，诗歌王国的灿烂星空中一颗明亮的诗星。在源远流长的中国诗歌史上，他与杜甫、李商隐并称为“三大七律诗人”，又是存诗最多的诗人，号称“十年万首诗”。其诗风如李白，史称“小李白”；诗意如杜甫，人誉为“诗史”。在诗歌创作领域里，他是最幸运的成功诗人之一。然而，在个人的爱情与婚姻方面，他又是最为不幸的诗人之一。诗场得意，情场失意，这就是陆游的一生。

南宋嘉定元年（1208），已是垂暮之年的陆游，手拄着拐杖，步履艰难地来到沈园，虽然老眼昏花，睹物思人，竟写出了这样一首动人的七言绝句：

沈家园里花如锦，半是当年识放翁。
也信美人终作土，不堪幽梦太匆匆。

这诗中所说的早已作土的“美人”，使陆游一生魂牵梦萦的“美人”，就是他的前妻唐婉。据周密《齐东野语》记载，唐婉是陆游的表妹，同郡唐闳之女，美丽贤惠，夫妻情笃。然而，宋代法律规定，男方有 7 种情况可以休妻，叫做“七出”：一曰无子，二曰淫泆，三曰不事舅姑，四曰口舌，五曰盗窃，六曰妒忌，七曰恶疾。由于不喜欢这个媳妇，陆母借故说唐婉触犯了“七出”中的第三条，强行逼迫儿子休妻。可恶的封建家长制度，终于制造了陆游终生为之遗恨的爱情婚姻悲剧。之后，陆游另娶，唐婉改嫁赵士程。绍兴二十一年（1151），阳春三月，鸟语花香，沈氏园里，游人如织。30 岁的陆游与唐婉竟然在沈园邂逅相遇，也许这正是缘分，也许是命运的安排吧。唐婉对陆游仍然一往情深，以酒肴殷勤款待。陆游伤感万分，席间相对，唐婉更无语凝噎。几盅美酒和着泪水咽下，陆游百感交集，在园壁上挥毫题写了一首［钗头凤］，词云：

红酥手，黄藤酒，满城春色宫墙柳。东风恶，欢情薄，一怀愁绪，几年离索。错！错！错！

春如归，人空瘦，泪痕红浥鲛绡透。桃花落，闲池阁，山盟虽在，锦书难托。莫！莫！莫！

词的上片写自己屈服于封建家长制度的压力而休妻，铸成大错，至今悔恨不已，愁绪满怀，突出一个“错”字；下片以爱怜之心写唐婉，既规劝，又抱怨，希望她从自我禁锢之中走出来，继续保持联系，突出一个“莫”字。据传，唐婉看了，也和了一首，其词云：

世情薄，人情恶，雨送黄昏花易落。晓风干，泪痕残，欲笺心事，独语斜栏。难！难！难！

人成各，今非昨，病魂常似秋千索。角声寒，夜阑珊，怕人寻问，咽泪妆欢。瞒！瞒！瞒！

这三个“难”字与三个“瞒”字，正是唐婉当时的处境与心迹的自然流露，是心灵的自白。面对着如此淡薄的世情和险恶的人情以及病弱的身心，她“欲笺心事”，却只能“独语斜栏”；她“怕人寻问”，却只能“咽泪妆欢”。可以想见，一个柔弱女子，被人休弃而改嫁之后，面对着如此严酷的封建礼教，她还能想什么，说什么，做什么呢？此时此景，此情此心，怎一个“难”字、“瞒”字了得！唐婉因心灵创伤太重，忧郁成疾，此后不久，即含恨死去。留给陆游的乃是永恒的遗恨和怀念……

这是封建礼教酿成的一曲爱情婚姻悲剧。周密在《齐东野语》中说：陆游之母与唐婉本属于姑侄关系，陆游被迫休妻之后，“未忍绝之，则为别馆时时往焉，姑知而掩之。虽先知挈去，然事不得隐，竟绝之，亦人伦之变也”！如此姑妈！如此母亲！如此绝情！可以说，陆母是陆游与唐婉爱情婚姻悲剧的直接炮

制者。可恶！可恨！

我们一边听陪同讲述陆游的爱情悲剧故事，一边参观这个作为爱情悲剧舞台的千古沈氏园。

南宋以降，沈园历尽沧桑，几经修葺，现有园地 11.8 亩。园东为“双桂堂”，屋宇两楹，恬静古雅。内设“陆游纪念馆”，是陆游一生的缩影。园西为古沈园遗迹区，内有“孤鹤轩”巍然屹立，古朴典雅，气势雄浑。我们站在孤鹤轩的栏杆边，东望园中，一个葫芦形的池塘，尽是盛开的荷花，池边垂柳袅袅，翠竹婆娑，与绿树掩映下的青石小桥、宋遗假山、草亭，相互辉映，仍有几分古色古意。轩前建有两亭：一是“宋井亭”，井为宋代遗物；一是“俯仰亭”，内有陆游［钗头凤］碑刻。轩后有“冷翠亭”，临池而筑，凭栏观景，一泓碧水，波光潋滟，绿树，石桥，亭榭，蓝天，白云，倒影于水中，别有一种逸情异趣，饶有一种江南水乡风味。整个沈园，布局高低错落有致，色调素朴古雅庄重，花木扶疏，相映成趣，颇有宋代园林风格特色，是中国园林文化的杰作之一。

园林艺术，是中国独具一格的建筑艺术与山水田园风光融为一体的一种艺术形式，是自然地理与人文地理相结合的产物，是以“天人合一”为核心的中国古典哲学在人类居住环境的改造中的具体应用，具有鲜明的民族文化特色和艺术风格。

中国的园林建设，始于先秦两汉，兴于六朝，而盛于宋代。以洛阳和苏杭为最，是中国历代园林艺术的荟萃之地。比较而言，由于地域文化的影响，以洛阳为代表的北方园林，以古朴典雅为特色，亭台结构简朴厚实，色彩单纯浑厚，多呈青灰色；以苏杭为代表的南方园林，以秀美清丽为特色，楼阁峥嵘，曲廊繁复，精巧玲珑，色调鲜艳，有如浓妆淡抹的江南纤纤女子。从总体来说，中国园林，融建筑与山水为一体，虽为人工雕琢，却具有尺幅千里之势，富有巧夺天工之妙，是人类共同追求的理想的生活环境。沈园也是一样，属于苏杭园林艺术家族中的一员，是中国园林文化的艺术结晶。它以独特的艺术风貌，为陆游与唐婉的爱情婚姻悲剧，提供了一个独具一格的园林文化背景。但比较富艳华丽型的苏州园林，沈园的艺术色调则蒙上了一层悲剧色彩。也许这正是充满了悲剧气氛的南宋社会的一个小小的缩影吧！

在这种悲剧气氛之中，陆游在唐婉去世的近半个世纪里，无论是在南郑抗金前线，还是晚年闲居绍兴三山故里，无时无刻不沉浸在对唐婉的深深怀念之中。沈园饯别40年之后，陆游重游沈园，写有一首七律，其中两联云："林亭感旧空回首，泉路凭谁说断肠。怀壁醉题尘漠漠，断云悠梦事茫茫。"诗的前面有一个小序，说："禹迹寺有沈氏小园，四十年前，尝题小阕壁间。偶复一到，而园已易主，刻小阕于石，读之怅然。"今重读这段小序，不仅可以印证周密《齐东野语》所述陆游与唐婉的爱情婚姻悲剧及其沈园相遇的历史真实性，而且进一步说明陆游爱情悲剧的历史延续性，而这正是陆游爱情悲剧的感人肺腑之处。

庆元二年（1196），陆游又作《沈园二绝》，深深地怀念故人。曰：

城上斜阳画角哀，沈园非复旧池台。
伤心桥下春波绿，曾是惊鸿照影来。

梦断香销四十年，沈园柳老不吹绵。
此身行作稽山土，犹吊遗踪一泫然。

这两首诗以沈园为背景，以"惊鸿"为喻，抒发自己对唐婉40年"梦断香销"的缅怀感伤情怀。"此身行作稽山土，犹吊遗踪一泫然"。这是何等诚挚动人的生死之爱啊！每读至此，我仿佛看到一位80岁的白发老人，坐在唐婉的坟墓前，正在伤心地流泪。翻开陆游的诗集，我们惊奇地发现，陆游的全部记梦诗之中，最感人肺腑者还是怀念唐婉的诗，如开禧元年（1205）所作的《十二月二日夜梦游沈园亭二绝》等。唐婉是他半个多世纪里情之所系、生死相恋的心爱之人；沈园是他人生历程中梦之所牵、爱恨交织的休戚之所。唐婉与沈园，占据了他生命的大部空间。

我们在沈园里的花径、石桥上徘徊着，流连忘返，特别喜欢抚摸那些宋代流传下来的遗迹与遗物。多么希望从那伤心桥下的绿色春波里能看到"惊鸿照影来"，希望能够抚摸一下伟大爱国诗人因爱情悲剧而遭受重重创伤的那颗纯洁的心灵呵！我知道，陆游与唐婉的爱情婚姻悲剧，是时代的产物，是历史所造成的。然而，它却是一面历史的镜子。为人父母者，以及现代的年轻人，都可以从中照出自己的影子和心灵。应该说，陆游对唐婉至死不渝的爱情，乃是中华民族传统美德的体现。当今之世，我们既不允许陆游那种爱情婚姻悲剧继续重演，也同样反对以爱情与婚姻为儿戏者。

我们呼唤真挚的爱情！呼唤美满的婚姻！呼唤幸福的家庭！

夜色朦胧，云层里时而闪现着几颗明亮的星星。我站在王朝大酒店的楼上，俯瞰绍兴这座历史文化古城，看不见近在咫尺的沈氏园，看不见远处的会稽山和镜湖水，唯有眼底绍兴的万家灯火历历在目，还有雨后的秋蝉夜鸣声声入耳。自古以来，绍兴乃是彪炳史册的人文荟萃、俊才云蒸之地，从王充、王羲之、贺知章、陆游、王阳明、徐渭、张岱到蔡元培、鲁迅、周恩来、范文澜，都如这雨后夜空中的星星点点，闪烁着永恒的亮光。特别是王充的《论衡》，王羲之的书法，王阳明的心学，陆游的诗词，都是悠悠中国文化史上的瑰宝。有感于“三王一陆”大笔如椽，我缘事而题《夜宿绍兴王朝大酒店》一诗，以示景仰之意。诗云：

华楼耸翠入云天，镜水稽山雨后蝉。
眼底金瓯文盛地，三王一陆笔如椽。

然而，历史并不都是成功与辉煌，也有失败与黑暗。绍兴的历史也是这样。从吴越争霸时代的越王勾践之施“美人计”到诗人陆游的爱情婚姻悲剧，从鲁迅笔下的阿Q画圆到革命女侠秋瑾被杀，一幕幕社会的与家庭的历史悲剧在绍兴这座古老的舞台上重演，给人以慑世惊俗之感。

我想，沈园之恋只是历史悲剧中的一个小小插曲而已。在人类繁衍发展的漫漫长河中，历史就是一幕幕上演不完的戏剧，有悲有喜，悲喜交集，光怪陆离，形形色色，既可喜可贺，又可怨可恨，既有情，也无情。站在绍兴这块古老的土地上，我仿佛是站在历史与现实的交汇之处，一方面承受历代先贤的惠泽，一方面蒙受历史悲剧的心灵震撼，既尊重历史，又诅咒历史。

让历史更公正地去愈合陆游与唐婉那备受创伤的美好心灵吧！

梅之恋

中国之国花，牡丹耶？梅花耶？

在万紫千红的花卉王国之中，牡丹固然可爱，但过于富丽妖艳；妖艳富丽，不是中国人的民族文化性格。唯有梅花，秀丽而不凡俗，澹泊而不富艳，高洁而又雅致，神韵而有风骨，才是中国人所追求的理想完美人格。

我爱梅花！

一

中国人之爱梅花，乃是一种独特的民族文化现象，是民族文化的历史积淀，是中国人的美学理想、审美情趣、生活方式、文化性格的集中体现。

早在先秦时代，中华民族的先民就钟情于梅。其花可观，其实可食。《尚书·说命下》曰："若作和羹，尔惟盐梅。"这是以梅煮汤羹为食。《诗经》之咏梅者亦多，如《召南·摽有梅》："摽有梅，其实七兮。"《毛诗集传》解释说："梅，木名，花白，实似杏而酢。"至六朝，以诗赋咏梅者益众。梁简文帝有《雪里觅梅花诗》，梁元帝有《咏梅诗》，何逊有《咏早梅诗》，阴铿有《咏雪里梅诗》，江总有《梅花落诗》，等。其中梁简文帝的《梅花赋》写得最美：

> 梅花特早，偏能识春。或承阳而发金，乍杂雪而披银。摽半落而飞空，香随风而远度。挂靡靡之游丝，杂霏霏之晨雾。争楼上之落粉，夺机中之织素。乍开华而傍巘，或含影而临池。向玉阶而结采，拂网户而低枝。七言表柏梁之咏，三军传魏武之奇。于是重闺佳丽，儿婉心闲，怜早花之惊节，讶春光之遣寒；顾影丹墀，弄此娇姿，春风吹梅畏落尽，贱妾为此敛蛾眉。花色持相比，恒愁恐失时。

此赋之咏梅花，写景状物，淋漓尽致，且以梅花喻人，写闺阁之思，抒美人迟暮之叹，是六朝人钟爱梅花的心灵展示和审美情趣的集中表现。

正因为如此，六朝女子就有"梅花妆"流行于世。据《宋史》记载，南朝宋武帝之女寿阳公主在宫廷的花园里午睡，有梅花落在公主的额头上，而成五瓣花型，拂之不去，美丽动人。从此之后，女子有意而作“梅花妆”，以示尊贵清雅之志与高洁绝俗之意。

二

中国人的梅之恋，始于六朝，而盛于赵宋时代。

宋人爱梅而恋梅，以宋初著名诗人林逋（967—1028）为最，开一代风气之先。他隐居西湖孤山，布衣终生，以赏梅养鹤自乐，时人称其有“梅妻鹤子”之娱。以梅为妻，以鹤为子，这是一种多么高洁雅致、超逸自由的生活方式与审美情趣啊！他写诗又以咏梅著称，其中《山园小梅》之“疏影横斜水清浅，暗香浮动月黄昏”，曲尽物态，惟妙惟肖，成为千古咏梅之绝唱。

比较而言，唐人爱牡丹，崇尚弘丽富艳之美，审美情趣重于“丽”；宋人爱梅花，崇尚淡雅空灵之趣，审美情趣在于“雅”。这是时代的审美风貌与文人生活方式使然。

梅花之于宋代文人，既是宋代文坛咏物诗与咏物词的创作主体，又是宋代文人士大夫理想完美人格的化身。在宋人笔下，梅之色、梅之姿、梅之影、梅之香、梅之魂、梅之恨，都寄托了一代宋人的兴趣爱好、思想情感、人格修养和美学趣味。种梅、赏梅、咏梅、画梅、怜梅、惜梅、爱梅、恋梅、探梅、梦梅、评梅，比兴寄托，写物言志，以梅花自况，几乎蔚为一代社会风尚。文人生活中的时时处处，都洋溢着梅花的阵阵芳香，甚而“梅花纸帐”的生活方式与“点梅”之类的妇女生活习俗风行于闺阁琼楼和民间里巷。

梅花，成了宋代社会生活中的一种美的象征，成了宋代文人所追求的理想完美人格的象征，梅花实际上变成了一代宋人普遍认同的“国花”。

诗化的梅花与梅花的诗化，是中华民族传统文化的产物，是中国历代文人生活方式的必然结果。在这种爱梅、恋梅的文化氛围之中，宋人黄大舆辑《梅苑》十卷，李琪撰《梅花百咏》一卷，张道洽有《梅花诗》三百余首；元人韦珪有《梅花百咏》一卷，冯子振有《梅花百咏》一卷；清人王夫之有《和梅花百咏》一卷，李确有《梅花百咏》一卷，等等，一题而衍至百首，梅花之咏可谓盛矣！

梅之香，是中国人之人格；

梅之影，是中国人之灵魂。

三

我爱梅，因为我传承着宋人的美学精神；

我恋梅，因为我有自己的人格理想与审美情趣。

在生命的历史长河之中，梅之爱，是我一生幸福的源泉；梅之恋，是我生死相许的意愿。

记得年轻时代，我曾写过这样一首《咏梅》的新诗：

> 呵，梅！
> 你在严冬出生，你在万花纷谢时节降临。
> 迎寒风凄雨，斗雪天霜晨。
> ——换得玉肌冰骨，留下芬芳美名。
>
> 你像海棠，却比海棠更娇媚；
> 你像玫瑰，却比玫瑰更红殷；
> 你像含羞，却比含羞更一往情深；
> 你像玛瑙，却比玛瑙更纯真万分；
> 你像碧玉，却比碧玉更精诚；
> 你像松柏，却比松柏更坚贞；
> 你像白莲，却比白莲更优雅洁净；
> 你像牡丹，却比牡丹更清奇尊贵。
> ——你像春花，却比春花更艳丽缤纷。
> 是你送走百丈冰凌，
> 是你迎来繁花似锦。
>
> 在风雪中，你斗艳争芬；
> 在群芳中，你从不居功自矜；

在贫寒中，你风骨峥嵘；
在幸福中，你不与百花争春。
——当寒凝山川之时，你带来香情芳信；
　　正春回大地之际，你悄然含笑花荫。

你的每一片花瓣，都蕴涵着“真”的神韵；
你的每一个花蕊，都凝聚着“善”的性灵；
你的每一支花影，都荡漾着“美”的轻盈。

呵！梅——
有谁能比得上你的赤诚；
有谁能比得上你的坚贞；
有谁能比得上你的高洁；
有谁能比得上你的纯真。
问世间香草美人，有谁能同你竞争？
——瑶池的清泉，还是山岫的白云；
　　昆仑的灵芝，还是月宫的仙桂；
　　沅湘的芝兰，还是秋菊的落英？

啊！梅——
你是我眼中的东君，
你是我心中的花神！
梅之爱，高贵典雅，似高山流水；
梅之恋，真挚深沉，如千古长城。

这首诗，写得拙劣，但却是一气呵成之作。没有雕饰，没有遮掩，没有做作，情之所至，笔之所录。我曾经朗诵过，献给爱妻梅子，以此寄托我的缕缕情思。

四

像林逋一样，我也是以梅为妻。几十年来，梅子与我相知相缘，同甘共苦，风雨同舟，荣辱相许，患难与共。忧耶，乐耶？甘耶，苦耶？毁耶，誉耶？荣耶，辱耶？是耶，非耶？成耶，败耶？得耶，失耶？美耶，丑耶？人生遭际，世事沧桑，是是非非，唯有两心知之矣！

石竹江的流水啊，你可曾记得：那一天，没有阳光，没有清风，没有笑脸，唯有那木板桥上的身影，那弯弯山路上的脚印，那山村小学的读书声和着那雷霆风雨之声；在那个“史无前例”而又令人诅咒的年代，在那个缺医少药的穷乡僻壤，我们爱情结晶的第一个生命在漫天风雨中夭折了。而我却在几百里之外，在与号称“牛鬼蛇神”的知识分子们劳动改造，白天提心吊胆等待着批斗，晚上做尽噩梦。我哪里想到，在几百里之外，梅子一个人正承担着悲惨的遭遇和家庭的悲剧。

电闪雷鸣，大雨倾盆，夜深人静，夜幕之下，天地之间，唯有梅子抱着幼女文飞撕心裂肺的号哭声……

两年以后，我回到梅子曾经在那里任教而留下满腹悲伤的山村小学，睹物思人，写下这样一首《怀念娇女文飞》的古诗：

飞雪伴腊月，念我文飞折。
金风两载前，玉娟知时节。
喜讯到云里，心随飞轮悦。
进门酢开颜，笑语故园热。
飞飞展娇翼，独与亲人别。
寒灯映忧俪，夜泣连晓雪。
更上福林山，寻迹尤悲切。
汝随杨柳去，飘然奔天阙。
问君何处来，忆我芙蓉血。
呈献蝶恋花，兕酒慰英烈。
共叙世间事，翩翩一呜咽。

越城岭的山月为我作证，没有书房，没有书桌，没有书籍，唯有那破旧的住房，那暗淡的煤油灯，那清淡的家庭生活，是梅子陪伴着我，完成了我的处女作《实用文言语法表解》的写作；大年三十，没有糖果，没有酒食，没有鞭炮，唯有妻子儿女围坐在火柜里，一边剥花生，一边议论和修改着上海教育出版社等待出版的这部书稿。

资江河畔的古塔为我作证，书桌上成堆的卡片，满地的纸屑烟蒂，窗外的春风杨柳，山野的秋雨霜雪，彻夜难眠的灯光，连着那北京远郊的爱智山庄和中国社会科学院那座书本形状的科研大楼，依赖着梅子的精心呵护和师友的无私帮助，一部填补学术空白的《中国诗话史》终于诞生了。我把那一部精装本样书和三千多元钱稿费送到梅子的病床前的时候，她用颤抖的双手接过来，紧紧地贴在胸口上，眼里含着泪花，情不自禁地说："这是滴滴心血啊!"第二天，她拖着尚未痊愈的身体，上街去给我买来了一件新衣和一只鸡，儿女宁宁和岚岚，高高兴兴，像过节一样。

岳麓山的红枫为我作证，几十年来，我和梅子一直作着书房之梦，像韩愈那样，"焚膏油以继晷，恒兀兀以穷年"。从《中国诗话史》、《诗话学》、《石竹山房诗话论稿》、《比较诗话学》以及《中国诗话珍本丛书》（22 册）、《域外诗话珍本丛书》（20 册）到《中国文学批评史》、《宋词文化学研究》、《唐诗文化学》，我的学术事业亦可谓勤矣。1999 年 7 月，梅子陪同我赴韩国出席"东方诗话学国际学术大会"，她第一次耳闻目睹了自己的夫君在国际学术讲坛的声誉和风采。然而，此时此刻的她，没有沾沾自喜，反而更加冷静而淡泊，名利观念与功利目的早已荡然无存。也许梅子是对的，做学问不应该抱有任何功利目的。同西方所倡导的"为艺术而艺术"一样，"为学术而学术"，才是学术研究的最高境界。为世俗所累，斤斤计较于一时之利、一己之得，是成就不了大学问、大事业的。

古往今来，妻室如萧何："成也萧何，败也萧何。"我事业上的成功，既得益于师友，又得力于梅子。在大学里工作，梅子的人品与人缘，都是有口皆碑的。她总是劝我多读《庄子》，多学点养生之道与无为之术，说："不要刻意追求，凡事顺其自然。'天地与我并生，而万物与我为一'，才是人的理想境界。"我想，为什么古人那样强调"宁静致远"和"澹泊明志"，为什么李白那样崇尚“功成身退”，也许这正是古往今来一切志士仁人所追求的一种境界吧！

20 世纪的最后一个深秋，我带着在株洲从事教育实习的一批学生，乘船去参观湘江边的“空灵寺”，这里曾经留下诗人杜甫一家的足迹。我们登江洲，上空灵寺，闻钟声，听偈诵，经书绵绵，木鱼声声，忆古思今，我吟成一阕《一剪梅·游空灵寺》，词云：

殿宇空悬江自流，山色悠悠，水色悠悠。当年杜圣携家游，诗也千秋，文也千秋。

长叹人生多舛忧，功亦何求？名亦何求？潇湘千古一诗俦，心系江洲，梦系江洲。

这是此时此刻的一种处世心境，是一种文人心态，一个内心的表白，也是对书斋人生的一点感悟吧。

（以上两篇附录选自作者散文集《书房之梦》）

跋语

2007年国际茶业大会在长沙胜利闭幕之后，我躲进了书斋，继续着手撰写《中国美女诗话》。

这段时间，除了指导研究生与中文基地班上课，我基本上是足不出户。无论是电闪雷鸣、夏日高照，无论是稻花飘香、秋菊傲霜，无论是夜深人静、月映千江，我呆在书房里面，笔耕不倦。经过几个月的日夜耕耘，终于完成了这部酝酿已久、资料齐全的《中国美女诗话》。

这是中国第一部论述美女的诗话之作，是中国女性文学史与女性文化的补缺之作。

酝酿这部诗话时，我曾产生一种顾虑：清代大诗人袁枚因招收女弟子、因其《随园诗话》涉及女诗人诗作、因编辑《随园女弟子诗选》与《随园闺秀诗话》，而受到封建卫道士们斥责。而今我来撰写《中国美女诗话》，是不是会影响已有的学术声誉，也被别人讥笑为“风流才子”？其实，中国文人士大夫心目中，自古至今，都有一个“美女情结”。女性与红颜这个禁区，早就被突破了。从孔夫子编辑《诗三百》到李白、杜甫、苏轼等历代文学大家之咏美女诗词，从徐陵编辑的《玉台新咏》到近现代著名学者胡云翼的《中国妇女与文学》与谭正璧的《中国女性文学史话》，再到当代学者的女性文学、女性文化与青楼妓女的学术研究著作，莫不是如此。为此，我在20年前撰写中国第一部《中国诗话史》之际，还特意设立章节，专门论述“名媛闺秀诗话”。这本身就意味着中国诗话研究一个历史性的重大突破。

人类是由男女两性组成的，人类的悠悠历史也是由男女两性的斑斑血泪与宝贵生命共同书写而成的。以往的男性独尊，排斥女性的现象，是不文明的表现。今天，我处在21世纪的学术文化制高点上，自然可以理直气壮地撰写《中国美女诗话》，以诗笔写美女，以史笔写历史，如同屈原笔下的“香草美人”，如同唐宋诗词中的才子佳人，没有猥琐，没有庸俗，没有亵渎，唯有严肃的探索、冷静的思考、高雅的审美。

当这部《中国美女诗话》呈现在读者面前的时候，书卷展示的乃是一个如花似玉的全新的美女世界，一种高雅的审美享受：

从女娲、西王母、嫦娥、精卫、湘水女神、巫山神女、洛水女神与蓬莱仙女的翩翩仙姿美色里，你会感受到美女神话在文化人类学神话体系中的重要地位与文化价值；

从西施、赵飞燕、绿珠、张丽华、杨贵妃的人生遭遇中，特别是从吴三桂“冲冠一怒为红颜”的历史抉择中，你会考察到陈圆圆等绝代佳人的无穷魅力，深刻思索“爱江山更爱美人”这句历史名言的哲学内涵与文化意义；

从乌孙公主、王昭君、文成公主远离中原而走向边塞的“和亲”举动中，你会体会到美女在融合中华各民族大团结统一与文化交流中所起的重大作用与历史贡献；

从唐人罗虬的《比红儿诗》一百首到《红楼梦》的“金陵十二钗”以及《美人千态诗》的生花妙笔里，你可以重新审视美女的标准，以全新的审美眼光来判断当今之世风行的选美、选秀活动之孰美孰丑与是非曲直，不断提高自身的文化艺术修养与审美鉴赏能力；

从历代诗词文赋描写中国美女的千姿百态里，当今中国的美女佳丽们能够看到自身可以效法的文化品位、艺术修养与言行举止，感受到中国传统女性中“东方美女”的无穷魅力正来自于外表的美色与内在的文化教养，是天地之灵气与人格魅力的和谐统一。

中国美女诗话者，论述中国美女诗歌的故事也。这部《中国美女诗话》以传统诗话形式论述中国历代美女之著名者，凡十卷276个诗话条目：

卷一	卷二	卷三	卷四	卷五	卷六	卷七	卷八	卷九	卷十	合计
22	24	8	12	15	100	4	12	46	33	276

其中卷一论述美女神话，首倡中国美女出自于神话之说，可补文化人类学研究之空缺；卷二提出“美女标准”之说，分别论述中国古代著名美女及其生

活遭际；卷三明确论定中国古代八大超级美女，一反传统的美女观念，写她们对中国历史的发展演变所产生的巨大影响；卷四写十二月花神；卷五论述南朝徐陵编辑的《玉台新咏》之情诗，论述历代诗人描写美女之零圭断璧；卷六论述晚唐诗人罗虬《比红儿诗》一百首，以历代美女比拟杜红儿，极写杜红儿之美，以补中国文学史研究之阙如；卷七论述久负盛名的“秦淮四艳”及其人生命运；卷八论述《红楼梦》里的“金陵十二钗”及其人格特征；卷九论述日本人编辑的《美人千态诗》，分析中日两国诗人富有代表性的吟咏美人千姿百态的美女诗；卷十论述中国历代诗话中的名媛闺秀诗话，可补中国文学史与中国文学批评史之阙如。这是一部展现美人王国风采神韵的著作。

这是一部展示中国美女无限美感的著作。

这是一部献给现代美女自我欣赏的著作。

这是一部献给男性世界审美鉴赏的著作。

美女如诗，美女如画。但愿这部《中国美女诗话》能够像绝代佳人那样倾城倾国，成为盛世中国的“国色天香”。故作《眼儿媚·自题〈中国美女诗话〉》一阕，词云：

杨柳烟霞锁春芳，香尘满西厢。梨花带雨，柔肠百结，粉泪千行。
古今豪杰高唐梦，才子寄情殇。秦淮风月，佳人何处，社稷安康？

感谢特邀编辑王毅教授和组稿编辑谭南冬女士辛勤的劳动。感谢爱女岚岚为我精心打印《美人千态诗》，使我省去不少资料翻检之劳；感谢夫人梅子为我操劳日常生活，使我日无衣食之忧，夜无寝衿之扰，能以充沛精力从事著述。

石竹山人　蔡镇楚

2007 年 8 月 18 日书于岳麓山石竹山房